古典文獻研究輯刊

十六編

潘美月・杜潔祥 主編

第10冊

《清史稿・本紀》纂修研究（下）

趙晨嶺 著

國家圖書館出版品預行編目資料

《清史稿・本紀》纂修研究（下）／趙晨嶺　著 — 初版 — 新
北市：花木蘭文化出版社，2013〔民 102〕
目 4+266 面；19×26 公分
（古典文獻研究輯刊 十六編；第 10 冊）
ISBN：978-986-322-161-6（精裝）
1. 清史稿　2. 研究考訂
011.08　　　　　　　　　　　　　　　102002354

古典文獻研究輯刊
十六編　第十冊　　　　　　ISBN：978-986-322-161-6

《清史稿・本紀》纂修研究（下）

作　　者　趙晨嶺
主　　編　潘美月　杜潔祥
總 編 輯　杜潔祥
企劃出版　北京大學文化資源研究中心
出　　版　花木蘭文化出版社
發 行 所　花木蘭文化出版社
發 行 人　高小娟
聯絡地址　235 新北市中和區中安街七二號十三樓
　　　　　電話：02-2923-1455／傳真：02-2923-1452
網　　址　http://www.huamulan.tw 信箱 sut81518@gmail.com
印　　刷　普羅文化出版廣告事業
初　　版　2013 年 3 月
定　　價　十六編 30 冊（精裝）新台幣 50,000 元

《清史稿·本紀》纂修研究（下）

趙晨嶺　著

附表6：《清史稿校註》所指出《高宗本紀》問題一覽表

序號	《校註》序號	問　　題	說　明	《校註》頁碼	原稿本頁碼及情況	修改本頁碼及情況
1	1	庚寅……飭揚威將軍哈元生等剿撫苗疆。	壬辰	333	2981 誤	5453 誤
2	2	辛酉，召史貽直來京。	辛丑	333	2983 誤	5454 誤
3	3	丙辰	甲辰	333	2984 誤	5454 誤
4	4	永仁宮	景仁宮	333	2986 誤	5456 誤
5	5	家	嘉	333	2988 誤	5456 誤
6	6	保	祿	334	2989 誤	5457 誤
7	7	壬申……命治曾靜、張熙罪。	癸酉	334	2991 正	5457 誤
8	8	以王大臣辦事遲延疏縱，申諭……	甲戌	334	2992 誤	5457 誤
9	9	調徐本為刑部尚書，涂天相為工部尚書。	甲戌	334	2993 誤	5457 誤
10	10	勸	勤	334	2993 正	5457 誤為另一錯字
11	11	丁丑，起彭維新為左都御史。	戊寅，署~	334	2994 誤	5457 誤
12	12	命徐本軍機處行走。	辛巳	334	2994 誤刪	5457 誤
13	13	豐盛額、莽鵠立罷。	各在本任行走，不必辦理軍機事務	334	2998 誤	5458 誤
14	14	庚子，張照下獄鞫治。	十一月庚子，其時尚在貴州，抵京後方下獄。	334	3000 誤	5458 誤
15	15	癸丑……免貴州三年內耗羨。	甲寅	335	3003 誤	5459 誤
16	16	祐	佐	335	3003 誤	5459 誤
17	17	傅德	同音異譯	335	3004	5459
18	18	間	問	335	3004 正	5459 正
19	19	十一	十二	335	3005 誤	5459 誤
20	20	丙寅朔	丁卯	335	3005 誤	5460 誤
21	21	潛江	實錄誤為「潛山」	335	3006	5460
22	22	己卯	戊寅，此沿國史、東華錄誤	335	3007 誤	5460 誤

23	23	戊戌，命北路參贊大臣薩木哈回京。	己亥	336	3012 誤	5461 誤
24	24	癸卯……準噶爾台吉噶爾丹策零遣使貢方物。	丙午	336	3014 誤刪	5461 誤
25	25	丁未，準噶爾貢使吹納木喀入覲。	壬子	336	3014 正，丁未未刪	5461 誤
26	26	召大將軍慶復回京。	癸丑	336	3015 誤	5461 誤
27	27	命都統王常、侍郎柏修往鄂爾坤勘屯田。	甲寅	336	3015 誤	5461 誤
28	28	庚辰	庚申	336	3017 誤，此句已刪	5461 誤
29	29	癸亥……賑甘肅固原、四川忠州等州縣旱災。	實錄在「是月」	336	3017 誤	5462 誤
30	30	戊辰……以補熙署漕運總督。	己巳	336	3018 誤刪	5462 誤
31	31	乙卯	己卯	336	3020 誤，已刪	5462 誤
32	32	喇呼魯蘇	列傳爲「喇呼魯鳥」	336	3021	5462
33	33	辛酉	辛巳	336	3022 誤	5462 誤
34	34	頗羅鼐	同音異譯	337	3023	5464
35	35	琪	祺	337	3026 正	5464 正
36	36	丁未，免四川涼山等處番民額賦。	戊申	337	3029 本正，刪亂，丁未、庚申均被刪	5465 誤
37	37	魯	國史、實錄爲「虜」	337	3030 誤	5466 誤
38	38	庚戌，以固原提督樊廷爲駐哈密總督。	辛亥，駐哈密總統提督	337	3030 辛亥本正	5466 誤
39	39	戊子，賜金德瑛等三百三十四名進士及第出身有差。	己巳，三百四十四人	338	3036 誤	5466 誤
40	40	壬辰，布魯克巴部諾顏林沁齊壘喇布濟至西藏請上安，並貢方物。	大臣奏，「諾顏林沁齊壘喇布濟」爲同音異譯	338	3036 誤	5466 誤
41	41	乙巳	丁巳	338	3040 誤	5467 誤
42	42	庚辰	庚申	338	3041 正	5467 誤
43	43	秋七月癸巳朔，以貴州流民多就食沅州，免沅州額賦。	實錄在丁未，此沿國史、王錄	338	3046	5467

44	44	辛亥……賑江南蕭、碭等州縣衛水災。	壬子	338	3050 誤	5468 誤
45	45	癸酉	辛酉	338	3051 誤	5468 誤
46	46	八月戊辰……準噶爾部人孟克來降。	己巳	339	3053 正	5468 誤
47	47	乙卯	己卯	339	3054 誤	5468 誤
48	48	吉爾黨阿	「爾」或爲衍文	339	3056 本爲「吉黨」，吳廷燮添「爾」、「阿」	5468 「爾」爲後添
49	49	辛卯，賑浙江蘭谿等六縣、江南溧水等二十四州縣、湖北潛江等九州縣衛水災。	己丑、庚寅	339	3056 誤	5469 誤
50	50	丁酉，禮部尙書楊名時卒。	諭令日期	339	3057 刪贈官	5469 誤
51	51	癸卯，賑浙江安吉等四縣水災。	三州縣一所	339	3058 「所」被圈刪	5469 誤
52	52	壬子……致仕大學士陳元龍卒。	卒於八月，九月癸丑議恤	339	3059 誤	5469 誤
53	53	己未，御試博學鴻詞一百七十六人……，授劉綸等官。	十月乙丑，此沿國史誤	339	3060 誤	5469 誤
54	54	準噶爾台吉甲林等來降。	實錄爲「是月」，此脫	339	3060 誤	5471 誤
55	55	乙丑，除浙江仁和等州縣水災額賦。	戊辰	339	3063 誤在丁卯	5471 誤
56	56	甲子，賑江蘇婁、溧水等十三州縣水災。	賑溧水在乙丑，此爲賑婁縣水災日期	340	3070 誤	5472 誤
57	57	乙丑，改江南壽春協爲鎮，設總兵。	丙寅	340	3070 正	5472 誤
58	58	己巳……移南河副總河駐徐州。	諭令日期	340	3072 誤在辛未	5472 誤
59	59	丁亥……免兩淮莞瀆等三場水災額賦。	癸酉	340	3075 誤	5472 誤
60	60	納親	同音異譯	340	3076 訥親	5472
61	61	戊子，李衛劾治誠親王府護衛囑託。上嘉之，賞……。	實錄爲「是月」，誠－諴	340	3077 字正時誤	5473 誤
62	62	高郵	高淳	340	3080 誤	5473 誤

63	63	癸巳……頒詔覃恩有差。	甲午	341	3081 正，後一句「命保德等頒升袝詔於朝鮮」已刪	5473 誤
64	64	乙卯	乙丑	341	3086 誤，本句已刪	5474 誤
65	65	己巳……賑江蘇江寧、常州二府旱災。	庚午，水災	341	3087 誤	5474 誤
66	66	甲申……南掌入貢。	乙酉	341	3089 誤	5474 誤
67	67	乙未，賑河南南陽等十二州縣水災。	丙申	341	3091 誤	5474 誤
68	68	乙卯……免安徽宿州水災額賦。	丙辰	341	3092 本正，刪誤	5475 誤
69	69	免浙江仁和等四州縣水災額賦。	六月庚午	341	3094 本正，刪誤	5475 誤
70	70	賑陝西商南、膚施等縣雹災。	辛未	342	3094 誤	5475 誤
71	71	甲戌	六月~	342	3095 本在六月	5475 誤
72	72	辛酉	辛巳	342	3095 誤，本句已刪	5475 誤
73	73	戊戌，賑安徽石埭等六州縣水災。	實錄為「是月」，未繫干支	342	3096 誤	5475 誤
74	74	癸卯	癸巳	342	3097 誤	5475 誤
75	75	等災	雹災	342	3100 正	5476 正
76	76	八月丁巳朔……湖南城步縣猺匪平。	己未諭令，依當時驛遞二日內絕難辦到，此誤	342	3100 就擒，誤	5476 誤
77	77	賑撫甘肅平番等四縣旱災。	庚申	342	3101 誤	5476 誤
78	78	命巡漕御史四員分駐淮安、濟寧、天津、通州。	壬戌	342	3101 正，本句已刪	5476 誤
79	79	甲申，賑甘肅會寧旱災，福建霞浦等州縣水災。	實錄為是月，未繫干支	342	3103 誤	5477 誤
80	80	乙未，準噶爾回民米爾哈書爾來降。	癸巳，同音異譯	343	3105 誤	5477 誤
81	81	甲辰……賑山西興縣等十二州縣旱災。	丁未，十三州縣	343	3106 誤在戊申	5477 誤
82	82	寧州	安寧州	343	3107 誤	5477 誤

83	83	閏九月癸亥，免河南西華等四縣本年水災額賦。	甲子	343	3108 誤	5477 誤
84	84	甲戌……除江西袁州、饒州二府雜稅。	乙亥	343	3110 誤	5478 誤
85	85	辛巳，賑福建霞浦等二縣風災。	國史為「是月」，未繫干支	343	3111 誤	5478 誤
86	86	壬午……以……陳宏謀瀆奏本省墾務，下部嚴議。	甲申	343	3111 誤	5478 誤
87	87	賑貴州安順等府廳縣雹災。	實錄為「是月」，未繫干支，此脫	343	3111 誤	5478 誤
88	88	冬十月乙酉朔，賑山西永濟等三縣霜災。	丙戌	343	3112 誤	5478 誤
89	89	州衛	州縣衛	343	3114 誤	5478 誤
90	90	癸卯……免江南淳縣本年蟲災額賦。	乙巳，高淳縣	344	3114 正	5479 誤
91	91	桃源等三縣未完銀米。	乙巳	344	3114 正	5479 誤
92	92	戊申，修奉先殿。	工竣	344	3114 正	5479 誤
93	93	辛亥，免甘肅平番旱災額賦。	庚戌	344	3115 誤	5479 誤
94	94	十一月乙卯……免陝西靖邊等八州縣本年水災額賦。	丙辰	344	3115 誤	5479 誤
95	95	壬寅，祭告泰陵，上釋服。	壬申	344	3117 誤	5479 誤
96	96	戊寅，皇太后聖壽節，御慈寧宮，上率諸王大臣行慶賀禮。自是每年如之。	實錄為上詣壽康宮，王大臣於慈寧門行禮	344	3118 誤	5480 誤
97	97	己卯，免山西興縣等四州縣旱災丁銀。	庚辰	344	3118 正	5480 誤
98	98	庚辰，命仍設軍機處，以大學士鄂爾泰、張廷玉，……為軍機大臣。	辛巳	344	3118 誤	5480 誤
99	99	辛亥，賑涿州水災。	實錄為「是月」，未繫干支	345	3125 誤，此頁有未刪而刪處	5482 誤
100	100	右	左	345	3128 誤	5484 誤
101	101	乙卯，上自圓明園還宮。	己卯	345	3131 誤	5484 誤
102	102	癸巳，準噶爾使入覲，賞銀幣有差。	甲午，此沿國史誤	345	3133 誤，更詳，未刪	5484 誤

103	103	丁未，免山東齊河等三十二州縣衛水災額賦。	己酉	345	3135 本正，誤刪	5485 誤
104	104	照	渠	345	3136 誤	5485 誤
105	105	己未，免江蘇六合……，廣東三水等……旱災額賦。	庚申	346	3137 本正，誤刪	5485 誤
106	106	壬戌，貴州定番州苗阿沙等作亂，張廣泗討平之。	諭令日期	346	3146 刪賞恤	5487 誤
107	107	乙亥，免江南松江府額賦。	實錄不載，國史為除松江府屬挑廢竈地額賦，此異	346	3148 除江南松江府額賦	5487
108	108	六月庚寅，賑山東東平等四州縣雹災。	辛卯	346	3150 誤	5488 誤
109	109	託時	同音異譯	346	3154	5488
110	110	丁卯……大學士尹泰乞休，允之。	丁丑	346	3155 正	5489 誤
111	111	九月庚戌朔……免陝西長安等十五州縣雹災額賦。	甲寅	347	3160 正	5489 誤
112	112	賑山東招遠縣雹災。	丙辰	347	3160 正	5489 誤
113	113	辛酉……盧焯為浙江巡撫。	癸亥	347	3161 正	5489 誤
114	114	己巳，大學士尹泰卒。	諭令日期	347	3163 贈官未刪	5489 誤
115	115	彭樹葵進《十思箴》，上嘉賚之。	壬申	347	3163 誤	5489 誤
116	116	賑甘肅碾伯等處旱災。	乙亥	347	3164 正	5489 誤
117	117	戊寅，賑臺灣旱災。	實錄為「是月」，未繫干支	347	3164 誤	5489 誤
118	118	壬辰，戶部尚書高其倬卒。	甲午	347	3167 誤	5490 誤
119	119	吉安	安吉	348	3167 誤	5490 誤
120	120	乙巳，授孫嘉淦直隸總督，以甘汝來為吏部尚書兼兵部，楊超曾為兵部尚書。	甲辰，此沿國史誤	348	3169 誤	5491 誤
121	121	高雷道	高雷廉道	348	3169 誤	5491 誤
122	122	祐	祜	348	3170 誤	5491 誤
123	123	癸丑	癸亥	348	3172 正	5491 誤
124	124	乙丑……免山東招遠縣雹災額賦。	戊辰	348	3172 正	5492 誤

125	125	壬申，甘肅寧夏地震……，發蘭州庫銀……，命兵部侍郎班第往賑之。	實錄是日地震，遣賑在十二月辛卯	348	3174 誤	5492 誤
126	126	十二月乙卯	己卯	348	3175 正	5492 誤
127	127	庚辰……賑兩淮鹽場本年旱災。	疑誤，實錄不載	348	3175 壬午	5492 誤
128	128	丁亥，甘肅寧夏地震。	諭令日期	349	3176 誤	5492 誤
129	129	甲午……往江南總辦河工。	戊戌	349	3178 誤在丁酉	5492 誤
130	130	尚敬遣使表賀登極，入貢。	戊戌	349	3179 誤在丁酉	5493 誤
131	131	乙巳，準噶爾使哈柳等入覲，諭曰：……	丙午	349	3179 誤	5493 誤
132	132	壬申，大學士嵇曾筠卒。	三年十二月乙未	349	3183 有贈官	5493 誤
133	133	免貴州郎岱等……雹災額賦。	己丑	349	3184 正	5494 誤
134	134	靖遠	實錄爲「靖逆衛」，此疑誤	349	3185	5494
135	135	阿爾泰	同音異譯	349	3186	5494
136	136	丁未朔	當刪	350	3187 刪誤	5494 誤
137	137	己酉……免安徽宿州等四州縣逋賦。	戊午	350	3189 誤在丁巳	5494 誤
138	138	吏部奏行取屆期，上命……保舉如陸隴其、彭鵬者。	戊午	350	3189 正	5494 誤
139	139	甲子，設熱河兵備道，駐承德州。	丁卯	350	3190 正，刪誤	5494 誤
140	140	壬申……賑直隸文安等六縣水災。	丙子	350	3191 誤在乙亥	5495 誤
141	141	丁卯	丁丑朔	350	3191 丁丑	5495 誤
142	142	巴而布	同音異譯	350	3195 巴勒布，同國史	5495
143	143	庫庫木、顏布、葉楞三汗入貢。	乙巳	350	誤在癸卯	5495 誤
144	144	辛未，致仕大學士馬齊卒。	諭令日期	350	3198 有贈官	5496 誤
145	145	昌	善	350	3198 誤	5496 誤
146	146	方顯爲四川巡撫。	署~，此沿國史誤	351	3199 正，證明用實錄	5496 誤

147	147	甲辰，免甘肅赤金所上年被災額賦。	癸卯，赤金所屬地方	351	3202 誤	5496 誤
148	148	甘肅秦安等六州縣雹災。	實錄爲「是月」，未繫干支，秦安–秦州	351	3202 誤	5496 誤
149	149	甲子，賑江蘇睢寧等……水雹各災，湖北房縣旱災。	乙丑	351	3205 誤	5497 誤
150	150	丙寅，吏部尚書甘汝來卒。	諭令日期	351	3205 有諭令	5497 誤
151	151	庚申	庚午，諭令日期	351	3206 誤	5497 誤
152	152	賑山東利津等二縣雹災。	庚午，旱災	351	3206 誤	5497 誤
153	153	壬申……江蘇淮安、安徽鳳陽等府州蝗。	實錄爲「是月」，未繫干支	351	3207 誤	5497 誤
154	154	額魯特	同音異譯	352	3218	5499
155	155	庚戌……賑江蘇安東等十五州縣水災有差。	辛未	352	3222 正	5500 誤
156	156	州衛	州縣衛	352	3223 正	5500 誤
157	157	免陝西榆林等……逋賦。	庚辰	352	3225 正	5500 誤
158	158	辛未……湖南綏寧苗作亂，命馮光裕等剿之。	實錄爲「是月」，未繫干支	353	3229 誤	5501 誤
159	159	二月，琉球入貢。	壬申朔，未繫干支	353	3229 本正，誤刪	5501 誤
160	160	乙亥，命額駙策淩等定各部落接準噶爾游牧邊界。	丙子	353	3230 誤	5501 誤
161	161	哈柳歸，召入賜茶，以和議成，嘉獎之。	己卯	353	3230 正	5501 誤
162	162	戊子，免湖北襄陽縣衛上年額賦。	己丑	353	3231 誤	5502 誤
163	163	庚午，湖南栗林、鬼沖各寨苗匪平。	實錄爲「是月」，未繫干支	353	3234 誤	5502 誤
164	164	夏四月丙戌，賑兩淮板浦等場災。	戊子	353	3236 誤	5502 誤
165	165	戊子，御史褚泰坐受賄論斬。	己丑	353	3237 誤	5502 誤
166	166	己丑，以那蘇圖爲刑部尚書。	庚寅，此沿國史誤	353	3237 正，證明用實錄	5502 誤
167	167	戊寅……召張廣泗來京。	庚辰	354	3242 正	5503 誤
168	168	壬辰，賑甘肅秦州水災。	癸巳	354	3243 誤	5503 誤

169	169	辛亥……命杜愷統率湖南兵至軍前。	壬子	354	3247 誤	5503 誤
170	170	乙亥……設甘肅安西提督，駐哈密。	此時尚在籌議，丙子有諭令	354	3250 誤，但有丙子諭令，《校註》未用此據	5504 誤
171	171	甲申……賑安徽宣城衛饑。	戊子，宣城縣、宣州衛	354	3252 正，宣城縣衛	5504 誤
172	172	戊戌，班第奏……等連克長坪各苗寨，獲首倡妖言黎阿蘭等。	實錄為「是月」，未繫干支	354	3253 誤	5504 誤
173	173	八月己亥朔，廣西宜山縣蠻匪平。	諭令日期	354	3254 諭令被刪	5505 誤
174	174	壬戌……賑福建永定饑。	癸亥	355	3256 誤	5505 誤
175	175	免河南中牟等十四州縣水災額賦。	丙寅	355	3257 正，刪亂	5505 誤
176	176	戊辰，譚行義奏安南人立龍彪為王，僭元景興。	五月庚申立，八月奏到，日期不詳	355	3258	5505
177	177	癸酉	九月~	355	3258 正，因刪引起	5505 誤
178	178	辛巳……賑浙江餘杭等十六州縣廳衛所水災。	癸未	355	3260 正	5505 誤
179	179	丁亥……賑陝西葭州等州縣饑。	癸巳	355	3261 誤在壬辰	5506 誤
180	180	以王安國為左都御史。	甲午	355	3261 誤	5506 誤
181	181	永定河復歸故道。	甲申	355	誤在丁酉	5506 誤
182	182	丙辰……賑福建臺灣、諸羅風災。	己未	355	3265 正	5506 誤
183	183	丁卯，張廣泗奏獲苗匪栗賢宇等，及……戴名揚等，克平溪等寨。	實錄：栗-粟，繫於「是月」	355	3266 誤	5506 誤
184	184	己圳……以劉吳龍為左都御史。	戊午	356	3268 正	5507 誤
185	185	十二月壬寅……免托克托城等處雹災額賦。	癸卯	356	3270 正	5507 誤
186	186	二月，御史叢洞請暫息行圍，上以……訓之。	癸卯，未繫干支	356	3277 正	5508 誤
187	187	丙午，以完顏偉為南河副總河。	丁未	356	3278 誤	5508 誤

188	188	免湖北鍾祥等四縣雹水災額賦。	辛亥	356	3278 正	5508 誤
189	189	庚申，增設山西歸化城分巡道。	辛酉	356	3279 誤	5508 誤
190	190	壬申，命侍郎楊嗣璟往山西會鞫……喀爾欽……之獄。	癸酉，此沿王錄誤	356	3281 誤	5508 誤
191	191	夏四月乙未朔……免江蘇豐縣等十州縣衛水災、蟲災、民屯蘆課。	戊戌	356	3285 正	5508 誤
192	192	甲辰……以慶復署兩廣總督	戊申	357	3286 正	5509 誤
193	193	戊寅……賑江西興國等縣水災，貴州仁懷、平越水災。	實錄爲「是月」，此脫	357	3292 誤在辛卯	5509 誤
194	194	己酉……賑安徽宿州等十二州縣水災	庚戌	357	3294 正	5509 誤
195	195	江蘇山陽等州縣水災。	乙卯	357	3295 正	5509 誤
196	196	趙國麟以薦舉非人，降調。	丙辰	357	3295 正	5509 誤
197	197	秋七月，免江蘇蘇州等府屬逋賦。	癸亥朔，未繫干支	357	3295 正	5509 誤
198	198	桂	柱	357	3298 改對	5510 誤
199	199	戊子……免經過額賦十分之三。	己丑	357	3300 誤	5510 誤
200	200	壬辰……賑廣東永安、歸善二縣饑。	實錄在「是月」，未繫干支，此脫	357	3300 誤	5510 誤
201	201	八月癸巳，賑安徽宿州等十九州縣衛水災。	乙未	357	3300 正，刪亂	5510 誤
202	202	辛丑，上行圍。	壬寅	357	3302 誤	5510 誤
203	203	賑江蘇山陽等十八州縣、莞瀆等場水災。	癸卯	358	3302 正，誤刪	5510 誤
204	204	爾	彌	358	3303 正	5511 誤
205	205	賑廣東南海等二十六州縣廳饑。	己巳	358	3304 正	5511 誤
206	206	上奉皇太后回蹕。	庚午	358	3304 誤	5511 誤
207	207	壬申，授王恕福建巡撫，楊錫紱廣西巡撫。	癸酉	358	3305 誤	5511 誤
208	208	甲戌，調陳宏謀爲江西巡撫，黃廷桂爲甘肅巡撫。	乙亥	358	3305 正	5511 誤
209	209	免江蘇、安徽乾隆三四年被災漕糧。	丁丑	358	3305 誤在丙子	5511 誤

210	210	辛巳，原任江蘇巡撫徐士林卒。	諭令日期	358	3307 有諭令內容	5511 誤
211	211	授陳大受江蘇巡撫，張楷安徽巡撫。	乙酉	358	3307 誤在甲申	5511 誤
212	212	賑福建福清等八縣及長福等鎮營饑。	辛卯	358	3308 正	5511 誤
213	213	丁未，賑安徽宿州等……水災，並免宿州等……漕糧。	戊申	358	3309 誤	5512 誤
214	214	丁	廳	358	3310 誤	5512 誤
215	215	丙寅，賑甘肅平番等……災。	丁卯	359	3311 誤	5512 誤
216	216	慈寧宮	實錄爲壽康宮，此沿國史，疑誤	359	3314	5512
217	217	辛丑……賑江蘇江浦等州縣旱災。	壬寅	359	3316 正	5513 誤
218	218	免湖南湘鄉等……額賦。	甲辰	359	3317 正	5513 誤
219	219	乙巳，免浙江仁和等十九州縣本年額賦。	己酉	359	3317 誤	5513 誤
220	220	庚戌……琉球入貢。	辛亥	359	3318 正，刪亂	5513 誤
221	221	調常安爲浙江巡撫，顧琮爲漕運總督。	辛亥	359	3318 正，刪亂	5513 誤
222	222	命劉統勳往浙江會勘海塘。	辛亥	359	3318 正，刪亂	5513 誤
223	223	賑浙江嵊縣等十七州縣、仁和等場水旱災。	辛亥	359	3318 正，刪亂	5513 誤
224	224	庚寅，準噶爾入貢。	到京日期實錄繫於「是月」，未繫干支	360	3324 誤	5516 誤
225	225	二月辛卯朔，上詣泰陵。	壬辰啓蹕	360	3324 誤爲辛卯朔啓蹕	5516 誤
226	226	丙申，朝鮮入貢。	丁酉	360	3324 誤	5516 誤
227	227	吉黨阿	國史爲「吉當阿」，同音異譯	360	3325	5516
228	228	乙亥……以晏斯盛爲山東巡撫。	戊寅	360	3328 本正，誤刪	5516 誤
229	229	夏四月庚寅朔……以古北口提督管獨石口外臺站。	癸巳	360	3331 本正，誤刪	5517 誤
230	230	丙辰，刑部尚書劉吳龍卒	諭令日期	360	3334 有諭令	5518 誤

231	231	以張照爲刑部尙書。	丁巳	360	3334 本正，誤刪	5518 誤
232	232	五月己未朔……定移駐滿兵屯墾拉林、……事宜，設副都統，以巴靈阿爲之。	乙丑	361	3336 本正，誤刪	5518 誤
233	233	戊辰，以御史胡定劾，寢趙宏恩補刑部侍郎之命。	壬申	361	3338 本正，誤刪	5518 誤
234	234	癸酉……免江蘇沛縣昭陽湖水沈田畝額賦。	壬申	361	3338 本正，誤刪	5518 誤
235	235	丙戌……以琉球國王資送江南遭風難民，嘉獎之。	丁亥	361	3339 誤	5518 誤
236	236	張允隨奏猛遮界外孟良酋長召賀罕被逐，遁入緬甸。	實錄爲「是月」，未繫干支，此脫	361	3340 誤	5518 誤
237	237	戊申	敘事失次	361	3342 正	5518 加誤
238	238	秋七月己未……免廣西梧州等三府屬逋賦。	庚申	361	3343 本正，誤刪	5519 誤
239	239	辛酉，除山西繁峙、廣西武緣荒地額賦。	壬戌	361	3344 誤	5519 誤
240	240	甲申，賑湖北漢川、襄陽等……災，並停征額賦。	乙酉	361	3346 本正，刪誤	5519 誤
241	241	丙戌，賑江蘇江浦等……、安徽臨淮等州縣衛。撫恤江西興國等州縣、浙江淳安等州縣、湖南醴陵等八州縣、山東嶧縣等……、甘肅狄道等四州縣廳災民。	實錄在「是月」，未繫干支	361	3346 誤	5520 誤
242	242	庚子，諭河南等省撫恤江南流民。	辛丑	362	3349 誤	5520 誤
243	243	癸卯，賑江西興國水災。	甲辰	362	3350 誤	5521 誤
244	244	九月丁巳朔……賑湖北潛江等十州縣水災。	庚申	362	3351 本正，誤刪	5521 誤
245	245	辛酉……免安徽鳳、穎、泗三府州本年水災地方漕賦，不成災者折徵之。	甲子	362	3352 誤在癸亥	5521 誤
246	246	賑湖南湘陰等九縣水災。	甲子	362	3352 誤在癸亥	5521 誤
247	247	庚午……免江蘇山陽等二十一州縣本年被水漕賦。	辛未	362	3352 誤	5521 誤
248	248	冬十月丙戌	~朔	362	3355 誤	5522 誤

249	249	撥山東、河南明年運漕米各五萬石備江南賑，仍……採買補運。	丁亥	362	3355 誤	5522 誤
250	250	癸巳，浙江提督裴鋱等以侵欺，褫職鞫治。	辛卯	362	3356 誤	5522 誤
251	251	丁酉，賑安徽鳳陽二十四州縣衛水災。	庚子	363	3356 正，刪亂	5523 誤
252	252	丙子	丙申	363	3364 誤	5525 誤
253	253	己亥……命寬鄂爾泰黨庇仲永檀罪。	癸卯	363	3365 正，誤刪	5525 誤
254	254	免直隸薊州等三州縣水災額賦。	乙巳	363	3366 誤在甲辰	5525 誤
255	255	乙卯，諭曰：「江南水災地畝涸出，……，毋得以細事置之。」	甲寅，此沿國史、東華錄誤。	363	3367 誤	5526 誤
256	256	塔爾瑪	~善	364	3369 正	5526 正
257	257	壬辰	二月~	364	3370 二月乙酉條未刪	5526 誤
258	258	辛卯，以考選御史，杭世駿策言內滿外漢，忤旨褫職。	癸巳	364	3370 誤	5526 誤
259	259	命孫嘉淦署福建巡撫。	甲午	364	3371 正	5527 誤
260	260	丙申，命尹繼善署兩江總督，協同白鍾山料理河務。	庚子	364	3372 正，誤刪	5527 誤
261	261	乙巳，免湖北漢川等十一州縣衛水災額賦。	丁未	364	3373 誤在丙午	5527 誤
262	262	准趙國麟回籍。	辛亥	364	3374 正，刪亂	5527 誤
263	263	癸丑……賑山東滕縣等六州縣饑。	三月戊午，《校註》自行分段	364	3374 誤	5527 誤
264	264	丙子，上詣壽祺皇太妃宮問疾。	庚辰，此沿國史誤	364	3378 誤	5527 誤
265	265	丁酉	丁亥，在辛卯前	365	3379 誤，順序無誤	5528 誤
266	266	免湖北襄陽等三縣水災額賦。	癸巳	365	3380 正	5528 誤
267	267	閏四月甲寅朔，琉球入貢。	丙辰	365	3383 本正，誤刪	5528 誤
268	268	詹等事官	詹事等官	365	3383 正，詹事……等	5528 正
269	269	十三	二十三	365	3387 誤	5529 誤

270	270	科	料	365	3387 正	5529 誤
271	271	辛酉	辛亥	365	3389 誤,本已刪除,可見謄清時也看	5530 誤
272	272	己卯	乙卯	366	3396 誤	5531 誤
273	273	賑湖北興國等三州縣水災,並免額賦。	八月癸丑	366	3397 正	5532 誤
274	274	戊辰,上行圍。	實錄爲乙丑行圍,至壬申皆如之,此異	366	3399	5532
275	275	伊克淖爾	實錄爲「伊克諾爾」	366	3399	5532
276	276	壬申……上行圍,至丙子如之。	甲戌至丙子,非壬申至丙子	366	3400 誤	5532 誤
277	277	甲戌,賑四川西昌水災。	乙亥	366	3400 誤	5532 誤
278	278	賑廣東始興等……水災。	乙亥	366	3400 誤	5532 誤
279	279	伍什杭阿	同音異譯	366	3401	5533
280	280	均下理藩院議處。	等~	366	3402 誤	5533 誤
281	281	富森	同音異譯	367	3403	5533
282	282	英額	同音異譯	367	3403	5533
283	283	額宜都	同音異譯	367	3406	5535
284	284	十一月,賑安徽無爲水災,並免額賦。	辛巳,未繫干支	367	3412 本正,誤刪	5536 誤
285	285	癸卯,賑直隸天津等……災。	壬寅	368	3415 正	5536 誤
286	286	己酉,免謁陵經過額賦十分之三。	實錄爲「是月」,未繫干支	368	3416 誤	5536 誤
287	287	辛酉,大學士福敏乞退。溫諭慰留。	癸亥	368	3419 本正,刪誤	5537 誤
288	288	噶爾丹策零	同音異譯	368	3422	5538
289	289	庚子……給訥親欽差大臣關防。	壬寅	368	3424 正	5538 誤
290	290	二月,上奉皇太后幸南苑。	庚戌	368	3425 本正,誤刪	5539 誤
291	291	丙辰……免福建臺灣等三縣旱災額賦,並賑之。	壬戌	369	3427 正	5539 誤

292	292	丁丑，戶部尚書張楷卒	卒於二月乙亥	369	3429 誤	5539 誤
293	293	丁亥，免江蘇沛縣	戊子	369	3431 本正，誤刪	5539 誤
294	294	以訥親奏……廢弛，上曰：「可見外省大吏無一不欺朕者，不可不懲一儆百。」	脫「是月」	369	3433 誤	5539 誤
295	295	戊申朔	四月~	369	3433 本正，誤刪	5539 誤
296	296	乙卯……以旱命省刑寬禁。	己巳	369	3435 本正，誤刪	5539 誤
297	297	己卯	五月~	369	3437 本正，誤刪	5540 誤
298	298	癸丑，賑山東歷城等……旱災，蘭山等六州縣雹災。	甲寅	369	3441 誤	5540 誤
299	299	達勒薰阿	同音異譯	369	3445	5541
300	300	戊申，免江蘇淮安、安徽鳳陽二府雍正十三年逋賦。	庚戌，此沿國史誤	370	3448 誤	5541 誤
301	301	己亥	乙亥	370	3451 「乙」被改成「己」	5541 誤
302	302	黃體明	實錄為「黃明懿」，此疑誤	370	3451	5541
303	303	丁未	十月~	370	3454 有甲辰朔條，未刪	5543 誤
304	304	乙卯……江南、河南、山東蝗。	諭令日期	370	3455 諭令被刪	5543 誤
305	305	庚午……賑直隸保定等十八州縣水蟲雹等災。	壬申	370	3456 本正，誤刪	5544 誤
306	306	賑江蘇靖江等……潮災，安徽歙縣二十一州縣衛水災。	十一月己卯，後半句缺「等」，《校註》未注	370	3457 本正，刪亂	5544 誤
307	307	丙戌……賑甘肅河州等三十五州縣衛雹水各災。	丁亥	370	3458 誤	5544 誤
308	308	己亥，以貴州學政佟保守潔士服，命留任。	辛丑	370	3458 誤在辛卯	5544 誤
309	309	丙午	十二月~	371	3459 有十二月甲辰朔條未刪	5544 誤
310	310	甲子，免山東歷城等三十二州縣衛本年旱雹等災額賦。	癸亥	371	3461 誤	5545 誤

311	311	羅卜藏丹怎	同音異譯	371	3462	5545
312	312	己酉	二月~	371	3466 有二月乙巳條未刪	5546 誤
313	313	乙亥……賑雲南白鹽井水災。	丙子	371	3470 誤	5547 誤
314	314	己巳	乙巳	372	3473 正	5548 正
315	315	乙卯，大學士鄂爾泰卒，上臨奠，輟朝二日，命遵世宗遺詔，配饗太廟。	諭令日期	372	3473 誤	5548 誤
316	316	三百三十三人	三百十三人	372	3476 誤	5549 誤
317	317	丁亥……命訥親爲保和殿大學士。	戊子爲大學士，丁酉定名	372	3478 誤	5549 誤
318	318	辛酉，御史赫泰請收回普免錢糧成命。上斥……，褫職。	壬戌，降級未褫職	372	3483 誤	5551 誤
319	319	戊戌……賑安徽宿州等州縣衛水災。	脫「是月」	373	3487 誤	5552 誤
320	320	上奉皇太后幸木蘭行圍。	未行圍	373	3487 誤	5552 誤
321	321	己酉，上行圍溫都里華。	庚戌	373	3488 正	5552 誤
322	322	丙辰，上行圍畢圖舍爾。	同音異譯	373	3489	5553
323	323	老圖博勒齊爾	池~	373	3490 誤	5553 誤
324	324	乙丑，上行圍庫爾奇勒。	甲子，同音異譯	373	3490 改錯	5553 誤
325	325	丁卯……賑山西曲沃等十二州縣水災。	脫「是月」	373	3491 誤	5554 誤
326	326	……爾呼	同音異譯	373	3492	5554
327	327	丁丑，賑直隸故城等十五州縣衛旱災。	庚辰	373	3493 本正，刪誤	5554 誤
328	328	甲午……賑兩淮廟安場水災。	乙未，廟灣	374	3494 誤	5555 誤
329	329	戊戌……命修明愍帝陵。	實錄爲「是月」，未繫干支，此沿國史誤	374	3494 誤	5555 誤
330	330	賑陝西長安等六縣水災。	脫「是月」	374	3495 誤	5555 誤
331	331	乙丑，賑湖南湘陰等三縣、湖北漢川等……旱災。	丙寅，水災	374	3498 誤	5556 誤
332	332	壬午，準噶爾台吉噶爾丹策零卒。	卒於九月，此爲命西北兩路籌備邊防日期	374	3501 誤，有諭令內容	5557 誤

333	333	戊子，免安徽宿州等五州縣水災地方漕糧。	己丑	374	3503 誤	5557 誤
334	334	壬子……賑淮北板浦等場水災。	甲寅	374	3507 本正，誤刪	5558 誤
335	1	甲午……李質粹進攻靈達，班滾之母赴營乞命，仍縱歸。	脫「是月」	375	3510 誤	5561 誤
336	2	烏勒	~登	375	3511 誤	5562 誤
337	3	努登	努三	375	3511 誤	5562 誤
338	4	策旺多爾濟那木札勒	同音異譯	375	3514	5562
339	5	丙申……慶復奏進駐靈雀。	脫「是月」	376	3517 誤	5563 誤
340	6	庚子……賑直隸宣化府饑。	己亥	376	3517 誤	5563 誤
341	7	賑甘肅隴西等十二州縣水旱雹霜災。	癸卯	376	3518 正	5564 誤
342	8	夏四月丁丑……以鄂昌署廣西巡撫。	己卯	376	3520 本正，刪誤	5564 誤
343	9	丁亥，免湖南湘陰等五縣水災額賦。	戊子，旱災	376	3522 誤	5564 誤
344	10	己丑，免廣東新寧等四州縣水災額賦。	庚寅	376	3522 誤	5564 誤
345	11	乙卯……以傅清代奏，嚴飭之。	丙辰	376	3525 誤	5565 誤
346	12	六月丙寅……班滾自焚死。	諭令日期，實未死	376	3526 誤	5565 誤
347	13	壬辰，命送還俄羅斯逃人於恰克圖。	辛卯	377	3528 誤	5565 誤
348	14	壬寅，四川大乘教首劉奇以造作逆書，磔於市。	壬寅後，壬戌前	377	3529 誤	5566 誤
349	15	丁卯	八月~	377	3531 有乙丑條未刪	5566 誤
350	16	飭	飾	377	3532 吳廷燮改正	5566 正
351	17	敦	惇	377	3534 誤	5567 誤，字上有點
352	18	九月甲午朔，除浙江歸安等三縣沙積坍卸地賦。	乙未	377	3534 本正，刪誤	5567 誤
353	19	射虎	~川	378	3537 誤	5568 誤
354	20	庚午，上奉皇太后駐蹕保定府。	辛未	378	3540 本正，刪誤	5569 誤

355	21	庚辰	己卯	378	3541 誤	5570 誤
356	22	乙未……免江蘇山陽等二十四州縣衛水災額賦，並分別蠲緩漕糧有差。	丙申	378	3543 誤	5570 誤
357	23	戊午，慶復奏大金川土司莎羅奔擾小金川，倘不遵剖斷，惟有用番力以收功。	丁巳，同音異譯	378	3544 誤	5571 誤
358	24	戊寅，賑甘肅安定等州縣旱災。	己卯，水雹災	379	3548 誤	5571 誤
359	25	免山東金鄉等八州縣水災額賦。	己卯	379	3548 誤	5571 誤
360	26	策旺多爾濟那木札爾	同音異譯	379	3548	5572
361	27	瑪木特等入覲，召見於太和齋。	乙酉召見，此為貢使到京日期，太-大	379	3548 誤	5572 誤
362	28	己丑……陳大受奏，蘇祿國遣番官齎謝恩表番字、漢字二道，……，卻之，仍優給番官令回國。上嘉為得體。	實錄為「是月」，未繫干支，軍機處月折包奏摺錄副具奏在乙亥，此誤	379	3549 誤	5572 誤
363	29	十三	九	379	3551 誤	5573 誤
364	30	戊子……免湖北襄陽上年水災額賦。	己丑	380	3556 誤	5574 誤
365	31	三月，免山西陽曲等……額賦。	丙申，未繫干支	380	3557 誤刪	5574 誤
366	32	辛丑……賑河南水災。	壬寅	380	3558 誤	5575 誤
367	33	烏	鳥	380	3559 誤	5575 誤
368	34	……飭張廣泗撫馭……瞻對、巴塘諸番。	壬寅	380	3559 誤	5575 誤
369	35	免江蘇淮安等四府州屬上年水災額賦。	壬寅	380	3559 誤	5575 誤
370	36	大學士查郎阿乞休，允之。	壬寅	380	3559 誤	5575 誤
371	37	都達布遜諾爾馬廠事務	商都達布遜諾爾馬廠事務	380	3560 正	5576 誤刪
372	38	泰	保	380	3560 誤	5576 誤
373	39	庚戌，免直隸薊州等十四州縣廳上年水災額賦。	壬子	380	3561 本正，誤刪	5576 誤
374	40	戊辰	夏四月~	381	3561 有庚申朔條未刪	5576 誤

375	41	丁亥	當刪	381	3564 因刪而誤	5577 誤
376	42	壬子，以福建、……迭出挾制官長之獄，諭：……	癸丑	381	3567 誤	5577 誤
377	43	丙子……官兵進剿大金川，攻毛牛及馬桑等寨，克之。	諭令日期	381	3571 有諭令內容	5578 誤
378	44	丙申，命納延泰賑蘇尼特等六旗旱災	己亥	381	3573 誤在丁酉	5578 誤
379	45	癸丑，張廣泗進駐……美諾寨，分路攻剿，受小金川降。	批示日期	381	3574 誤	5579 誤
380	46	戊午，賑長蘆永利等三場旱災竈戶。	丙辰	381	3575 誤	5579 誤
381	47	八月辛酉，上奉皇太后幸木蘭行圍。	~啓鑾，行圍疑誤	382	3575 誤	5579 誤
382	48	來	耒	382	3578 正	5580 誤
383	49	九月戊子朔……上奉皇太后回駐避暑山莊	壬辰	382	3578 正，刪誤	5581 誤
384	50	乙巳	乙未	382	3579 誤	5581 誤
385	51	賑安徽歙縣……、河南通許等……、山東齊河等八十七州縣水災。	山東尙有雹災，且爲八十七州縣衛所	382	3579 誤，「八十七」正	5581 誤
386	52	丁未，致仕大學士查郎阿卒。	諭令日期，其卒亦非是日	382	3580 誤	5581 誤
387	53	陳	彭	382	3580 誤	5581 誤
388	54	田	四	382	3581 誤	5582 誤
389	55	上詣皇太后視藥	上詣皇太后宮視藥	383	3585 正	5583 誤
390	56	召阿里袞來京，以赫赫護山東巡撫。	庚寅	383	3585 正	5583 誤
391	57	辛酉	十二月~	383	3588 有十二月丁巳朔條未刪	5584 誤
392	58	辛未，予告大學士徐本卒。	諭令日期	383	3589 贈官被刪	5584 誤
393	59	曹八屯	曹八里屯	383	3596 誤	5587 誤
394	60	壬申，福建甌寧會匪作亂，總兵劉啓宗捕剿之。	諭令日期	384	3599 誤	5587 誤

395	61	直隸山東	爲衍詞，當刪	384	3599 誤	5587 誤
396	62	三月乙酉	~朔	384	3602 誤	5588 誤
397	63	乙未……劉於義卒。	諭令日期	384	3605 誤	5589 誤
398	64	壬寅，四川成都等……地震。	批示日期	384	3606 誤	5589 誤
399	65	殷	啓	384	3607 誤	5590 誤
400	66	加……班第太子太保	班第太子少保	385	3609 誤	5590 誤
401	67	喀爾吉善太子少保。	夏四月~	385	3609 誤	5590 誤
402	68	庚申……伊勒愼卒	諭令日期	385	3609 誤	5590 誤
403	69	州縣衛	~所	385	3611 誤	5591 誤
404	70	達勒當阿	同音異譯	385	3613	5591
405	71	丙子……加賑福建臺灣等二縣旱災。	丁丑	385	3614 誤	5591 誤
406	72	漢	滿	385	3614 誤	5592 誤
407	73	辛卯，張廣泗奏克戍布寨之捷。	壬辰，戍-戎	385	3616 前誤後正	5592 誤
408	74	戊申，免山東永利等八場上年水災額賦。	己酉	386	3619 誤	5592 誤
409	75	垣	坦	386	3619 誤	5593 誤
410	76	丙午，常安論絞。	丁未	386	3628 誤	5594 誤
411	77	博	傅	386	3631 正	5595 誤
412	78	壬申，上駐蹕盤山。	實錄爲「駐蹕精寄山莊」，此沿國史	387	3631	5595
413	79	準泰爲山西巡撫，阿里袞爲山東巡撫	準泰爲山東巡撫，阿里袞爲山西巡撫	387	3631 原文兩山東，前山東改山西	5595 誤
414	80	甲辰，召安寧來京。	宣諭召其入京緣由	387	3635 誤	5596 誤
415	81	九月壬子朔……命策楞、高斌會鞫周學健。	癸丑	387	3637 正，刪誤	5596 誤
416	82	戶	吏	387	3642 誤	5598 誤
417	83	丁亥，命傅恒爲保和殿大學士，兼管戶部。	己丑	388	3644 誤	5598 誤
418	84	戊子，移孝賢皇后梓宮……，上如靜安莊奠酒。	己丑	388	3644 誤	5599 誤

419	85	三十	二十	388	3644 誤	5599 誤
420	86	乙丑……以尹繼善爲戶部尚書。	庚寅	388	3644 誤	5599 誤
421	87	甲午，賑山西陽曲等十五州縣旱災。	尚有水災雹災	388	3646 正，災	5599 誤
422	88	壬子	十一月~	388	3647 有十一月	5599 誤
423	89	戊辰……平郡王福彭卒，輟朝二日。	諭令日期	388	3650 誤	5600 誤
424	90	庚午，免直隸文安等三縣水災地租。	辛未	388	3651 誤	5601 誤
425	91	戊子……哈達哈署兵部尚書、步軍統領。	己丑	389	3655 誤	5601 誤
426	92	壬辰，張廣泗處斬。	諭令日期	389	3656 誤	5601 誤
427	93	丙寅	丙申	389	3656 正	5601 誤
428	94	癸卯，命傅恒等訊明訥親，以其祖……刀於軍前斬之。	復言其事，實錄不載	389	3658	5602
429	95	撤	撒	389	3658 誤	5602 誤
430	96	太	少	390	3662 正	5603 誤
431	97	師	保	390	3662 誤	5603 誤
432	98	壬辰……岳鍾琪加太子少保。	癸巳	390	3663 誤	5603 誤
433	99	乙巳……莎羅奔進番童番女各十人，詔卻之。	丁未	390	3665 正，刪誤	5604 誤
434	100	那木札勒	同音異譯	390	3667	5604
435	101	德保仍爲總管內務府大臣。	庚申	390	3667 誤	5604 誤
436	102	四月	夏~	391	3670 正	5605 誤
437	103	辛卯……召彭樹葵來京	實錄未載，應在壬辰	391	3672 正，刪誤	5605 誤
438	104	命倉場侍郎張師載以原銜協辦江南河務。	壬辰，倉場總督	391	3672 前正後誤	5606 誤
439	105	丙辰，免安徽阜陽等十三州縣衛上年旱災	水旱災	391	3676 誤	5606 誤
440	106	秋七月戊申，賑福建光澤等二縣水災。	己酉	391	3681 誤	5607 誤
441	107	辛亥，直隸總督那蘇圖卒。	諭令日期	391	3681 誤	5607 誤

442	108	免湖北晉江等九縣潮災額賦。	湖北–福建，尚有旱災	391	3681 誤	5607 誤
443	109	山東	浙江	391	3681 誤	5607 誤
444	110	辛酉，命傅恒、陳大受譯西洋等國番書。	非譯書	392	3682 辦改爲譯	5607 誤
445	111	瞻對番目班滾降	以~	392	3687 誤	5608 誤
446	112	冬十月甲午……賞傅清都統銜，同紀山駐藏，……。	丙申	392	3690 正，刪誤	5608 誤
447	113	庚辰	十二月~	392	3695 有十二月	5609 誤
448	114	木和蘭	同音異譯	392	3698	5609
449	115	壬戌……羅于朝論斬。	癸酉	393	3702 正	5610 誤
450	116	三分之一	實錄爲十分之三	393	3703 誤	5610 誤
451	117	丁丑	衍	393	3703 刪誤	5610 誤
452	118	己丑，定邊左副將軍喀爾喀超勇親王策淩卒	諭令日期	393	3705 諭令被刪	5611 誤
453	119	戊戌，上駐蹕北口行圍。	實錄在己亥，此沿國史	393	3706	5611
454	120	夏四月丙子，雲南省城火藥局災。	諭令日期	393	3711 誤	5612 誤
455	121	庚午，上詣黑龍潭祈雨。	戊辰	394	3716 誤	5612 誤
456	122	丙申……以保德爲北路軍營參贊大臣。	丁酉	394	3719 正，刪誤	5613 誤
457	123	廣東巡撫	前~	394	3720 誤	5613 誤
458	124	兵	刑	394	3721 誤	5613 誤
459	125	辛酉……策旺多爾濟那木札勒爲部人所弒，立其兄喇嘛達爾札。	諭令日期，「達爾札」爲同音異譯	395	3728 誤	5614 誤
460	126	癸卯	癸亥	395	3728 誤	5615 誤
461	127	己巳……雲南河陽地震。	乙酉、丁亥；是月諭令	395	3729 誤	5615 誤
462	128	十一月辛丑，上奉皇太后率皇后還京師。	壬寅	395	3734 正，刪誤	5616 誤
463	129	癸丑……傅清、拉布敦遇害。	批示日期	395	3735 誤	5616 誤
464	130	班第	國史、實錄爲「班第達」	396	3737 正	5617 圈刪

465	131	噶布倫	同音異譯	396	3738	5617
466	132	卓呢羅布藏扎什	同音異譯	396	3739	5617
467	133	亂已定，止岳鍾琪進藏，命駐打箭爐。	丁卯	396	3739 誤	5617 誤
468	134	薩布哈沙	同音異譯	396	3743	5618
469	135	戊子，賑盛京遼陽……水災，並蠲緩額賦有差。	己丑	396	3744 誤	5618 誤
470	136	辛丑，賑安徽宿州等州縣上年水災。	壬寅	396	3749 誤	5619 誤
471	137	壬戌，卓呢羅布藏札什等伏誅。	諭令日期	396	3751 誤，諭令被刪	5619 誤
472	138	公車布登扎布	同音異譯	397	3753	5621
473	139	己丑，上駐蹕蘇州，諭三吳士庶，各敦本業，力屏浮華。	庚寅	397	3754 誤	5621 誤
474	140	辛亥，東閣大學士張允隨卒。	有異說	397	3757	5622
475	141	丁卯，起陳世倌爲文淵閣大學士。	四月癸巳	397	3759 誤	5622 誤
476	142	免江蘇江浦等十五州縣被災額賦有差。	辛亥	397	3760 誤	5622 誤
477	143	丙子，賑江蘇山陽等二十四州縣衛十五年水災。	實錄是日無，國史爲「是月」，不知所據	398	3761	5623
478	144	乙酉，永興褫職逮問，……卓鼐降調，以傅森代之。	實錄是日未載	398	3763	5623
479	145	癸亥，賑山東披縣等六州縣潮災。	實錄爲「是月」，未繫干支	398	3767 誤	5624 誤
480	146	壬了……賑山西鳳臺、高平水災。	癸丑	398	3772 誤	5624 誤
481	147	廳州	廳州縣	398	3772 誤	5624 誤
482	148	賑福建寧化等縣水災，	丁巳	398	3773 誤	5625 誤
483	149	甲子，……布圖遜林特古斯來降。	諭令日期，布圖遜布林特古斯	398	3774 誤	5625 誤
484	150	庚午，賑福建……水災。	辛未	399	3775 正，刪誤	5625 誤
485	151	己卯，河南陽武……河決。	諭令日期	399	3776 誤	5625 誤
486	152	乙卯	乙酉	399	3776 正	5625 誤

487	153	庚寅……命高斌赴河南辦陽武河工。	庚申	399	3780 誤	5626 誤
488	154	乙丑	九月~	399	3781 有九月	5626 誤
489	155	詔停本年秋決。	丙寅	399	3781 正，刪誤	5626 誤
490	156	丙子，上奉皇太后詣泰陵。	~啓鑾（前一個未注）	399	3782 正，起蹕	5626 誤
491	157	州衛	州縣衛	400	3786 誤	5627 誤
492	158	丙辰，賑江蘇銅山等八州縣水災。	乙卯	400	3786 誤	5627 誤
493	159	賑山東齊東等七州縣本年水災	丁巳	400	3786 正，刪誤	5627 誤
494	160	戊午，賑直隸武清等二十六州縣水雹災。	己未	400	3786 正，刪誤	5627 誤
495	161	庚辰，陽武決口合龍。	諭令日期	400	3788 誤	5628 誤
496	162	庚戌	庚辰	400	3793 誤	5629 誤
497	163	阿爾泰	同音異譯	400	3793	5629
498	164	辛酉，修房山縣金太祖、世宗陵。	實錄爲「是月」，未繫干支	401	3797 誤	5629 誤
499	165	戊寅，福建巡撫潘恩榘卒	恩–思，諭令日期	401	3798 思字有改動	5630 誤
500	166	夏四月甲午，免山東齊東等十二州縣衛上年水災額賦。	壬辰朔	401	3799 誤	5630 誤
501	167	庚辰，賑河南祥符等十四縣水災。	辛巳	401	3803 誤	5630 誤
502	168	己丑……山東濟南等八府蝗，江南上元等……生蝻。	脫「是月」	401	3804 誤	5630 誤
503	169	六月甲午，……呢雅斯來降。	諭令日期	401	3804 誤	5630 誤
504	170	丁未……試……等官，擢德爾泰爲一等，餘降用有差。	癸丑，此爲考試日期	401	3805 誤	5631 誤
505	171	丁亥，賑江蘇銅山等縣水災。	實錄爲「是月」，未繫干支	402	3808 誤	5631 誤
506	172	乙卯，賑陝西咸寧等二十一州縣旱災。	實錄爲「是月」，未繫干支	402	3810 誤	5631 誤
507	173	臘	腦	402	3811 誤	5631 誤
508	174	辛巳，準噶爾喇嘛根敦林沁等來降。	諭令日期	402	3812 諭令被刪	5632 誤

509	175	丁亥，召尹繼善來京	實錄爲「是月」，未繫干支	402	3813 誤	5632 誤
510	176	蒼旺伏誅。	諭令日期	402	3813 誤	5632 誤
511	177	一百四十一	二百三十一	402	3813 誤	5632 誤
512	178	泰	秦	402	3814 誤	5632 誤
513	179	十	十一	402	3815 正	5633 誤
514	180	四川雜谷、黑水後番上下寨來降。	九月戊辰來降，「是月」批示，未繫干支	403	3815 誤	5633 誤
515	181	己丑……以綽爾多代之。	戊戌	403	3818 正，刪誤	5633 誤
516	182	丙寅，……莫信豐等、福建平和縣匪蔡榮祖等作亂，捕治之。	諭令日期，蔡榮祖事待考	403	3820 誤	5634 誤
517	183	丁酉，上祭金太祖、世宗陵。	己亥	403	3822 誤	5634 誤
518	184	江南千總盧魯生坐偽撰孫嘉淦奏稿，磔於市。	戊戌，江南-江西	403	3822 誤，江南爲柯劭忞後添，字不清楚	5634 誤
519	185	丁卯，山東濟寧、汶上等州縣蝻。	諭令日期	404	3832 誤	5636 誤
520	186	辛未，……喇嘛達爾札與達瓦齊相攻被執，達瓦齊自爲台吉。	癸未	404	3833 誤	5636 誤
521	187	丙申，天津等州縣蝗。	諭令日期	404	3835 誤	5636 誤
522	188	秋七月甲子，順天宛平等三十二州縣衛蝗。	七月己未前撲淨了，此誤	404	3837 誤	5636 誤
523	189	辛亥，賑江蘇銅山十二州縣水災、山東蘭山等縣水災。	實錄爲「是月」，未繫干支	405	3843 誤	5638 誤
524	190	壬戌，河南陽武……河決。	諭令日期	405	3843 誤	5638 誤
525	191	丁卯……以弘升爲正白旗領侍衛內大臣。	己巳	405	3844 正	5638 誤
526	192	庚午……江蘇銅山河決。	諭令日期	405	3844 誤	5638 誤
527	193	定常	實錄爲「定長」	405	3845	5638
528	194	丁丑，賑山東利津等縣水災。	實錄爲「是月」，未繫干支	405	3846 誤	5639 誤
529	195	乙未……命鍾音署陝甘總督。	丙申，「鍾」亦作「鐘」	405	3847 誤	5639 誤

530	196	甲戌……杜爾伯特台吉車淩烏巴什等率所部來降。	諭令日期,同音異譯	406	3851 誤	5640 誤
531	197	十二月丙戌,賑兩淮富安等場旱災。	實錄爲水災	406	3852 誤	5640 誤
532	198	丁亥,協辦大學士、吏部尚書孫嘉淦卒。	諭令日期	406	3852 諭令被刪	5640 誤
533	199	薩喇勒	同音異譯	406	3852	5640
534	200	丙申,江南張家馬路及邵伯湖二閘決口同日合龍。	諭令日期	406	3853 諭令被刪	5641 誤
535	201	乙巳,……烏梁海庫本來降。	諭令日期	407	3860 誤	5643 誤
536	202	三月辛亥朔,以白鍾山爲河東河道總督,楊應琚署之。	壬子	407	3861 誤	5643 誤
537	203	準噶爾台吉阿睦爾撒納等與達瓦齊內鬨。	壬子諭令	407	3861 誤	5643 誤
538	204	戊午	丙辰	407	3862 誤	5643 誤
539	205	庚申,四川提督岳鍾琪卒。	諭令日期	407	3862 諭令被刪	5643 誤
540	206	是月……賑甘肅皋蘭等十五州縣上年旱災。	丁未	407	3867	5645
541	207	賑安徽宿州等十二州縣、江蘇阜寧等……上年水災。	壬寅	407	3867	5645
542	208	二百三十三	二百四十一	407	3867 誤	5645 誤
543	209	壬申,京師雨。	諭令日期	407	3869 誤	5645 誤
544	210	五月辛巳……召永常、策楞來京,面授機宜。	壬午	408	3870 誤	5646 誤
545	211	戊子,免安徽太平等二十五州縣衛上年水災額賦。	己丑	408	3871 誤	5646 誤
546	212	拜音	班珠爾	408	3871 誤,吳廷燮後添	5646 誤
547	213	庚申,賑甘肅皋蘭等五州縣旱災。	戊午	408	3875 誤	5648 誤
548	214	壬戌……諭策楞等接應歸附。	己未	408	3875 誤	5648 誤
549	215	丙戌……參贊大臣安崇阿、德寧論斬。	壬子已經正法,何時論斬不詳	408	3877 誤,正法改論斬	5648 誤
550	216	丙午……賑江蘇興化等州縣水災。	丁未	408	3880 誤	5649 誤

551	217	長白山、松花江	長白山神，松花江神	409	3881 誤	5650 誤
552	218	車淩孟克	同音異譯	409	3883 策淩孟克	5650
553	219	車淩烏巴什	同音異譯	409	3883 策淩烏巴什	5650
554	220	戊午	戊子	409	3886 誤	5651 誤
555	221	右	左	409	3888 誤	5652 誤
556	222	永和	永利	409	3890 誤	5652 誤
557	223	庚午	辛未	410	3891 誤	5653 誤
558	224	十一月戊寅……準噶爾克爾駱特台吉阿布達什來降。	駱–努，己卯	410	3893 誤	5653 誤
559	225	羅壘原端	同音異譯	410	3894	5654
560	226	杜爾伯特	~台吉	410	3894 誤	5654 誤
561	227	命阿睦爾撒納署將軍，額駙色布騰巴勒珠爾協辦。	壬辰	410	3896 誤在辛卯	5655 誤
562	228	額	衍文	410	3900 後加	5656 誤
563	229	十五	十三	411	3902 誤	5657 誤
564	230	庫克新	疑誤，國史、實錄、東華錄俱不載	411	3902	5657
565	231	癸未，以阿里袞署刑部尚書。	甲申	411	3905 誤	5658 誤
566	232	庚申，準噶爾噶勒雜特部人齊倫來降。	諭令日期	411	3909 誤	5660 誤
567	233	三月丙子，永常等奏額魯特業克明安巴雅爾來降。	奏到日期，無誤	411	3911	5660
568	234	壬辰，高斌卒。	諭令日期	411	3913 諭令被刪	5661 誤
569	235	釋張師載回籍。	癸巳	411	3913 誤	5661 誤
570	236	乙未，扎哈沁得木齊巴哈曼集、宰桑敦多克等來降。	諭令日期	412	3913 誤，率屬……	5661 誤
571	237	壬寅，準噶爾台吉噶勒藏多爾濟等來降。	諭令日期	412	3913 後有「嘉賚之」，語句不同	5661 誤
572	238	夏四月丙午，額林哈畢爾噶宰桑阿巴噶斯等來降。	諭令日期	412	3914 有諭令內容，率屬……	5661 誤

573	239	壬子，……張廷玉卒，命遵世宗遺詔，配饗太廟。	諭令日期	412	3915 誤	5662 誤
574	240	乙丑，吐魯番伯克莽噶里克來降。	諭令日期	412	3916 誤，率屬……	5662 誤
575	241	衮布希卜	衮布扎卜	412	3916 誤	5662 誤
576	242	並葉爾羌等回部和卓木來降。	諭令日期	412	3916 誤，率屬……	5662 誤
577	243	壬申，集賽宰桑齊巴汗來降。	諭令日期	412	3917 誤，率屬……	5663 誤
578	244	五月甲戌朔……格勒巴木丕勒襲爵，留營效力，以扎薩克郡王得木楚克代之。	乙亥，格勒巴木丕勒－格勒克巴木丕勒	412	3918 誤	5663 誤
579	245	戊寅，賑奉天承德等七州縣水災。	丁丑	412	3918 誤	5663 誤
580	246	辛巳，和通額默根宰桑鄂哲特等來降。	諭令日期	413	3918 誤，率眾……	5663 誤
581	247	薩賚	索薩賚	413	3919 誤	5663 誤
582	248	甲申，準噶爾宰桑烏魯木來降。	諭令日期	413	3919 誤，率眾……	5664 誤
583	249	闢	闈	413	3919 此字不清，有改動	5664 誤
584	250	宰桑塔爾巴來降。	諭令日期	413	3919 誤，率眾……	5664 誤
585	251	己丑，達瓦齊遁特克斯。	諭令日期	413	3919 誤	5664 誤
586	252	巴圖濟爾	巴圖濟爾噶勒	413	3923 誤	5666 誤
587	253	崇	純	413	3923 誤	5666 誤
588	254	兵	工	413	3924 誤	5666 誤
589	255	戊辰，獲達瓦齊，準部平。	諭令日期	414	3927 誤	5668 誤
590	256	秋七月戊寅，杜爾伯特台吉伯什阿噶什等來降。	諭令日期	414	3928 誤	5668 誤
591	257	烏蘭泰	阿蘭泰	414	3929 正	5668 誤
592	258	巴	色	414	3929 正	5668 誤
593	259	伯什阿噶什	同音異譯	414	3930 伯什阿克什	5668
594	260	九月壬申朔，免福建臺灣等三縣上年被水額賦。	癸酉	414	3932 本正，誤刪	5668 誤

595	261	甲戌……阿睦爾撒納入覲，至烏隴古，叛，掠額爾齊斯台站。	同音異譯，諭令日期	414	3932 誤	5669 誤
596	262	丙子，……阿巴噶斯等叛。	同音異譯，諭令日期	414	3932 誤	5669 誤
597	263	丁丑，阿睦爾撒納犯伊犁。	諭令日期	415	3933 誤，糾眾……	5669 誤
598	264	綽羅斯特汗	綽羅斯汗	415	3934 誤，「特汗」為吳廷燮後添	5670 誤
599	265	沙克都扎布	沙克都爾扎布	415	3936 誤	5670 誤
600	266	丁亥……哈爾哈……達爾扎諾爾布扎布為貝子。	戊子，哈爾哈-喀爾喀	415	3936 前誤後正	5670 誤
601	267	賑湖北江陵等八州縣衛本年被水災民。	己丑	415	3936 誤	5670 誤
602	268	木齊班咱	得木齊班咱	415	3937 正	5671 改誤
603	269	以阿里袞署刑部尚書，調汪由敦為刑部尚書。	丁酉	415	3937 誤	5671 誤
604	270	喀寧阿	同音異譯	415	3938 哈寧阿	5671
605	271	戊申……命富德為參贊大臣。	辛亥	415	3940 本正，誤刪	5672 誤
606	272	癸丑，賑山東鄒縣等十九州縣衛、官臺等四場水災。	壬子	415	3940 誤	5672 誤
607	273	門樓	午門樓	416	3941 正	5672 誤
608	274	戊午……賑安徽無為等三十二州縣被水饑民。	丁巳	416	3941 誤	5673 誤
609	275	命李元亮署工部尚書。	己未	416	3941 誤	5673 誤
610	276	甲子……薩喇勒被執。	庚午	416	3942 誤	5673 誤
611	277	甲戌……雲南劍川州地震。	諭令日期	416	3944 誤	5674 誤
612	278	甲午，噶勒雜特得木齊丹畢來降。	諭令日期	416	3945 誤，語句不同，率屬來歸	5674 誤
613	279	十二月癸卯……以盧焯署陝西巡撫。	甲辰	416	3947 正	5675 誤
614	280	丙午，命侍郎劉綸往浙江查辦前巡撫鄂樂舜，並查江南、浙江賑務。	丁未	416	3948 誤	5675 誤
615	281	戊申……以吉林將軍傅森為兵部尚書	庚戌	416	3948 誤	5675 誤

616	282	額勒登代之。	辛亥	416	3948 誤	5675 誤
617	283	水	霜	416	3950 誤	5675 誤
618	1	貽喀爾喀親王	「貽」爲衍文	417	3952 正，語句不同	2008.5678 刪抄誤
619	2	己卯……命尹繼善往浙江會審鄂樂舜。	庚辰，此沿國史誤	417	3954 誤	5678 誤
620	3	丁亥，阿巴噶斯得木齊哈丹等來降。	諭令日期	417	3955 正，奏……	5678 誤
621	4	珠勒都司	同音異譯	417	3955 誤，前後不一致	5679 誤，前後不一致
622	5	丁酉，……阿克敦卒。	諭令日期	417	3956 誤	5679 誤
623	6	戊申，以楊廷璋爲浙江巡撫。	庚戌	417	3957 本正，誤刪	5679 誤
624	7	乙卯，上幸山東，詣孔林。	國史不載，實錄是日駐蹕涿州，此誤	418	3958 誤	5680 誤
625	8	壬辰，賑山東蘭山等州縣水災。	壬戌	418	3959 誤	5680 誤
626	9	車布登	車布登扎布	418	3962 正	5681 誤
627	10	夏四月壬子，免山東鄒縣等十九州縣衛上年潮災額賦。	辛亥	418	3965 誤	5682 誤
628	11	癸丑……以烏勒登疏縱阿睦爾撒納，處斬。	諭令日期	418	3966 正，命……	5683 誤
629	12	辛丑，噶勒雜特宰桑根敦等來降。	諭令日期，六月辛丑	419	3973 誤，前有六月	5684 誤
630	13	丙辰，伯什阿噶什屬宰桑賽音伯克來降。	諭令日期，賽音伯克－賽音勒伯克	419	3975 誤	5684 誤
631	14	州衛	州縣衛	419	印刷缺頁，3976 與 3977 同	5684 誤
632	15	授……舒赫德副都統	賞給副都統職銜	419	3976 誤	5685 誤
633	16	庚辰，漕運總督瑚寶卒	諭令日期	419	3979 誤	5685 誤
634	17	癸巳，庫車伯克鄂對等來降。	諭令日期	419	3980 誤，語句不同	5685 誤
635	18	納木扎布	納木扎勒	419	3982 誤	5686 誤
636	19	戊午……額魯特達瑪琳來降。	諭令日期，「額魯特」爲同音異譯	420	3983 誤	5686 誤

637	20	乙丑……賑陝西長安等十三廳州縣雹災。	實錄爲「是月」，未繫干支，此脫	420	3985 誤	5687 誤
638	21	九月甲戌，……巴里率人戶來降，命附牧扎哈沁地方。	辛未	420	3987 本正，誤刪	5687 誤
639	22	河道總督	江南河道總督	420	3996 誤	5689 誤
640	23	己卯，賑直隸延慶等八州縣衛本年水災雹災。	還有旱災	421	3998 誤	5689 誤
641	24	乙酉，致仕大學士福敏卒。	諭令日期	421	3999 諭令被刪	5689 誤
642	25	甲寅……永貴爲參贊大臣。	不知所據	421	4002 吳廷爕後加	5690
643	26	巴	尼	421	4003 誤	5690 誤
644	27	庚申……莽噶里克率眾襲將軍和起……力戰死之，命如傳清、拉布敦例恤。	諭令日期	421	4003 誤	5690 誤
645	28	甲子朔，策楞、玉保逮京，途次爲額魯特人所害。	己巳諭令	421	4004 誤	5691 誤
646	29	戊寅，獲青滾雜卜於杭噶獎噶斯	諭令日期，均爲同音異譯	421	4005 誤	5691 誤
647	30	己卯……賞貝勒旺布多爾濟等雙眼花翎。	辛巳	421	4006 本正，誤刪	5692 誤
648	31	吉	古	422	4013 誤	5693 誤
649	32	左副都御史	左都御史	422	4014 誤	5694 誤
650	33	壬戌，噶勒藏多爾濟、達什車淩等叛。	諭令日期，「噶勒藏多爾濟」爲同音異譯	422	4017 誤	5694 誤
651	34	丙寅，兆惠全師至烏魯木齊，封一等伯，世襲。	正月丁酉	422	4018 誤	5695 誤
652	35	富森	同音異譯	422	4020	5695
653	36	辛卯，免山東齊河等三州縣民欠	齊東等三十州縣，其中並無齊河	423	4021 誤	5696 誤
654	37	山西汾陽等二縣	戊子	423	4021 誤	5696 誤
655	38	車布登多爾	車布登多爾濟	423	4026 誤	5698 誤
656	39	庚午……獲普爾普。	諭令日期	423	4028 誤	5698 誤
657	40	辛未……上奉皇太后駐蹕靈岩。	癸酉	423	4029 誤	5698 誤

658	41	乙亥，改松阿里爲涼州將軍，以保德爲綏遠城將軍。	丙子	423	4030 誤	5698 誤
659	42	禮	刑	424	4032 誤	5699 誤
660	43	戊子……以歸宣光爲禮部尚書。	己丑	424	4032 誤	5699 誤
661	44	庚寅，福建廈門火。	諭令日期	424	4032 諭令被刪	5699 誤
662	45	丁酉	五月~	424	4032 有五月	5699 誤
663	46	丁未，霍集占叛，副都統阿敏道死之。	諭令日期	424	4034 誤	5699 誤
664	47	戊辰，彭家屏論斬。	丁卯	424	4037 誤	5700 誤
665	48	十六	十八	424	4039 誤	5701 誤
666	49	州縣	州縣衛	424	4041 誤	5701 誤
667	50	東平州等五州縣	東平等四州縣	424	4041 誤	5701 誤
668	51	丁未……阿布賚遣使入貢。	諭令日期	425	4043 誤	5701 誤
669	52	癸丑，額魯特台吉渾齊等殺札那噶爾布，以其首來降。	甲午，「渾齊」爲同音異譯	425	4043 誤	5701 誤
670	53	戊午，賑山東濟寧等三十二州縣衛水災、福建龍巖等二州縣水災。	實錄山東未列州縣數，實錄及東華錄均未載福建事	425	4044	5701
671	54	八月丙寅，哈薩克霍集伯爾根等降。	諭令日期	425	4045 誤	5701 誤
672	55	戊辰，賑甘肅柳溝等三衛旱災。	己巳	425	4046 誤	5702 誤
673	56	九月癸巳，克埒特、烏嚕特各部俱平。	諭令日期	425	4048 奏……	5702 誤
674	57	戊戌……琿齊等復叛。	諭令日期	425	4049 誤	5702 誤
675	58	乙丑，以雅爾哈善署定邊右副將軍。	丙寅	425	4053 誤	5703 誤
676	59	丁卯，召車布登扎布來京，以納木扎勒署定邊右副將軍。阿桂赴科布多，……	戊辰，右-左	425	4054 誤	5703 誤
677	60	爲	署	425	4055 誤	5703 誤
678	61	癸酉	癸巳	426	4064 誤	5704 誤
679	62	二月庚申，朝鮮入貢。	辛酉	426	4068 誤	5705 誤

680	63	三月庚寅，上謁西陵。	啓蹕謁東陵、西陵	426	4073 不准，「 啓 蹕 謁 陵」被改爲「蹕 謁 西 陵」	5705 誤
681	64	辛丑，兆惠等進兵沙喇伯勒，獲……，盡殲其衆。	諭令日期	426	4074 奏……	5706 誤
682	65	舍楞	同音異譯	426	4074	5706
683	66	二十五	二十三	427	4074 誤	5706 誤
684	67	乙巳，御試翰林、詹事等官，擢……，餘升黜有差。試由部院改入翰林等官，擢……，餘升黜有差。	戊申，此爲考試日期	427	4074 誤	5706 誤
685	68	癸丑，賑陝西延安等三府州旱災。	實錄爲「是月」，未繫干支	427	4081 誤	5707 誤
686	69	癸未，免陝西靖邊等八州縣上年額賦。	甲申	427	4083 誤	5707 誤
687	70	直隸元城等州縣蝗。	脫「是月」，蝗－生蝻	427	4083 誤	5707 誤
688	71	秋七月丁亥，免甘肅安西等三廳衛二十二年風災額賦。	戊子	427	4084 誤	5707 誤
689	72	己丑，毛城鋪河決。	諭令日期	428	4084 誤	5708 誤
690	73	庚寅，霍集占援庫車，雅爾哈善等擊敗之。	諭令日期	428	4084 諭令被刪	5708 誤
691	74	水雹災	水旱雹災	428	4085 誤	5708 誤
692	75	庚子，上奉皇太后秋獮木蘭。	～啓蹕	428	4085 誤	5708 誤
693	76	壬寅，舍楞奔俄羅斯。	諭令日期	428	4086 誤	5708 誤
694	77	瑪木特呼里比米隆	國史及實錄爲「瑪 木 特 呼 里 比」，此異	428	4086 柯劭忞加此字，不清	5708
695	78	靖邊	靖逆	428	4086 誤	5708 誤
696	79	戊申，賞車布登扎布親王品級。	庚戌	428	4087 本正，誤刪	5709 誤
697	80	延安	延川	428	4087 正	5709 正
698	81	壬午，緬甸國王莽達喇爲得楞野夷所害，木梳鋪土官甕藉牙自立。	乾隆十七年、二十二年五月，緬王名字與緬甸史紀不同	428	4090 奏被刪	5709 誤

699	82	九月己丑……馬得勝以攻庫車失機，處斬。	諭令日期	428	4091 誤	5709 誤
700	83	庚寅，右部哈薩克圖里拜及塔什干回人圖爾占等來降。	諭令日期	428	4091 誤	5709 誤
701	84	甲辰，哈喇哈勒巴克回部來降。	諭令日期	428	4094 誤	5710 誤
702	85	庚戌，……霍集斯等來降。	諭令日期	429	4094 誤	5710 誤
703	86	壬子，烏什城降。	諭令日期	429	4095 誤	5710 誤
704	87	丁卯，賑直隸大城等……災。	戊辰	429	4097 誤	5710 誤
705	88	兆惠自巴爾楚克進兵葉爾羌。	己未	429	4097 誤	5710 誤
706	89	丁酉，兆惠至葉爾羌城外，陷賊圍中。	諭令日期	429	4100 誤	5711 誤
707	90	辛丑，……阿里木沙來降。	諭令日期	429	4101 誤	5711 誤
708	91	訥木札	納木扎勒	429	4103 訥木札勒	5711 誤
709	92	十二月癸丑朔……加賑浙江仁和等七縣所水災。	己未	429	4105 本正，誤刪	5712 誤
710	93	壬戌，裘曰修罷軍機處行走。	癸亥	429	4105 誤	5712 誤
711	94	己亥，大學士伯黃廷桂卒	諭令日期	430	4109 諭令被刪	5712 誤
712	95	二月壬戌，哈寧阿論斬。	癸亥	430	4113 誤	5713 誤
713	96	甲子，富德、阿里袞與霍集占戰呼爾璊，大敗之。	諭令日期	430	4113 奏被刪	5713 誤
714	97	己巳，富德兵至葉爾羌，會兆惠兵進攻。	諭令日期	430	4113 奏被刪	5713 誤
715	98	鄂斯滿等陷克里雅。	同音異譯，諭令日期	430	4114 誤	5713 誤
716	99	己亥……江蘇淮安等三府州蝗。	乙巳諭令	430	4118 乙巳誤刪，亦誤	5714 誤
717	100	夏四月辛亥	~朔	431	4119 本正，「朔」被誤刪	5714 誤
718	101	富德等援和闐。	癸丑諭令	431	4120 誤	5714 誤
719	102	甲子，賑甘肅狄道等二十三廳州縣衛旱災雹災。	乙丑	431	4122 誤	5715 誤
720	103	陽	陽曲	431	4123 正	5715 誤

721	104	己酉	實錄爲「是月」，未繫干支	431	4127 誤	5715 誤
722	105	六月庚戌	～朔	431	4127 誤	5716 誤
723	106	甲戌，江蘇海州等……蝗，諭裘日修、海明捕蝗。	甲寅等日，諭令在乙亥	431	4129 誤	5716 誤
724	107	六月	閏六月	432	4130 本正，誤刪	5716 誤
725	108	庚子，布拉呢敦棄喀什噶爾遁。	壬寅奏到，六月丙子敗遁	432	4132 癸酉奏	5717 誤
726	109	甲辰，霍集占棄葉爾羌遁。	諭令日期	432	4132 奏	5717 誤
727	110	丙午，以劉綸爲左都御史。	丁未	432	4132 誤	5717 誤
728	111	巴里	巴里坤	432	4132 誤	5717 誤
729	112	達爾羌	葉爾羌	432	4132 誤	5717 誤
730	113	己未……停征山西陽曲等三十九廳州縣旱災額賦。	辛酉	432	4134 原稿誤在庚申，改稿刪至己未	5717 誤
731	114	丁丑……山西平定等州縣蝗。	脫「是月」	432	4137 誤	5718 誤
732	115	八月己卯，明瑞追剿霍集占等……，大敗之。	諭令日期	432	4137 諭令被刪	5718 誤
733	116	阿勒楚爾	同音異譯	432	4139	5718
734	117	諾爾	淖爾	433	4139 誤	5718 誤
735	118	九月庚戌……論剿賊功	辛亥	433	4141 誤	5718 誤
736	119	哈岱默特	同音異譯	433	4141	5718
737	120	癸丑……晉封玉素布爲貝勒。	庚申	433	4142 本正，誤刪	5718 誤
738	121	丙寅……上奉皇太后還京師。	己巳	433	4143 本正，誤刪	5719 誤
739	122	以蘇昌爲湖廣總督。	實錄署理，庚午，此沿國史	433	4143	5719
740	123	除回城霍集占等苛斂。	甲戌	433	4143 正	5719 誤
741	124	旱災	旱雹霜災	433	4145 誤	5719 誤
742	125	戊子，禁州縣捕蝗派累民間。	己丑	433	4146 誤	5719 誤
743	126	助馬路	助馬口	433	4146 誤	5719 誤
744	127	巡縣	巡撫	433	4147 正	5719 誤
745	128	水災雹災。	當補旱災	433	4147 誤	5719 誤

746	129	水霜雹蟲災	當補旱災	433	4147 誤	5719 誤
747	130	十九	五十九	434	4149 誤	5720 誤
748	131	癸酉……哈爾塔金布魯特來降。	諭令日期	434	4157 誤	5721 誤
749	132	甲子	甲申	434	4159 誤	5722 誤
750	133	丙辰……定邊將軍兆惠等以霍集占首級來上，並俘酋揔多索丕等至京。	函送首級	435	4164 本正，改誤	5723 誤
751	134	壬子，以阿布都拉爲烏什阿奇木伯克，阿什默特爲和闐阿奇木伯克，噶岱默特爲喀什噶爾阿奇木伯克，鄂對爲葉爾羌阿奇木伯克。	癸丑	435	4170 誤	5724 誤
752	135	十	二十	435	4171 誤，十旁有一小「一」	5725 誤
753	136	庚午，免山東海豐等……上年潮水災額賦。	甲戌	435	4173 誤	5725 誤
754	137	己亥，內大臣薩喇勒卒。	諭令日期	435	4176 諭令被刪	5725 誤
755	138	己巳……巴魯克巴圖魯服罪，獻還所獲，仍錫賚之。	庚午	436	4179 誤	5727 誤
756	139	甲寅，……邁喇木呢雅斯叛，阿里袞剿平之。	諭令日期	436	4183 諭令被刪	5728 誤
757	140	乙卯，賑江蘇高郵等州縣水災。	當在乙丑稍後	436	4184 誤	5728 誤
758	141	己丑，上奉皇太后秋獮木蘭。	~啓鑾	436	4186 誤	5729 誤
759	142	恒春	恒祿	437	4189 誤	5729 誤
760	143	庚申，命德爾格駐闢展辦事。	辛酉	437	4190 誤	5730 誤
761	144	乙亥，以……蘇崇阿刑求書吏，妄奏侵蝕……，劉統勳等鞫治皆虛，革發伊犁。	丙子	437	4191 誤	5730 誤
762	145	乙酉，賑安徽宿州等十三州縣衛本年水災。	丙戌	437	4192 誤	5730 誤
763	146	癸巳，免直隸宣化等七州縣本年水雹災額賦。	壬辰	437	4192 誤	5730 誤
764	147	庚申，賑甘肅洮州等二十七廳州縣衛本年水災。	戊午	437	4194 誤	5731 誤

765	148	庚午，允墾肅州鄰邊荒地，開渠溉田。	實錄爲「是月」，未繫干支	437	4196 誤	5731 誤
766	149	壬辰	復書當刪	438	4199 誤	5731 誤
767	150	二十六年春正月壬寅……賑湖南零陵等七州縣、江蘇清河等六州縣水災。	甲辰，湖南爲旱災	438	4200 誤	5732 誤
768	151	丙午，以愛必達、劉藻兩年所出屬員考語相同，下部嚴議。	丁未	438	4200 誤	5732 誤
769	152	浙江提督馬龍圖以挪用公項，解任鞫治。	戊申	438	4201 誤	5732 誤
770	153	甲寅……調海明赴阿克蘇辦事。	與和其衷同辦事務	438	4201 誤	5732 誤
771	154	癸酉	二月~	438	4203 小字補二月於前事	5732 誤
772	155	己亥……貸甘肅淵泉等三縣農民豌豆籽種，令試種。	脫「是月」	438	4207 誤	5733 誤
773	156	三月庚子，……自安集延來歸，遣使入覲。	二月乙酉，三月丁丑奏到批示	439	4207 誤	5733 誤
774	157	戊申，江南河道總督白鍾山卒	諭令日期	439	4207 諭令被刪	5733 誤
775	158	夏四月庚午	--朔	439	4210 誤	5735 誤
776	159	上臨莊親王第、大學士蔣溥第視疾。	諭令日期	439	4210 誤	5735 誤
777	160	五月丁未，以劉統勳爲東閣大學士，兼管禮部事	辛酉東閣	439	4214 誤	5736 誤
778	161	壬戌……以皇太后巡幸木蘭，直隸……，飭下部嚴議。	癸亥	440	4221 誤	5737 誤
779	162	丙寅，河南祥符等州縣河溢。	諭令日期	440	4222 諭令被刪	5737 誤
780	163	薩噶爾、巴噶什	察噶爾、薩爾巴噶什	440	4225 本誤，改亦誤	5737 誤
781	164	雅爾木古齊	雅木古爾齊	440	4225 誤	5737 誤
782	165	癸卯，山東曹縣二十堡黃河及運河各漫口均合龍。	諭令日期	440	4226 諭令被刪	5737 誤
783	166	州縣	州縣衛所	440	4229 誤	5738 誤
784	167	壬辰……賑江蘇銅山等縣水災。	癸巳	440	4233 誤	5738 誤

785	168	周人驤奏仁懷等處試織繭[1]，各屬仿行，上嘉之。	脫「是月」	440	4233 誤	5738 誤
786	169	十一月乙未朔，賑順直固安等六十九州縣本年水災。	丙申	441	4233 誤	5738 誤
787	170	己亥，河南楊橋漫口合龍。	諭令日期	441	4233 諭令被刪	5739 誤
788	171	五齡安	同音異譯	441	4236	5739
789	172	丙午，上奉皇太后南巡，發京師，免直隸、山東……，上年被災處十分之五。	丁未	441	4244 誤	5741 誤
790	173	戊申，左都御史金德瑛卒	正月乙巳	441	4244 誤	5741 誤
791	174	二	二十	441	4245 誤	5741 誤
792	175	丁巳，綏遠城將軍舒明卒	卒應不在是日	442	4245 誤	5741 誤
793	176	節年	歷年	442	4252 誤	5742 誤
794	177	五州縣	四十五州縣衛	442	4252 誤，四被圈掉	5742 誤
795	178	夏四月庚午……以大理寺少卿顧汝修奉使安南，擅移書詰責國王，褫職。	辛未	442	4256 誤	5744 誤
796	179	甲戌，免浙江仁和等……上年水災額賦。	戊寅	442	4257 誤，丁丑	5744 誤
797	180	五月甲午	～朔	443	4258 誤	5744 誤
798	181	倭和	同音異譯	443	4261	5745
799	182	格舍圖	舍圖肯	443	4262 誤	5745 誤
800	183	朝銓署之。	國史、實錄未載	443	4262	5745
801	184	辛巳，籍沒納延泰財產。	壬午	443	4263 誤	5745 誤
802	185	永慶	永貴	444	4268 誤	5748 誤
803	186	甲辰，託恩多丁憂，調明山署廣東巡撫，蘇昌兼署，……，以宋邦綏爲湖北巡撫，愛必達兼署。	乙巳	444	4271 誤	5748 誤
804	187	丙辰……黑龍江將軍綽勒多卒	卒不在是日	444	4272 誤	5748 誤
805	188	額魯巴桑銀綺	額魯特巴桑銀緞	444	4273 誤	5748 誤
806	189	辛未，巴達克山素勒坦沙遣使入覲。	諭令日期	444	4275 誤	5748 誤
807	190	銓	鈐	444	4277 誤	5749 誤

808	191	哈默特沙	愛哈默特沙	444	4279 誤	5749 誤
809	192	己酉，賑順直霸州等六十三州縣廳水雹霜災	庚戌	445	4280 誤	5750 誤
810	193	免江蘇清河等十七州縣衛本年水災額賦。	辛亥	445	4280 誤	5750 誤
811	194	庚申，設伊犁參贊大臣，以愛隆阿、伊勒圖爲之。	辛酉	445	4281 誤	5750 誤
812	195	呼葉齊	同音異譯	445	4283	5750
813	196	阿拉圖呼勒	阿拉克圖呼勒	445	4283 誤	5751 誤
814	197	辛未，建喀什噶爾新城。	諭令日期	445	4283 誤	5751 誤
815	198	丙子，哈薩克努爾賚、烏爾根齊城哈雅克等遣使入覲。	哈雅布，諭令日期	445	4284 誤	5751 誤
816	199	甲申……賑甘肅皋蘭等二十廳州縣本年冰雹霜雪災。	實錄無「雪」字，當改	445	4285 誤	5751 誤
817	200	丙申……以布魯特鄂斯故地爲己有，諭永貴等……。	戊戌	445	4287 誤	5752 誤
818	201	丁未，工部尚書歸宣光卒	諭令日期	446	4288 誤	5752 誤
819	202	三十五	四十五	446	4293 誤	5753 誤
820	203	壬午，河南巡撫胡寶瑔卒	諭令日期	446	4296 諭令被刪	5753 誤
821	204	壬辰	二月~	446	4297 有二月	5753 誤
822	205	桑齋多爾濟	同音異譯	446	4303	5754
823	206	癸亥，命尚書阿桂往……，會同……督辦疏濬事。	是日及次日甲子	447	4308 誤	5755 誤
824	207	庚午，大學士史貽直卒。	諭令日期	447	4309 諭令被刪	5755 誤
825	208	甲戌……調劉綸爲戶部尚書，仍兼署兵部。	乙亥	447	4310 誤	5755 誤
826	209	己卯……以和其衷爲山西巡撫。	庚辰	447	4310 誤	5756 誤
827	210	六月庚寅，山東歷城等州縣蝗。	諭令日期	447	4312 諭令被刪	5756 誤
828	211	壬寅，四川總督鄂弼卒。	諭令日期	447	4314 諭令被刪	5756 誤
829	212	圖勒炳阿	同音異譯	447	4314	5756

830	213	以梁詩正爲東閣大學士	七月丙辰朔定東閣名	447	4315 誤	5756 誤
831	214	壬子，簡親王奇通阿卒。	諭令日期	448	4315 誤	5757 誤
832	215	己巳，順直大城、滄州等州縣蝗。	諭令日期	448	4318 誤	5757 誤
833	216	庚辰，履親王允裪卒。	諭令日期	448	4319 諭令被刪	5757 誤
834	217	冬十月甲申	～朔	448	4327 誤	5757 誤
835	218	十一月甲寅朔，召成衮扎布來京，以扎拉豐阿署……，雅郎阿留科布多。	乙卯	448	4332 誤	5758 誤
836	219	辛酉，河東河道總督張師載卒，以葉存仁代之。	諭令日期	448	4332 贈官被刪	5758 誤
837	220	己卯，以楊廷璋爲體仁閣大學士，仍留閩浙總督任。	十二月辛卯體仁閣	448	4335 誤	5758 誤
838	221	八州縣衛	八縣衛	449	4337 誤	5759 誤
839	222	庚子，休致左都御史……卒。	諭令日期	449	4339 諭令被刪	5759 誤
840	223	額旌里	旌額里	449	4340 誤	5759 誤
841	224	二十九年春正月癸丑朔，賑山東濟寧等……災民。	甲寅	449	4341 誤	5759 誤
842	225	三月癸丑，太子太傅、大學士來保卒。	諭令日期	449	4348 諭令被刪	5759 誤
843	226	乙卯……免山東濟寧等七州縣衛上年水災額賦。	丙辰	449	4348 誤	5760 誤
844	227	免江蘇銅山等二十八州縣衛上年水災額賦。	八州縣衛上年水災額賦十分之一。《校註》敘述誤	449	4350 誤	5760 誤
845	228	兵	戶	449	4356 誤	5760 誤
846	229	桂	柱	450	4357 誤	5760 誤
847	230	丁亥，……葉存仁卒	卒不在是日	450	4358 誤	5760 誤
848	231	庚寅，奉天寧遠等州縣蝗。	辛卯	450	4358 誤	5760 誤
849	232	乙巳……以王檢爲湖北巡撫。	丙午	450	4361 誤	5762 誤
850	233	丁未，命阿爾泰回四川總督。	戊申，此沿國史誤	450	4361 誤	5762 誤

851	234	丁丑，賑安徽當塗等州縣水災。	實錄在「是月」，未繫干支	450	4364 誤	5762 誤
852	235	壬辰，諭阿爾泰等曉諭綽斯甲布九土司會攻金川。	癸巳	450	4367 誤	5763 誤
853	236	禮	刑	450	4368 誤	5763 誤
854	237	丙寅，刑部尚書秦蕙田卒	諭令日期	450	4370 諭令被刪	5763 誤
855	238	辛丑，山東進牡丹。	命山東停進牡丹	452	4373 正，停山東進牡丹	5764 誤
856	239	水雹災	風水雹災	452	4375 誤	5764 誤
857	240	丁卯……兆德為正黃旗領侍衛內大臣。	戊辰	452	4376 誤	5764 誤
858	241	甲子，禮部尚書陳德華病免，調董邦達代之。	甲午	452	4378 誤	5764 誤
859	242	三十年春正月戊申……賑甘肅皋蘭等……災有差。	己酉	452	4380 誤	5765 誤
860	243	乙卯，烏什回人作亂，戕辦事大臣素誠。	諭令日期，自戕，非被殺	452	4388 誤	5766 誤
861	244	壬午……觀音保剿烏什逆回失利。	諭令日期	452	4392 誤	5767 誤
862	245	丁亥，果郡王弘瞻卒。	諭令日期	452	4393 誤	5767 誤
863	246	敘	議敘	452	4393 誤	5767 誤
864	247	訥世通	同音異譯	452	4394	5767
865	248	三十六	二十六，此沿國史誤	452	4395 誤	5768 誤
866	249	禎	高宗實錄避諱為「正」	453	4396 為「正」	5768
867	250	鄂托爾濟	同音異譯	453	4398	5768
868	251	五月乙亥	~朔	453	4398 誤	5768 誤
869	252	羅布臧多濟	羅布藏多爾濟	453	4398 誤	5768 誤
870	253	乙酉……以和闐辦事大臣和誠褻索回人，奪職逮問。命伊勒圖赴塔爾巴哈台辦事。	丁亥和誠奪職逮問，庚寅伊勒圖赴雅爾辦事，未詳赴塔爾巴哈台事	453	4399 前正，後時間亦正，	5768 誤
871	254	甲辰，訥世通、卡塔海貽誤軍務，正法。	諭令日期	453	4402 誤	5769 誤

872	255	官保	同音異譯	453	4406	5769
873	256	桑齋多爾濟	同音異譯	453	4407	5769
874	257	十一廳縣	十一縣	453	4409 誤	5769 誤
875	258	甲子，甘肅寧遠等州縣地震	諭令日期	453	4410 誤	5769 誤
876	259	九月丙子，賑山東章丘等二十一州縣水災。	丁丑	454	4411 誤	5769 誤
877	260	戊寅……烏什叛回以城降。	諭令日期	454	4412 諭令被刪	5769 誤
878	261	冬十月己酉……賑長蘆屬滄州等三場水災。	辛酉	454	4415 本正，誤刪	5770 誤
879	262	署	護理	454	4416 誤	5770 誤
880	263	旱災	水旱災	454	4417 誤	5770 誤
881	264	托恩多	同音異譯	454	4419	5770
882	265	托庸	同音異譯	454	4419	5770
883	266	州縣	廳州縣	454	4419 誤	5771 誤
884	267	甲午，以阿桂爲塔爾巴哈台參贊大臣，代安泰回京。	己亥	454	4420 誤	5771 誤
885	268	丁未……以嵩椿爲綏遠城將軍。	十二月戊申	454	4421 誤在十二月丁未	5771 誤
886	269	戊申，賑甘肅靖遠等十一廳縣旱災，並免額賦。	十一縣，十二月戊申	454	4421 前誤後正	5771 誤
887	270	乙卯，賑山東齊河等十五州縣水災。	十二月丙辰	454	4421 誤在十二月乙卯	5771 誤
888	271	丁卯，命托恩多兼署兵部尚書。	十二月丁卯	455	4423 正	5771 誤
889	272	十二月戊午，以……張璘七世同居，賜御製詩章、緞匹。	己未	455	4422 誤	無
890	1	壬申朔	辛未朔	456	4427 誤	2008.5773 誤
891	2	丙戌，雲南官軍剿莽匪於猛住，失利。	諭令日期，住–往句不同	456	4428 誤，語句不同	5773 誤
892	3	癸巳，……莊有恭以讞段成功劾案不實，褫職下獄，籍產。	實錄在甲午，此沿國史	456	4428 誤在己丑	5773
893	4	調李侍堯爲刑部尚書，以張泰開爲禮部尚書，范時綬爲左都御史。	李侍堯署，乙未，此沿國史誤	456	4428 誤	5773 誤
894	5	三月丁亥，劉藻畏罪自殺。	諭令日期	457	4431 正，以……諭	5774 誤

895	6	壬寅，以莽匪整欠平，宣諭中外。	辛丑	457	4432 誤	5775 誤
896	7	丙午，和其衷論斬，段成功處斬。	甲辰	457	4432 誤	5776 誤
897	8	癸巳，御史李玉鳴奏……，戍伊犁。	壬辰	457	4441 誤，語句不同	5776 誤
898	9	甲寅，伊犁蝗。	諭令日期	457	4443 諭令被刪	5776 誤
899	10	紅水、東樂二縣	實錄多一「丞」字	457	4443	5777
900	11	乙未，楊應琚赴永昌受木邦降。	諭令日期	458	4445 誤，語句不同	5777 誤
901	12	辛亥，韓家堂決口合龍。	諭令日期	458	4447 誤	5777 誤
902	13	兵部尚書彭啓豐降補侍郎。	癸丑	458	4448 誤，語句不同	5777 誤
903	14	癸丑，以巴祿爲綏遠城將軍。	丙辰	458	4453 本正，誤刪	5778 誤
904	15	三十二年春正月乙亥，雲南官軍剿緬匪於新街，失利	三十一年九月	458	4455 誤	5778 誤
905	16	二月乙未	~朔	458	4457 誤	5778 誤
906	17	丙午，雲南官軍與緬匪戰於底麻江，失利，逮提督李時升下獄。	丁未諭令	458	4458 誤	5779 誤
907	18	戊申，調鄂寧爲雲南巡撫。	己酉	458	4458 誤	5779 誤
908	19	甲寅，莊親王允祿卒。	乙卯	458	4458 正	5779 誤
909	20	庚戌，以雲南邊境瘴盛，命暫停進兵。	重申	459	4464 誤	5780 誤
910	21	丙子，雲南官軍失利於木邦，楊寧等退師龍陵。	諭令日期，實錄爲揚，此沿國史	459	4466 誤	5780 誤
911	22	秋七月，……莊有恭卒	卒於甲子	459	4470 誤	5780 誤
912	23	以李清時爲山東巡撫，裘曰修爲禮部尚書。	辛巳，未繫干支	459	4470 本正，誤刪	5780 誤
913	24	丙辰，緬匪渡小猛侖江入寇雲南茨通。	諭令日期	459	4472 誤	5781 誤
914	25	二十七	二十三	460	4475 誤	5781 誤
915	26	託恩	託恩多	460	4476 誤	5782 誤
916	27	己卯，諭明瑞以將軍管總督。	庚辰	460	4477 誤	5782 誤

917	28	被電	旱災	460	4478 誤	5782 誤
918	29	丁巳，密諭明瑞，以阿瓦不能遽下，退師木邦。	戊午	460	4479 誤	5782 誤
919	30	丁酉，明瑞進軍宋賽。	諭令日期	460	4483 奏……	5783 誤
920	31	丙午，盛京將軍新柱卒	諭令日期	460	4483 誤	5783 誤
921	32	富尼漢	同音異譯	460	4484	5783
922	33	甲寅，緬人圍木邦。	當在是月上旬	460	4485 誤，緬匪	5783 誤
923	34	二月丙寅……緬人陷木邦，珠魯訥死之。	正月丁未	461	4487 誤在二月辛未	5784 誤
924	35	戊寅，上還圓明園。	戊辰	461	4488 誤	5784 誤
925	36	丙戌，明瑞等敗績於猛育，死之。	諭令日期	461	4488 諭令被刪	5784 誤
926	37	己巳，免安徽安慶等七府州屬三十二年被水額賦。	庚午	461	4493 誤	5785 誤
927	38	覺羅學	覺羅巴彥學	461	4494 誤	5785 誤
928	39	擢	黜	461	4494 誤	5785 誤
929	40	五月	六月	461	4497 正，前亦有五月事	5785 誤
930	41	壬子，紀昀以漏泄……諭旨，褫職，戍烏魯木齊。	己酉	462	4501 誤	5787 誤
931	42	忠	中	462	4504 正	5788 誤
932	43	戊子，以嵩椿署伊犁將軍。	己丑	462	4504 誤	5788 誤
933	44	寧	寶	462	4506 誤	5788 誤
934	45	丁未……富僧阿改西安將軍，以傅玉代之。	己酉，同音異譯	462	4506 本正，誤刪	5788 誤
935	46	十二月己未……漕運總督楊錫紱卒	乙卯朔	462	4512 誤	5789 誤
936	47	梁鴻翥	梁翥鴻	462	4512 誤	5789 誤
937	48	乙丑，湖廣總督定長卒	庚申	463	4512 誤	5789 誤
938	49	壬辰，阿里袞等敗緬人於南底壩。	諭令日期	463	4519 正，以捷聞	5791 誤
939	50	阿勒比斯	阿布勒比斯	463	4519 誤	5791 誤
940	51	辛丑，傅恒赴雲南。	是日仍在京	463	4519 誤	5792 誤
941	52	刑部	理藩院	463	4520 誤	5792 誤

942	53	伊勒圖	伊爾圖，爲兩人	463	4525 正	5793 誤
943	54	辛丑，正白旗領侍衛內大臣福祿罷，以阿桂代之。	壬寅	464	4526 誤	5793 誤
944	55	右	左	464	4528 誤	5793 誤
945	56	斡里蘇勒	斡里蘇勒統	464	4528 誤	5793 誤
946	57	壬申，傅恒進兵老官屯，阿桂進兵猛密。	諭令日期	464	4530 正，命	5793 誤
947	58	戊寅，湖北黃梅江堤決，命⋯⋯撲義勘之。	丙辰	464	4538 誤	5794 誤
948	59	己酉，李侍堯檄莫士麟會暹羅土目討甘恩敉。	實錄爲「是月」，未繫干支	464	4543 誤	5795 誤
949	60	九月丙戌，阿桂進抵蠻暮。	諭令日期	464	4547 誤	5795 誤
950	61	己未	乙未	464	4547 誤	5795 誤
951	62	戊申	丙申	465	4549 誤	5796 誤
952	63	阿桂奏克哈坎，渡江。	乙巳	465	4549 誤	5796 誤
953	64	戊申	復書當刪	465	4549 誤	5796 誤
954	65	乙丑，傅恒奏進抵新街。	己酉朔進抵，無誤，奏	465	4552	5796
955	66	十一月乙酉，⋯⋯阿里袞卒於軍。	諭令日期	465	4555 諭令被刪	5797 誤
956	67	素爾納	同音異譯	465	4555	5797
957	68	戊子，傅恒等進攻老官屯。	諭令日期	465	4556 誤	5797 誤
958	69	己丑⋯⋯減直隸軍流以下罪。	庚寅	466	4572 誤	5800 誤
959	70	己酉，以緬酋索木邦土司線甕團等，諭責哈國興⋯⋯，召來京，以長青代⋯⋯。	四月己酉，辛亥，長青-長清	466	4574 有夏四月，4575 誤，語句不同	5801 誤
960	71	丙戌，河南永城、江蘇碭山、安徽宿州等州縣蝗。	諭令日期	467	4584 誤	5802 誤
961	72	甲午，貴州古州苗查要等伏誅。	諭令日期	467	4585 誤	5802 誤
962	73	甲子⋯⋯以諾穆親爲雲南巡撫。	壬申，署	467	4592 壬申，代之	5805 誤
963	74	己卯⋯⋯阿爾泰奏僧格桑伏罪，交出⋯⋯及所掠番民。	庚辰	467	4593 誤	5805 誤
964	75	九月丙午，命阿爾泰爲武英殿大學士	壬戌	468	4597 誤	5806 誤

965	76	冬十月癸酉朔，上奉皇太后回鑾。	甲戌	468	4599 誤	5806 誤
966	77	壬午……命李湖署江蘇巡撫。	實錄為「護理」，此沿國史	468	4600	5806
967	78	四府州屬	二府屬州縣衛所	468	4610 誤	5808 誤
968	79	辛卯……命劉綸為大學士，兼管工部	乙未	469	4616 誤	5809 誤
969	80	乙巳，上至曲阜謁先師孔子廟。	三月~	469	4617 有三月	5810 誤
970	81	甲戌，命戶部侍郎桂林在軍機處行走。	實錄學習，此沿國史	469	4621	5811
971	82	壬戌，以高晉為文華殿大學士，兼……，仍留兩江總督任。	六月戊申	469	4627 誤	5812 誤
972	83	六月辛未，直隸北運河決。	諭令日期	469	4628 誤	5812 誤
973	84	壬午，……陳宏謀卒。	諭令日期	470	4630 諭令被刪	5812 誤
974	85	博羅博拉	博囉塔拉	470	4631 誤	5813 誤
975	86	癸巳……以金川土舍索諾木請賞給……，命阿爾泰詳酌機宜，毋姑息。	甲午	470	4631 誤	5813 誤
976	87	沃克什	同音異譯	470	4633	5813
977	88	壬寅……命剿之。	甲辰	470	4633 誤	5813 誤
978	89	丙午，永定河決。	諭令日期	470	4633 誤	5813 誤
979	90	丁未，命舒赫德署伊犁將軍。	不知所據	470	4633	5813
980	91	八月己丑，……成袞扎布卒	卒於己卯	470	4638 諭令被刪	5814 誤
981	92	德福	福德	470	4638 本正，改誤	5814 誤
982	93	召……高晉來京	赴行在	470	4638 誤	5814 誤
983	94	壬辰，永定河決口合龍。	諭令日期	470	4638 誤	5814 誤
984	95	癸卯，命理藩院侍郎慶桂在軍機處行走。	學習，此沿國史誤	471	4640 誤	5815 誤
985	96	乙巳……命……伍岱赴四川軍營，會商進剿。	戊申	471	4641 正	5815 誤
986	97	烏納恩素珠克圖	同音異譯	471	4642	5815
987	98	清塞特奇勒圖	同音異譯	471	4642	5815

988	99	甲午，陝甘總督吳達善卒	諭令日期	471	4647 諭令被刪	5817 誤
989	100	十一月己酉，董天弼奏攻取小金川牛廠。	庚戌	471	4649 誤	5818 誤
990	101	丙辰……以溫福爲武英殿大學士，兼兵部尚書	十一月戊辰	471	4650 誤	5818 誤
991	102	壬戌，董天弼進攻達木巴宗，失利。	諭令日期	472	4651 本正，奏被刪	5818 誤
992	103	甲子，小金川番復陷牛廠。	諭令日期	472	4651 誤，	5818 誤
993	104	州縣	廳州縣	472	4653 誤	5818 誤
994	105	三十三	三十五	472	4653 誤	5818 誤
995	106	丙戌，以大金川酋僧格桑遣土目……，命給賞遣歸。	係自作主張，經奏明後，得高宗認可	472	4655 誤	5818 誤
996	107	己丑	庚寅	472	4655 誤	5818 誤
997	108	乙巳，溫福奏攻克小金川曾頭溝、卡丫碉卡。	是日奏到未言克，克後奏報到京諭令在丙午	472	4659 誤	5819 誤
998	109	丁未	戊申	472	4659 誤	5819 誤
999	110	付	什	473	4664 正	5820 正
1000	111	阿克木雅	同音異譯	473	4664	5821
1001	112	革什	革布希咱	473	4665 誤	5821 誤
1002	113	及小金川扎哇窠崖下碉卡。	甲子	473	4665 誤	5821 誤
1003	114	仰東山梁	阿仰東山梁	473	4665 誤	5821 誤
1004	115	甲午，桂林攻小金川達烏東岸山梁，失利。	諭令日期	473	4667 諭令被刪	5822 誤
1005	116	丁酉……命福隆安赴四川查辦阿爾泰劾桂林……案。	辛丑	473	4668 誤在庚子，又刪誤	5822 誤
1006	117	命託庸暫兼管兵部尚書，索爾訥署工部尚書。	辛丑	474	4668 誤在庚子，又刪誤	5822 誤
1007	118	壬寅，命戶部侍郎福康安在軍機處行走。	實錄爲學習，此沿國史	474	4668	5822
1008	119	癸卯……桂林以隱匿挫衄，褫職逮問。	丙午	474	4669 本正，誤刪	5822 誤
1009	120	以阿爾泰署四川總督。	丙午	474	4669 本正，誤刪	5822 誤

1010	121	幸避暑山莊	啓鑾木蘭秋獮	474	4670 誤	5822 誤
1011	122	甲子，湖廣總督富明安卒	諭令日期	474	4670 諭令被刪	5822 誤
1012	123	免直隸大興等……額賦有差。	壬寅	474	4670 誤	5823 誤
1013	124	六月乙丑朔……溫福等攻克小金川東瑪寨。	諭令日期	474	4670 誤	5823 誤
1014	125	廳縣	廳州縣	474	4671 誤	5823 誤
1015	126	辛巳，盛京將軍恒祿卒	諭令日期	474	4671 諭令被刪	5823 誤
1016	127	辛卯，湖廣總督海明卒	卒在是日以前	474	4673 誤	5824 誤
1017	128	秋七月乙未，命刑部侍郎鄂寶赴四川……，授勒爾謹陝甘總督。	丁酉	475	4674 誤	5824 誤
1018	129	己丑，小金川犯黨壩官寨，阿桂遣董天弼援之。	諭令日期	475	4678 誤	5824 誤
1019	130	九月壬寅……阿桂奏綽斯甲布土司分兵進攻勒烏圍。	乙巳	475	4680 誤在甲辰，且刪誤	5824 誤
1020	131	上送皇太后回鑾。	甲辰	475	4680 本正，刪誤	5824 誤
1021	132	辛丑……裁西安副都統一。	甲辰	475	4685 誤在壬寅，且刪誤	5825 誤
1022	133	那約	同音異譯	475	4687	5825
1023	134	復興	同音異譯	475	4688	5826
1024	135	溫福	阿桂	476	4689 誤	5826 誤
1025	136	五十一	五十	476	4690 誤	5827 誤
1026	137	壬辰……溫福等進剿金川，分由喀爾薩爾、喀拉依、綽斯甲布三路進兵。	癸巳批示，喀拉依－當噶爾拉	476	4691 誤	5827 誤
1027	138	閏三月己巳……命劉統勳等充辦理四庫全書總裁。	庚午	476	4700 誤	5829 誤
1028	139	庚戌，命索琳以署禮部侍郎在軍機處行走。	學習，此沿國史、東華錄誤	477	4702 誤	5829 誤
1029	140	長淮	實錄爲淮安	477	4703 誤	5829 誤
1030	141	五月辛酉，工部尚書裘日修卒	諭令日期	477	4705 誤	5830 誤
1031	142	乙亥，盛京將軍增海卒	諭令日期	477	4705 諭令被刪	5830 誤

1032	143	己卯，……叭立齋等內附。	諭令日期	477	4707 誤	5830 誤
1033	144	乙巳，阿桂等奏金川番賊陷喇嘛寺糧台，襲據底木達、布朗郭宗。	六月~	477	4707 有六月	5830 誤
1034	145	壬子，定邊將軍溫福	據軍機處月折包奏摺錄副，陣亡在六月丁酉夜，實錄繫於戊戌	477	4709 誤	5830 誤
1035	146	四川提督馬全、署貴州提督牛天畀敗績於木果木，俱死之。	六月己亥	477	4710 誤	5831 誤
1036	147	癸丑……大學士劉綸卒。	諭令日期	477	4710 諭令被刪	5831 誤
1037	148	丙辰，阿桂奏剿洗小金川番賊，盡毀碉寨，諭嘉之。	丁巳	478	4711 誤	5831 誤
1038	149	己未，金川番賊陷美諾、明郭宗，海蘭察退師日隆。	六月戊申、己酉	478	4712 誤	5831 誤
1039	150	巴拉朗	巴朗拉	478	4712 誤	5831 誤
1040	151	甲子，命舒赫德為武英殿大學士。	辛巳	478	4713 誤	5831 誤
1041	152	丙寅，齊齊哈爾蝗。	諭令日期	478	4714 誤	5831 誤
1042	153	八月戊子……命于敏中為文華殿大學士	己亥	478	4716 誤	5832 誤
1043	154	舒赫德管刑部，劉統勳專管吏部。	己丑	478	4716 誤	5832 誤
1044	155	辛丑，命李侍堯為武英殿大學士，仍管兩廣總督事。	甲辰	479	4730 誤	5836 誤
1045	156	丁丑，阿桂等克賚巴拉克等山梁。	諭令日期	479	4733 諭令被刪	5836 誤
1046	157	烏勒圍	勒烏圍	479	4733 誤	5836 誤
1047	158	戊戌，……等克莫爾敏山梁。	諭令日期	479	4734 誤	5836 誤
1048	159	十	實錄為「九」，此沿國史	479	4735	5836
1049	160	丁未，上詣東陵，並巡幸盤山。	~啟鑾	479	4735 誤	5836 誤
1050	161	三月庚申，阿桂等克羅博瓦山梁	二月丁未	479	4736 誤	5837 誤
1051	162	辛未，阿桂等克得斯東寨。	諭令日期	479	4737 誤	5837 誤
1052	163	夏四月乙酉，順天大興等州縣蝗。	蝻，諭令日期	480	4739 誤	5837 誤

1053	164	戊戌，以御史李漱芳劾福隆安家人滋事，上嘉之，予敘。	敘事失次	480	4739 誤	5837 誤
1054	165	渾圖	津岡	480	4745 誤	5837 誤
1055	166	癸卯，阿桂等奏克穆爾渾圖碉卡。	六月	480	4744 有六月	5837 誤
1056	167	秋七月甲寅，阿桂等克色溯普山碉卡。	諭令日期	480	4745 誤	5837 誤
1057	168	己未，阿桂等克喇穆喇穆山等碉卡。	諭令日期	480	4745 誤	5839 誤
1058	169	壬戌，阿桂等克日則雅口等處寺碉。	諭令日期，同音異譯	480	4746 誤	5839 誤
1059	170	乙丑，烏魯木齊額魯特部蝗。	諭令日期，同音異譯	480	4746 誤	5839 誤
1060	171	庚午，明亮等克達爾圖山梁碉卡。	乙卯	480	4746 誤	5839 誤
1061	172	辛巳，阿桂等克格魯瓦覺等處碉寨。	諭令日期	481	4748 誤	5839 誤
1062	173	壬辰，富德等克穆當噶爾、羊圈等處碉卡。	諭令日期	481	4748 誤	5839 誤
1063	174	癸卯，金川頭人綽窩斯甲降，獻賊目僧格桑屍。	丙申	481	4749 誤	5839 誤
1064	175	九月乙卯……王倫等謀逆，命山東巡撫徐績剿捕之。	諭令日期	481	4750 誤	5839 誤
1065	176	圍	攻	481	4751 誤	5840 誤
1066	177	丁卯，……惟一、……格圖肯以臨陣退避，處斬。	諭令日期	481	4752 誤	5840 誤
1067	178	庚午，以江蘇山陽等四縣水災，命免明年額賦。	並賑颶風災	481	4752 誤	5840 誤
1068	179	丙子，山東臨清賊平，王倫自焚死。	奏報到京日期	481	4753 誤，語句不同	5840 誤
1069	180	十一月癸丑，明亮等克日旁等碉寨。	諭令日期	481	4757 誤	5841 誤
1070	181	甲寅……阿桂等克日爾巴當噶碉寨。	十月二十一日辛丑克，十月初六丙戌奏報京？《校註》有誤	481	4757 本在乙卯，被刪	5841 誤
1071	182	以阿桂爲御前大臣，海蘭察爲御前侍衛。	乙卯	482	4757 本正，誤刪	5841 誤

1072	183	戊辰，阿桂克格魯古丫口等處碉寨。	甲寅、乙卯克，丁卯諭令	482	4759 誤	5841 誤
1073	184	四十年春正月甲戌，阿桂等克康爾薩山梁。	諭令日期	482	4765 諭令被刪	5843 誤
1074	185	二月己卯	～朔	482	4766 本正，誤刪	5843 誤
1075	186	阿桂等克甲爾納等處碉寨。	諭令日期	482	4766 誤	5843 誤
1076	187	丙戌，阿桂克斯莫思達碉寨。	諭令日期	482	4767 誤	5843 誤
1077	188	甲寅……蠲江南句容等……災額賦。	己未	482	4769 本正，誤刪	5843 誤
1078	189	三十五	三十九	482	4770 誤	5843 誤
1079	190	夏四月戊寅朔，蠲安徽合肥等……旱災額賦。	己卯	482	4771 誤	5843 誤
1080	191	丙戌，……色布騰巴珠爾卒。	色布騰巴勒珠爾，諭令日期	482	4771 誤，諭令被刪	5843 誤
1081	192	癸卯，阿桂等克木思工噶克丫口等處城碉。	辛卯	483	4773 誤	5844 誤
1082	193	明亮等克甲索、宜喜。	諭令日期	483	4773 誤	5844 誤
1083	194	乙巳，明亮等克達爾圖等處碉寨。	諭令日期	483	4773 誤	5844 誤
1084	195	以明亮、福康安爲內大臣。	當在是日以前	483	4773 誤	5844 誤
1085	196	三十九州縣	二十五州廳縣	483	4774 誤	5844 誤
1086	197	庚午，蠲甘肅皐蘭等七廳州縣三十九年被水被旱額賦。	己巳	483	4780 本正，誤刪	5845 誤
1087	198	阿桂等克直古腦一帶碉寨。	諭令日期	483	4780 誤	5846 誤
1088	199	丁丑……明亮等克扎烏古山梁。	諭令日期	483	4780 誤	5846 誤
1089	200	丙寅，以明亮請赴西路失機，嚴斥之，仍奪廣州將軍。	戊辰	484	4785 誤	5847 誤
1090	201	丁卯……阿桂等克噶克當底等處碉寨。	癸丑，畠噶克底	484	4785 本誤壬辰，誤刪	5847 誤
1091	202	己卯，召駐藏辦事伍彌泰，以留保住代之。	多十月～	484	4786 有多十月	5847 誤
1092	203	壬戌，明亮等奏克扎烏古山梁。	是日奏到克第二、三條山腿	484	4789 誤	5847 誤
1093	204	甲子……復封慶恒爲克勤郡王。	庚午	484	4789 誤	5848 誤

1094	205	壬申，明亮等克耳得谷寨。	壬戌	484	4790 誤	5848 誤
1095	206	十一月，明亮等克甲索諸處碉卡。	閏十月壬戌克，十一月庚辰諭令	485	4790 本在庚辰，誤刪，後諭令亦被刪	5848 誤
1096	207	立塔爾	同音異譯	485	4791	5848
1097	208	己丑，阿桂克西里第二山峰，並進圍鴉瑪朋寨落。	諭令日期	485	4792 諭令被刪	5848 誤
1098	209	丁未，工部尚書闍循琦卒	諭令日期	485	4793 諭令被刪	5848 誤
1099	210	阿桂等克薩爾歪等寨落。	壬辰	485	4793 本誤在戊申，又誤刪	5848 誤
1100	211	甲子，明亮等由達撒谷進兵，連克險要山梁及沿河格爾則寨落。	諭令日期	485	4795 諭令被刪	5849 誤
1101	212	丙寅，阿桂等克格隆古等處寨落。	諭令日期，索隆古	485	4795 誤	5849 誤
1102	213	庚午，阿桂等由索隆古進據噶占山梁，直搗噶喇依。其頭人……來降。	諭令日期	485	4796 諭令被刪	5849 誤
1103	214	壬申，明亮等克甲雜等隘口，並後路巴里布、日蓋古洛，進抵獨松隘口，剋日會搗噶喇依。其頭人……等來降。	諭令日期	485	4796 諭令被刪	5849 誤
1104	1	四十一年春正月癸酉朔，富德克打噶咱普德爾窩、馬爾邦等碉卡。明亮等克獨松等碉卡。	諭令日期，打噶咱普德爾窩–噶咱普德爾窩	486	4796 誤	2008.5850 誤
1105	2	甲戌……阿桂克喇烏喇等碉卡及舍齊等寺。	諭令日期	486	4797 誤	5851 誤
1106	3	己卯，阿桂率諸軍進圍噶喇依，索諾木之母……出降。	癸亥	486	4797 誤	5851 誤
1107	4	戊午，上謁泰陵。	~啟蹕	487	4801 正	5853 誤
1108	5	命袁守侗赴四川，會同阿桂查辦參贊大臣富德。	己未	487	4801 誤	5853 誤
1109	6	壬戌……設雲南騰越鎮總兵官。	丙寅	487	4802 本正，誤刪	5853 誤
1110	7	刀	刁	487	4808 誤	5855 誤
1111	8	軍機處行走	在軍機處行走	488	4808 誤	5855 誤

1112	9	甲辰，……官保卒。	諭令日期	488	4809 諭令被刪	5855 誤
1113	10	州縣	州縣廳	488	4810 誤	5856 誤
1114	11	廣德	周升桓	488	4816 誤，德字右側點有兩點	5858 誤
1115	12	庚申，索琳以不職鐫級，以伍彌泰爲理藩院尚書。	壬申	489	4817 正	5858 誤
1116	13	八月丁未……以額駙拉旺多爾濟爲伊犁參贊大臣。	壬申	489	4819 誤	5858 誤
1117	14	庚子，命戊戌年八月……，次年三月舉行會試。	乙巳	489	4827 誤在癸卯	5860 誤
1118	15	丙午，命明亮軍機處行走	在御前侍衛上行走，在京之日兼軍機處行走	489	4827 誤	5860 誤
1119	16	戊辰朔，蠲甘肅……民欠銀八十四萬兩有奇。	己巳	490	4830 誤	5861 誤
1120	17	月	日	490	4833 本正，「日」被改「月」	5862 誤
1121	18	二月丁酉朔……上居無逸齋苫次。	戊戌	490	4833 誤	5862 誤
1122	19	日	月	490	4834 本誤，「日」被改「月」	缺頁
1123	20	甲寅，高晉會同……查案，楊魁兼署兩江總督。	癸丑爲諭令日期，之前甲辰交印	490	4835 誤	缺頁
1124	21	免經過州縣本年額賦十分之七。	經過州縣免十分之五，易州免十分之七	491	4841 誤	5864 誤
1125	22	丁巳，大學士舒赫德卒。	《國朝先正事略》在丙辰，實錄在丁巳	491	4842 諭令被刪	5864 誤
1126	23	河	淮	491	4842 誤	5865 誤
1127	24	丁亥，命阿桂爲武英殿大學士	丁酉	491	4845 誤	5865 誤
1128	25	三十三	二十三	491	4845 誤	5866 誤
1129	26	被災額賦	戊子	491	4845 誤	5866 誤

1130	27	秋七月，蠲甘肅皋蘭等……被災額賦。	丙子，未繫干支	492	4848 誤在己亥，誤刪	5866 誤
1131	28	十分之三	實錄爲三分之一	492	4850 誤	5866 誤
1132	29	戊辰……國泰爲山東巡撫。	甲戌	492	4858 誤	5867 誤
1133	30	二	十二	492	4860 正	5868 正
1134	31	己卯，上謁西陵	~啓鑾	492	4866 本正，點刪	5870 誤
1135	32	己酉……特成額遷成都將軍	壬子	493	4870 正，兩字寫在一格	5870 誤
1136	33	以鍾音爲禮部尙書。	壬子，同音異譯	493	4870 正	5870 誤
1137	34	調楊景素爲閩浙總督，桂林爲兩廣總督，李質穎護之。	壬子	493	4870 正	5870 誤
1138	35	三月甲子，上詣西陵。	~啓鑾	493	4873 誤	5871 誤
1139	36	夏四月辛卯	~朔	493	4874 誤	5871 誤
1140	37	癸卯，肅親王蘊著卒。	諭令日期	493	4875 誤	5871 誤
1141	38	戊辰，怡親王弘曉卒。	諭令日期	493	4878 誤	5871 誤
1142	39	閏六月癸亥，河南祥符河決。	諭令日期	493	4882 誤	5871 誤
1143	40	秋七月癸巳，河南儀封考城河決。	諭令日期	494	4884 諭令被刪	5871 誤
1144	41	丁未，上詣盛京謁陵	~啓鑾	494	4886 誤	5872 誤
1145	42	庚辰……上謁昭陵。	辛巳	494	4888 誤	5872 誤
1146	43	宏	避諱	494	4889	5872
1147	44	九月甲午，……金從善，以上言……，忤旨，論斬。	乙未	494	4891 命大學士嚴審擬罪－論斬	5873 誤
1148	45	戊戌，禮部尙書鍾音卒。	諭令日期	494	4891 諭令被刪	5873 誤
1149	46	錢糧	漕糧	494	4893 誤	5873 誤
1150	47	下	夏	495	4897 正	5873 誤
1151	48	丙寅，論國泰嚴治山東冠縣義和拳教匪。	乙丑	495	4900 誤	5873 誤
1152	49	丙戌朔，調陳輝祖爲河南巡撫，鄭大進爲湖北巡撫。	己丑	495	4901 誤	5874 誤
1153	50	乙未，大學士、兩江總督高晉卒。	諭令日期	495	4902 諭令被刪	5874 誤

1154	51	命三寶爲東閣大學士	己酉	495	4902 誤	5874 誤
1155	52	癸卯，上詣西陵	~啓蹕	495	4903 誤	5874 誤
1156	53	壬午，建江南龍泉莊等處行宮。	甲申奏報	495	4908 誤	5875 誤
1157	54	丁酉……調楊景素爲直隸總督，三寶爲閩浙總督。以圖思德爲湖廣總督，舒常爲貴州巡撫。	戊戌	496	4909 本正，誤刪	5876 誤
1158	55	署	護理	496	4911 誤	5876 誤
1159	56	戊辰，上詣西陵。	~啓蹕	496	4913 誤	5876 誤
1160	57	戊辰，河南武陟、河內沁河決。	諭令日期	496	4917 誤	5877 誤
1161	58	庚辰，建吐魯番滿城。	實錄爲「是月」，未繫干支	496	4919 誤	5877 誤
1162	59	辛未，命和珅在御前大臣上學習行走。	壬申	496	4922 誤	5877 誤
1163	60	乙卯，兩廣總督桂林卒	諭令日期	497	4932 諭令被刪	5879 誤
1164	61	戊午，大學士于敏中卒。	諭令日期	497	4932 諭令被刪	5879 誤
1165	62	湖廣總督圖思德卒	諭令日期	497	4932 誤	5879 誤
1166	63	丙寅，賑湖北沔陽等七州縣衛本年水災。	丁卯	497	4932 誤	5879 誤
1167	64	己巳，命程景伊爲文淵閣大學士	癸酉	497	4932 誤	5879 誤
1168	65	丁巳……免兩淮竈戶災欠及川餉未繳銀。	戊午	498	4936 誤	5881 誤
1169	66	江	國史、實錄爲「河」	498	4936 誤	5881 誤
1170	67	壬申……儀封決口合龍。	諭令日期	498	4937 誤	5881 誤
1171	68	壬午……召索諾木策凌來京	癸未	498	4938 誤	5881 誤
1172	69	甲申……以博清額爲理藩院尚書。	乙酉	498	4938 本正，誤刪	5881 誤
1173	70	辛丑，命英廉爲東閣大學士	四月甲子	498	4940 誤	5882 誤
1174	71	壬子，……魏塾以著書悖妄，處斬。	是日未言處斬事	498	4941 誤	5883 誤
1175	72	五月甲申，以大學士、九卿改和珅所擬李侍堯監候爲斬決，諭……，定擬題奏。	乙酉	498	4943 誤	5883 誤

1176	73	甲寅	六月~	499	4945 有六月	5883 誤
1177	74	庚午，江蘇睢寧……河決。	諭令日期	499	4947 誤	5883 誤
1178	75	秋七月丁丑	~朔	499	4948 誤	5883 誤
1179	76	辛丑，山東曹縣及河南考城河決。	諭令日期	499	4950 誤	5884 誤
1180	77	八月戊申，賑河南寧陵等四縣水災。	庚戌	499	4951 誤，語句不同	5884 誤
1181	78	丁巳，永定河決口合龍。	諭令日期	499	4951 誤，語句不同	5884 誤
1182	79	甲戌，上詣東西陵	~啓鑾	499	4953 自避暑山莊回蹕……	5884 誤
1183	80	賑浙江諸暨等七縣水災。	脫「是月」	499	4953 誤	5884 誤
1184	81	九月，以嵇璜爲文淵閣大學士，蔡新爲吏部尚書、協辦大學士。	戊寅	500	4953 本正，誤刪	5885 誤
1185	82	調周煌爲兵部尚書，以周元理爲工部尚書。	戊寅	500	4953 本正，誤刪	5885 誤
1186	83	辛卯……睢寧郭家渡決口合龍。	諭令日期	500	4955 誤	5885 誤
1187	84	冬十月戊申……調雅德爲河南巡撫。	己酉	500	4956 本正，誤刪	5885 誤
1188	85	護送班禪額爾德尼	明年護送班禪額爾德尼金塔	500	4959 誤	5886 誤
1189	86	癸未，班禪額爾德尼卒於京師。	丙子	500	4960 誤	5886 誤
1190	87	十二月乙卯，賑甘肅皋蘭等十八廳州縣饑民。	丙辰	500	4963 誤	5886 誤
1191	88	癸亥，命阿桂勘視江南、河南河工。	壬戌	501	4970 誤	5888 誤
1192	89	雹災	水雹等災	501	4973 誤	5889 誤
1193	90	壬寅，……蘇四十三等作亂，陷河州，命西安提督馬彪同勒爾謹剿之。	辛卯，甲午	501	4974 誤	5889 誤
1194	91	甲申	甲辰	501	4975 誤	5889 誤
1195	92	己酉，甘肅官軍收復河州	諭令日期	501	4976 誤	5890 誤
1196	93	仁和縣	仁和	501	4976 改誤	5890 誤

1197	94	庚申……免直隸霸州等五十廳州縣水災額賦。	辛酉	501	4976 誤	5890 誤
1198	95	辛未，免安徽壽州等……、河南儀封等五縣水災額賦。	丙寅	502	4977 誤	5890 誤
1199	96	辛卯，諭阿桂等除回民新教。	己卯	502	4979 誤	5890 誤
1200	97	六月庚辰，江蘇睢寧魏家莊河決。	諭令日期	502	4982 誤	5891 誤
1201	98	癸巳，……蘇四十三等伏誅。	諭令日期	502	4983 誤	5891 誤
1202	99	秋七月壬寅朔，江蘇崇明、太倉等州縣海溢。	刪「朔」，諭令日期	502	4984 誤，諭令被刪	5891 誤
1203	100	甘肅布政使王廷贊，以冒賑浮銷，褫職逮治。	乙巳	502	4984 誤在癸卯	5891 誤
1204	101	己酉，河南萬錦灘及儀封曲家樓河決。	乙巳	502	4985 本誤在壬子	5891 誤
1205	102	庚申，暹羅國長鄭昭遣使齎表貢方物。	諭令日期	502	4986 正，奏……允之，並命……	5891 誤
1206	103	辛酉，命阿桂閱視河南、山東河工。	非此日	502	4986 誤	5891 誤
1207	104	乙丑，南掌國王弟召翁貢方物。	諭令日期	502	4986 諭令被刪	5891 誤
1208	105	庚午……免江蘇崇明縣本年額賦。	甲子	503	4987 誤	5892 誤
1209	106	賑江蘇崇明等九廳州縣	甲辰，十	503	4987 誤	5892 誤
1210	107	丙戌……魏家莊決口合龍。	辛巳或稍前	503	4989 誤	5892 誤
1211	108	乙酉，賑直隸滄州等四州縣、嚴鎮等四場水災。	丙戌	503	4995 誤	5892 誤
1212	109	州縣	州縣衛	503	4995 誤	5892 誤
1213	110	璧	光緒安徽通志論「璧」	503	4995	5893
1214	111	澧	澧	504	5001 誤	5893 誤
1215	112	鄂彌達探河源	阿彌達至西寧祭河神	504	5004 本爲祭河神並探河源，前者被刪	5894 誤
1216	113	三十九	九	504	5007 誤	5894 誤
1217	114	戊辰	庚午	504	5007 誤	5895 誤

1218	115	縣	州縣	504	5008 誤	5895 誤
1219	116	甲午……慶桂爲盛京將軍。	丙申	504	5010 本正，誤刪	5895 誤
1220	117	五月丁酉	~朔	504	5010 本正，「丁酉朔」被誤刪	5895 誤
1221	118	辛丑……定新建巴爾噶遜城名曰嘉德。	癸卯，哈拉巴爾噶遜	505	5011 誤，哈拉被刪	5895 誤
1222	119	六月丙子……以富躬爲安徽巡撫。	壬午	505	5013 本正，誤刪	5896 誤
1223	120	辛未	當刪	505	5017 已刪	5896 誤
1224	121	鄒	滕	505	5018 誤	5896 誤
1225	122	壬辰，賑山東兗州等府縣被水災民。	癸巳	505	5020 誤	5897 誤
1226	123	癸卯，刑部尚書德福卒	諭令日期	505	5021 誤	5897 誤
1227	124	己未，賑浙江玉環等處海溢災民。	不知所據	505	5023	5897
1228	125	癸酉，新建庫爾喀喇烏蘇城名曰慶綏，晶河城名曰安阜。	甲戌	506	5024 誤	5897 誤
1229	126	丁卯	丁丑	506	5025 誤	5897 誤
1230	127	十二月癸亥朔，陳輝祖及國棟等論斬。	甲子	506	5029 誤	5898 誤
1231	128	先	泗先	506	5037 誤	5898 誤
1232	129	夏四月乙丑，御前大臣喀喇沁郡王札拉豐阿卒	諭令日期	506	5040 諭令被刪	5899 誤
1233	130	癸丑，上幸木蘭。	甲寅	507	5044 誤，語句不同	5900 誤
1234	131	六月乙丑，體仁閣火。	諭令日期	507	5044 誤	5900 誤
1235	132	丁亥，賑湖北廣濟等六州縣水災。	實錄爲「是月」，未繫干支	507	5046 誤	5900 誤
1236	133	乙卯，命蔡新爲文華殿大學士	八月己巳	507	5048 誤	5900 誤
1237	134	甲午，賜達賴喇嘛玉冊玉寶。	庚午	507	5049 誤	5900 誤
1238	135	庚辰，太子太保、大學士英廉卒。	諭令日期	507	5050 諭令被刪	5901 誤
1239	136	恭喇布坦	恭格喇布坦	507	5051 誤	5901 誤

1240	137	戊子，予明遼東經略袁崇煥五世孫炳以八九品官選補。	實錄爲「是月」，未繫干支	507	5051 誤	5901 誤
1241	138	壬申……賚江南、浙江耆民。	癸酉	508	5068 正，本句在被刪之列	5905 誤
1242	139	戊寅，祭河神。上渡河。	上祭河神，渡河	508	5069 誤，無神字	5905 誤
1243	140	祭江神。上渡江，幸金山。	上祭江神，渡江，幸金山	509	5069 誤，無神字	5905 誤
1244	141	國子監司業	~銜	509	5072 正，本句被刪	5906 誤
1245	142	庚戌……增西安副都統一。	辛亥	509	5073 誤	5906 誤
1246	143	閏三月丙辰朔，兵部尚書福隆安卒	諭令日期	509	5074 諭令被刪	5906 誤
1247	144	丙子……以伊齡阿爲總管內務府大臣。	是日實錄未載，確切日期待考	509	5076	5907 後添
1248	145	是月，免江蘇上元等八州縣衛，安徽懷寧等十州縣、安慶等三衛上年水旱災額賦。	江蘇等不知所據	509	5076 在戊寅，無江蘇	5907 誤
1249	146	己未，命慶桂在軍機處行走。	丁巳	510	5081 誤	5908 誤
1250	147	乙亥，甘肅回匪陷通渭縣，尋復之。	諭令日期	510	5084 諭令被刪	5909 誤
1251	148	江南	江西	510	5085 柯劭忞添，似「西」似「南」	5909 添誤
1252	149	是月，免山東兗州等三府州屬上年水災額賦。	不知所據	510	無	5910
1253	150	壬寅，東閣大學士三寶卒。	諭令日期	510	5086 誤	5910 誤
1254	151	丁巳，禮部尚書曹秀先卒	諭令日期	510	5088 諭令被刪	5910 誤
1255	152	甲子，甘肅石峰堡回匪平，俘賊首張文慶等。	戊午	510	5088 誤	5910 誤
1256	153	常青	同音異譯	510	5089	5911
1257	154	癸酉，以伍彌泰爲東閣大學士。	八月丙戌	510	5090 誤	5911 誤
1258	155	八月己丑，河南睢州河決	乙酉	511	5091 誤	5911 誤
1259	156	甲辰，暹羅國長鄭華遣陪臣貢方物，乞封。	諭令日期	511	5092 誤	5912 誤

1260	157	甲子，調烏爾圖納遜爲察哈爾都統，積福爲綏遠城將軍。	實錄在乙丑，此沿國史	511	5094 乙丑	5912 誤
1261	158	壬申，睢州河工合龍。	諭令日期	511	5100 誤	5913 誤
1262	159	戊辰，召奎林來京，以拉旺多爾濟署烏里雅蘇臺將軍。	己巳	512	5104 誤	5914 誤
1263	160	甲戌，……阿里木以潛與薩木薩克交通事覺，處斬。	諭令日期	512	5104 誤	5914 誤
1264	161	乙酉，賑江西萍鄉等三縣水災。	二月	512	5104 有二月	5914 誤
1265	162	是月，賑江西萍鄉等三縣	復書當刪	512	無	5915 誤
1266	163	丁卯，以永鐸爲伊犁參贊大臣，常青爲西安將軍，奎林爲烏魯木齊都統，復興爲烏里雅蘇臺將軍。	戊辰	512	5107 誤	5916 誤
1267	164	以舒常爲工部尚書	戊辰	512	5108 誤	5916 誤
1268	165	孫士毅兼署兩廣總督。	戊辰	512	5108 誤	5916 誤
1269	166	夏四月甲申，甘肅肅州等處地震，賑恤之。	諭令日期	512	5109 賑甘肅玉門等處地震災民	5916 誤
1270	167	免河南祥符等……新舊額賦積欠。	十分之三	513	5112 新舊額賦有差	5917 誤
1271	168	丙子，命梁國治爲東閣大學士，兼戶部尚書	六月癸未	513	5114 誤	5917 誤
1272	169	丁丑，柘城盜匪平。	五月乙亥諭令	513	5114 本爲「以……，賜……」	5917 誤
1273	170	乙酉，……博清阿卒。	阿–額，諭令日期	513	5115 字正，諭令被刪	5918 誤
1274	171	是月，賑安徽亳州等八州縣旱災。	復書當刪	513	無	5918 誤
1275	172	九月己酉……以慶桂爲烏什參贊大臣，署陝甘總督。	暫署總督，俟回亂平後，授參贊大臣	514	5122 誤	5919 誤
1276	1	駐藏大臣	西寧辦事大臣	515	5132 駐藏辦事大臣	2008.5925 誤添
1277	2	二月庚辰……加福建水師提督黃仕簡太子太保。	辛巳	515	5134 正	5926 誤
1278	3	壬辰，上詣西陵，巡幸五臺山	~啓鑾	515	5135 正	5926 誤
1279	4	丙辰，兩江總督薩載卒	諭令日期	515	5137 諭令被刪	5926 誤

1280	5	丁亥，湖南常德府沅江溢。	諭令日期	516	5144 誤	5928 添誤
1281	6	壬子，江蘇清河……河溢。	諭令日期	516	5146 誤	5928 添誤
1282	7	劉全	劉全兒	516	5146 誤	5928 添誤
1283	8	加恩革職留任。	己未	516	5146 正	5928 添誤
1284	9	署	爲	517	5154 誤	5930 改錯
1285	10	己亥……賑安徽五河等十七州縣並鳳陽等五衛水災。	脱「是月」	517	5155 誤，無鳳陽等	5930 改錯
1286	11	十一月，賑安徽合肥等十七州縣水災。	癸酉，州縣衛	517	無	5930 誤
1287	12	丙寅，……林爽文作亂，陷縣城，知縣俞峻死之。命常青、徐嗣曾等剿辦。	諭令日期	517	5160 有諭令內容	5930 誤
1288	13	五十二年春正月辛未，林爽文陷諸羅竹塹。	諭令日期	517	5163 諭令被刪	5931 誤
1289	14	丁丑，調李侍堯爲閩浙總督，常青爲湖廣總督……	戊寅	517	5164 誤	5931 誤
1290	15	癸未，林爽文陷鳳山	五十一年十二月壬子，莊大田，非林爽文	517	5164 誤	5931 誤
1291	16	全	奎	518	5164 誤	5931 誤
1292	17	丁亥，命王傑爲東閣大學士，管禮部事。	癸巳	518	5164 誤	5932 誤
1293	18	二月壬寅，林爽文復陷鳳山，犯臺灣府，柴大紀……禦之。	諭令日期	518	5166 誤	5932 誤
1294	19	癸卯，以李綬爲左都御史。	甲辰	518	5166 本正，誤刪	5932 誤
1295	20	丙辰，復諸羅。	正月辛卯	518	5167 誤	5932 誤
1296	21	甲子，上詣東陵。	～啓鑾	518	5168 誤	5932 誤
1297	22	辛巳，復鳳山。	諭令日期	518	5169 誤	5933 誤
1298	23	庚辰……湖南鳳凰廳苗作亂，總兵尹德禧討平之。	諭令日期	518	5174 諭令被刪	5934 誤
1299	24	癸巳……賑山西豐鎮等九廳州縣旱災。	甲午	519	5180 誤	5935 誤
1300	25	八月，常青免，命福康安爲將軍，赴臺灣督辦軍務。	丁酉	519	5180 本正，誤刪	5935 誤
1301	26	朔	當刪	519	5185 誤爲溯	5936 誤，左有道，未刪

1302	27	丁未，睢州下汛決口合龍。	甲辰	519	5185 誤，語句不同	5936 誤
1303	28	十二月丁未，福康安等敗賊於……，解嘉義圍，晉封……公爵，各賞……。	諭令日期	519	5189 正，奏……	5937 誤
1304	29	戊午，以德成奏稱柴大紀……，命福康安、……，並以……雅德……，逮之。	己未	520	5191 誤	5938 誤
1305	30	二月甲午朔，獲林爽文，賞福康安……議敘將弁有差。	諭令日期	520	5194 誤	5939 誤
1306	31	庚申，獲臺灣賊首莊大田，議敘提督許世亨等有差。	諭令日期	520	5197 誤，語句不同	5940 誤
1307	32	己未，富勒渾、雅德以失察柴大紀論絞。	辛酉	520	5203 本正，誤刪	5941 誤
1308	33	癸酉，蠲直隸保安等七州縣上年水災民田旗地額賦。	壬申	521	5203 誤	5941 誤
1309	34	庚寅，賑臺灣難民。	實錄為奏賑恤情形，未繫干支	521	5205 誤，本已刪除	5941 添誤
1310	35	首	目	521	5206 正	5941 誤
1311	36	辛丑，賑湖北長陽縣水災。	壬寅	521	5207 誤	5942 誤
1312	37	五十一	五十二	521	5208 誤	5942 誤
1313	38	戊申，安南人阮惠等叛逐其國王黎維祁，維祁來求援。	諭令日期	521	5208 有諭令內容	5942 誤
1314	39	免山西大同等九州縣上年旱災額賦。	庚戌	521	5208 誤	5942 誤
1315	40	壬戌，賑山東膠州、壽光水災。湖北荊州江溢，……浸沒，諭舒常等查勘撫恤。	甲子	521	5210 本正，誤刪	5943 誤
1316	41	戊寅，湖北武昌、漢陽江溢。	諭令日期	521	5211 誤	5943 誤
1317	42	伍拉納為河南巡撫	庚辰	521	5211 本正，誤刪	5943 誤
1318	43	明興為烏什辦事大臣。	庚辰	521	5211 本正，誤刪	5943 誤
1319	44	賑安徽懷寧等州縣水災。	庚辰	521	5211 本正，誤刪	5943 誤
1320	45	柴大紀處斬。	辛巳	521	5212 本正，誤刪	5943 誤
1321	46	召姜晟來京	辛巳	521	5212 本正，誤刪	5943 誤

1322	47	以惠齡爲湖北巡撫。	辛巳	521	5212本正，誤刪	5943誤
1323	48	蒙自	實錄作「蒙咱」	522	5215	5944
1324	49	戊辰，賑湖北沔陽、黃岡水災。	己巳	522	5216誤	5944誤
1325	50	冬十月庚寅，廓爾喀侵後藏薩喀。命孫士毅出關督剿。	廓爾喀檔侵在八月丙午、丁未，實錄九月乙酉奏報到京諭令，孫士毅於十月辛卯奉命出關剿安南，與此事無關	522	5217誤，允⋯⋯請⋯⋯	5945誤
1326	51	庚子，命雲南提督烏大經統兵出關，檄諭阮惠等來歸。	壬寅	522	5219本誤在辛丑	5945誤
1327	52	癸卯，調舒濂爲駐藏大臣	壬寅	522	5219誤	5945誤
1328	53	癸亥，李侍堯卒	諭令日期	522	5221誤	5946誤
1329	54	丙子⋯⋯免湖北江陵等⋯⋯本年水災額賦有差。	丁丑	522	5222誤	5947誤
1330	55	癸巳，又敗賊於市球江。	諭令日期	523	5223正，奏⋯⋯，諭令被刪	5947誤
1331	56	丙申，收復黎城	十一月戊寅	523	5223奏⋯⋯	5947誤
1332	57	復封黎維祁安南國王	宮中檔在十一月庚辰，實錄在戊寅	523	5223誤	5947誤
1333	58	己未⋯⋯成德以收復宗喀、濟嚨，克磊拉木奏聞。	庚申	523	5225本正，誤刪	5948誤
1334	59	六	五	523	5226誤	5948誤
1335	60	癸未，阮惠復陷黎城，廣西提督許世亨等死之。	諭令日期	523	5227誤	5948誤
1336	61	丙戌，褫孫士毅職，命仍以總督頂戴在鎮南關辦事。	丁亥	523	5227誤	5949誤
1337	62	丁酉⋯⋯和闐領隊大臣格繃額以婪索鞫實，處斬。	議斬在己亥，執行當在稍後	523	5229己亥⋯⋯正法，亦誤	5949誤
1338	63	壬寅，命阿桂覆勘荊州堤工。	癸卯	524	5234誤	5951添誤
1339	64	辛亥⋯⋯調都爾嘉爲黑龍江將軍，嵩椿爲盛京將軍，恒秀爲綏遠城將軍，琳寧爲吉林將軍。	壬子	524	5235本正，誤刪	5951誤

1340	65	六月，免安徽安慶等七府州五十三年水災額賦。	丁巳	524	5240 本正，誤刪	5953 誤
1341	66	貞	國史、實錄爲「珍」	524	5241 珍，5418 乾隆六十年改「貞」	5953
1342	67	庚午，命兵部尚書孫士毅軍機處行走。	～在軍機處行走	524	5241 誤	5953 誤
1343	68	癸酉，以陳步瀛爲貴州巡撫。	壬申	524	5241 誤	5953 誤
1344	69	州縣	州縣衛	525	5242 誤	5954 誤
1345	70	庚子，戶部尚書綽克托卒。	諭令日期	525	5245 誤	5954 誤
1346	71	九月己丑，廓爾喀貢使入覲	十二月辛巳	525	5248 誤	5955 誤
1347	72	祁	祇	525	5250 改正	5955 誤
1348	73	楊	年表、國史爲「揚」	525	5252 誤	5955 誤
1349	74	冬十月癸丑	～朔	525	5252 誤	5955 誤
1350	75	爾	彌	525	5252 誤	5955 誤
1351	76	己未，睢寧決口合龍。	諭令日期	525	5252 誤	5956 誤
1352	77	金黃鞓帶	實錄爲「黃金鞓帶」，異	526	5261 誤	5959 誤
1353	78	二月壬子朔，以……降江蘭道員，畢沅等褫職，仍留任。	癸丑	526	5263 誤，語句不同	5959 誤
1354	79	己未，上詣東陵、西陵，巡幸山東	～啓鑾	526	5264 正	5960 誤
1355	80	乙亥……免經過山東錢糧十分之三。	丁丑	526	5265 本誤在丙子	5960 誤
1356	81	降直隸總督劉璀侍郎，以梁肯堂爲直隸總督，調穆和蘭爲河南巡撫。	丁丑	526	5265 本誤在丙子	5960 誤
1357	82	庚子，免烏魯木齊各州縣額徵地糧十分之一。	實錄爲三分之一，此沿國史	527	5269	5961
1358	83	乙巳……南掌國王召溫猛表賀萬壽，貢馴象。	諭令日期	527	5270 誤	5961 誤
1359	84	庚寅，上幸避暑山莊。	五月	527	5274 有五月	5962 誤
1360	85	秋七月己丑，安南國王阮光平入覲。	使其弟冒名前來，非其本人	527	5279 誤	5963 誤
1361	86	丁酉，兵部尚書李世傑以失察書吏，休致。	戊戌	527	5279 本正，誤刪	5963 誤

1362	87	戊申……命福崧赴宿州辦河工。	丙午	528	5280 誤	5964 誤
1363	88	八月庚戌，暹羅國王鄭華表賀萬壽，貢方物。	諭令日期	528	5281 誤	5964 誤
1364	89	己巳，刑部尙書喀寧阿卒，以明亮代之，命舒常兼署。	庚午，此沿國史誤	528	5283 誤	5964 誤
1365	90	九月戊寅	~朔	528	5284 誤	5964 誤
1366	91	壬戌	十二月~	528	5292 有「十二月」	5966 誤
1367	92	乙亥	三月乙亥朔	529	5299 前正後誤	5967 誤
1368	93	札薩克	同音異譯	529	5313	5968
1369	94	甲子……廓爾喀以逋欠誘圍喇嘛、噶布倫，擾西藏。	諭令日期，噶布倫=噶布倫戴繃	529	5314 有諭令內容，名誤	5968 誤
1370	95	命四川總督鄂輝、將軍成德剿之。	是日令鄂輝赴，成德乃自行先赴	529	5314 誤	5969 誤
1371	96	己巳……廓爾喀陷西藏定日各寨，據濟嚨	丙午，戊午	530	5315 誤	5969 誤
1372	97	丁未，廓爾喀入扎什倫布，尋遁去。	八月癸亥，九月己卯	530	5319 誤	5970 誤
1373	98	十二月辛亥，命海蘭察等及……由西寧進藏。	壬寅	530	5326 本誤在甲寅	5970 誤
1374	99	癸卯……移山西河東道駐運城。	甲辰	531	5330 本正，誤刪	5971 誤
1375	100	三月丁丑，上詣西陵，巡幸五臺山	~啓鑾	531	5332 誤	5972 誤
1376	101	壬午，免直隸大興等八州縣積欠米穀。	癸未	531	5333 誤	5972 誤
1377	102	己亥朔，以……李侍政失察邁瑪特尼雜爾，下部嚴議。	庚子	531	5335 誤	5972 誤
1378	103	甲辰……以貢楚克扎布爲烏里雅蘇臺參贊大臣。	乙巳	531	5335 本正，誤刪	5972 誤
1379	104	乙卯……命刑部淸理庶獄，減徒以下罪。	丙辰	531	5336 誤	5973 誤
1380	105	六	四	532	5339 誤	5973 誤
1381	106	六月甲戌，福康安奏克廓爾喀所踞擦木要隘。	丙子	532	5341 誤	5973 誤

1382	107	秋七月甲辰，賑直隸河間等處旱災	丙午	532	5343 正，本句被刪	5974 誤
1383	108	順直宛平、玉田等州縣蝗。	諭令日期	532	5344 有諭令內容	5974 誤
1384	109	己酉，福康安等克廓爾喀東覺山梁，並……等處營卡	諭令日期	532	5344 誤	5974 誤
1385	110	成德等克扎木、鐵索橋等處。	五月己未、癸亥，七月辛亥諭令	532	5344 誤	5974 誤
1386	111	八月辛未，成德克多洛卡、隴岡等處。	諭令日期	532	5345 誤	5974 誤
1387	112	癸酉，命福康安爲武英殿大學士，孫士毅爲文淵閣大學士。	己丑	532	5346 誤	5974 誤
1388	113	丙戌，福康安等奏克噶勒拉、堆補木城卡	丁亥	532	5347 誤	5975 誤
1389	114	墨爾根	墨爾根保	532	5347 誤	5975 誤
1390	115	拉時納巴都爾	實錄爲「拉特納巴都爾」	533	5347 正	5975 誤
1391	116	丙申，賑陝西咸寧等六州縣旱災。	實錄爲「是月」，未繫干支	533	5348 誤	5975 誤
1392	117	九月丁酉	~朔	533	5348 誤	5975 誤
1393	118	冬十月戊辰，廓爾喀貢使入覲。	諭令日期	533	5352 誤	5976 誤
1394	119	燾	勳	533	5353 誤	5976 誤
1395	120	丁亥，以鄂輝隱匿……表貢褫職，交福康安等嚴鞫之。	丙戌	533	5354 誤	5976 誤
1396	121	庚子……恒秀回吉林將軍。	甲辰	534	5362 本正，誤刪	5977 誤
1397	122	乙亥	二月~	534	5364 有二月	5978 誤
1398	123	阿木奇克伯	疑作「阿奇木伯克」	534	5365 誤	5978 誤
1399	124	丁未	敘事失次	534	5368 誤	5978 誤
1400	125	五月乙未，命……成林赴安南升隆城，賜奠冊封。	正月丙辰	534	5371 誤	5979 誤
1401	126	辛酉	辛亥	535	5373 誤	5980 誤
1402	127	乙酉，英吉利貢船至天津。	諭令日期	535	5375 誤	5980 誤
1403	128	戊子，於通州起陸	諭令日期	535	5375 諭令被刪	5980 誤

1404	129	商出入	商上出入	535	5376 正	5980 正
1405	130	壬寅，命英吉利貢使等住宏雅園，⋯⋯於圓明園分別安設貢件。	癸卯	535	5376 誤	5980 誤
1406	131	庚午，上御萬樹園大幄，⋯⋯馬戛爾尼、副使斯當東等入覲。	八月~	535	5377 吳廷燮添八月	5980 誤
1407	132	辛未，調福康安爲四川總督，以惠齡暫代長麟爲兩廣總督	調福康安爲四川總督，以惠齡暫代。《校註》標點錯誤	535	5378 正，有標點，《校註》誤	5980 正
1408	133	戊午，安置⋯⋯黎維祈於江南。	實錄爲「是月」，未繫干支	536	5390 誤	5983 誤
1409	134	癸亥，廓爾喀遣使進表貢。	諭令日期	536	5391，諭令被刪，語句不同	5983 誤
1410	135	丁亥，增造廣東水師戰船。	諭令日期	536	5393 誤	5983 誤
1411	136	秋七月戊子，永定河決。	諭令日期	536	5401 誤	5984 誤
1412	137	庚寅，河南丹、沁二河決。	諭令日期	536	5401 誤	5984 誤
1413	138	癸卯，⋯⋯曲家莊河決。	諭令日期	537	5402 誤	5985 誤
1414	139	乙巳⋯⋯大學士嵇璜卒	壬寅	537	5402 誤	5985 誤
1415	140	癸丑⋯⋯免⋯⋯山西代州等三州縣被水額賦。	辛亥	537	5403 是月	5985 誤
1416	141	戊午，⋯⋯南工決口合龍。	諭令日期	537	5404 誤	5985 誤
1417	142	秀	繡	537	5405 誤	5986 誤
1418	143	二十三	三十三	537	5406 誤	5986 誤
1419	144	甲申，畢沅降山東巡撫，罰繳湖廣總督養廉五年。	山東巡撫亦罰三年	537	5406 誤	5986 誤
1420	145	丙申，以秀林爲吉林將軍。	丁酉	537	5407 誤	5986 誤
1421	146	癸卯⋯⋯以⋯⋯段漢榮等糾眾拒捕，諭責畢沅廢弛。	甲辰	537	5408 誤	5987 誤
1422	147	州縣	州縣衛	537	5409 誤	5987 誤
1423	148	癸亥，荷蘭入貢。	諭令日期	538	5409 正，允⋯⋯	5987 誤
1424	149	壬辰，免山東臨清等⋯⋯漕賦。	癸巳	538	5411 誤	5987 誤
1425	150	戊寅⋯⋯改⋯⋯圖桑阿爲西安將軍，以永琨代之。	己卯	538	5413 誤	5988 誤
1426	151	二十	二十四	538	5414 誤	5988 誤

1427	152	丙辰……石柳鄧等、……石三保等作亂。	諭令日期	538	5416 誤	5989 誤
1428	153	戊午，湖南苗匪陷乾州廳，同知宋如椿等死之。	正月丁未	538	5417 誤	5989 誤
1429	154	辛酉，貴州苗匪圍鎮遠鎮總兵珠隆阿於正大營。	諭令日期	539	5418 誤	5989 誤
1430	155	免甘肅皋蘭等……積年逋賦。	壬戌	539	5418 誤	5990 誤
1431	156	己巳，苗匪陷永綏廳鴉西寨，……明安圖等死之。	諭令日期，西－酉	539	5418 誤	5990 誤
1432	157	永	保	539	5419 誤	5990 誤
1433	158	乙未，上詣東陵	~啓鑾	539	5420 正	5991 誤
1434	159	己亥，福康安奏解嗅臘圍。	庚子，臘－臈	539	5420 誤	5991 誤
1435	160	脂	之	539	5421 正	5991 誤
1436	161	夏四月辛卯，……陳周全等作亂，陷縣城，尋復之。	諭令日期	539	5425 諭令被刪	5991 誤
1437	162	丁未……福康安等奏克黃瓜寨。	戊申	540	5427 誤	5992 誤
1438	163	己酉……命蘇淩阿仍署兩江總督	實錄爲「兼署安徽巡撫印務」，此沿國史	540	5427	5992
1439	164	蘇皮寨	實錄爲「蘇麻寨」	540	5429	5992
1440	165	四川	雲貴	540	5429 誤	5993 誤
1441	166	丁卯，召惠齡來京，以汪新爲安徽巡撫。	戊辰	540	5430 誤	5994 誤
1442	167	丁未……福康安等進駐楊柳坪。	諭令日期	541	5436 誤	5995 誤
1443	168	丙辰，富勒渾、雅德……褫職，分別發……效力。	丁巳	541	5437 誤	5995 添誤
1444	169	癸酉，以奉天、……、廣西賦無逋欠，免……。	辛未	541	5439 誤	5996 誤
1445	170	姚棻署福建巡撫	實錄爲「暫護」，此沿國史	541	5441	5997
1446	171	辛卯	當刪	541	5441 有記事	5997 刪誤
1447	172	生	星，下月又奏，《校註》未注	542	5443 誤，5446 又奏，爲「星」	5997 誤
1448	173	嘉慶元年正月戊申朔……宮中時憲書用乾隆年號。	二月乙未諭令	542	5448 誤	5998 誤

附表 7：《清史稿校註》所指出《仁宗本紀》問題一覽表

《校註》序號	問　　　　題	說　　明	《校註》頁碼	原稿本頁碼及情況
1	嘉慶元年丙辰	本紀體例年不繫干支，「丙辰」當刪	543	6005 正，年未繫干支
2	戊辰	戊申	543	6005 正
3	庚戌，立皇后喜塔拉氏。	辛亥	543	6005 正
4	寧壽宮舉行千叟宴，太上皇帝蒞焉。	辛亥	543	6005 正
5	癸亥……福康安等奏攻兌朗坡，進攻平隴。	庚戌，另「朗坡」有異說	544	6005 庚戌語句不同，此條無
6	湖北枝江、宜都教匪起。	諭令日期	544	6007 有諭令內容
7	己亥，湖北當陽教匪起，戕官。……恒瑞率兵二千剿之。	諭令日期	544	6010 正，命
8	壬申	敘事失次	544	6013 竹山事在戊辰，核實錄，稿本誤
9	以烏爾圖納遜爲理藩院尚書，富銳爲綏遠城將軍，永慶爲蒙古都統。	實錄在己亥，此沿國史，正藍旗蒙古都統	544	6014 無蒙古都統事
10	辛巳……以剿來鳳功，晉……孫士毅三等男。	實錄在壬午，此沿國史	544	6015
11	敕伊犁貢馬由草地行。	辛卯	544	6015 正
12	一百一	一百四十四	544	無
13	避暑木蘭	木蘭秋獮	545	6018 正
14	乙丑，以富綱爲漕運總督。	丙寅，此沿國史誤	545	6019
15	壬申，……福康安卒於軍。	五月丁巳	545	6020 有諭令內容
16	福昌	同音異譯	545	無
17	秋七月辛亥……孫士毅卒於軍。	諭令日期	545	6024 有諭令日期
18	八月……壬寅，和琳卒於軍	《苗疆師旅考》確爲壬寅卒	545	6029 九月癸丑，誤
19	命明亮、鄂輝接統軍務。	九月癸丑	545	6029 正，可見原稿用諭令日期，史稿用卒日，故亦誤
20	十一月庚戌……予……王翼孫、訓導甘杜、典史浦寶光世職。	十月丙戌，十一月辛亥、癸丑	545	無
21	乙丑，江西巡撫陳淮有罪，逮問遣戍。	是日革職逮問，遣戍日期不詳	545	6035 正，乙丑奪職逮問

22	己巳，以湖北教匪偷渡滾河入秦，襯永保職逮問，以惠齡統其軍。	庚午	546	無
23	太和殿	實錄爲「保和殿」	546	無
24	种苗	國史、實錄爲「狪苗」	546	6041 同實錄
25	二月癸酉……江南豐汛復報合龍。	正月戊辰	546	6041 誤
26	戊戌……惠齡奏獲匪首劉起等，解京誅之。	戊寅，劉起榮	546	無
27	癸亥……以福長安、慶桂爲滿洲都統，德楞泰爲漢軍都統。	乙丑，未述旗分	546	無
28	巴克坦布、慶成奏，由應山追賊入豫，查明賊首李全、……均在其內。諭令擒捕。	壬戌	546	6045 正，語句不同
29	避暑木蘭	木蘭秋獮	547	6054 正
30	六月癸酉，勒保奏，剿辦南籠仲苗，迭克水煙坪、卡子河等處。	乙未	547	6054 誤，語句不同
31	丙午，……詔獎紳民……，改南籠府爲興義府。	戊申	547	6056 誤在甲午，語句不同
32	勒保續報解黃草壩圍，滇、黔路通。	丁卯	547	6059 正
33	秋七月己巳，永定河決。	庚午	547	6059 誤，溢
34	癸未，都統巴克坦布卒於軍。	諭令日期	547	6061 正，予……世職
35	州縣	縣	547	6061 正，語句不同
36	八月甲辰，永定河合龍。	諭令日期	547	6063 誤，語句不同
37	己未，……阿桂卒。	諭令日期	547	6065 有諭令內容（有諭令內容）
38	……戊戌，明亮、德楞泰請廣修民堡，以削賊勢。詔斥其迂緩。	己亥	548	無
39	佛柱	佛住，同音異譯	548	6069
40	東河	國史、實錄爲「河東」	548	6072 誤
41	兵	刑	548	6074 正
42	乙丑，額勒登保奏獲賊首覃加耀。上責其遲延，奪……爵職。	己丑	548	6075 正
43	並以疏防奪明亮、德楞泰爵職	甲戌	548	6074 正
44	奪舒亮、穆克登阿職，籍其家	二月甲辰	548	6077 正，語句不同
45	二月丁未……以鄂奇泰爲黑龍江將軍	丁酉，鄂-那	548	6076 正，語句不同

46	三月丁丑……予明亮副都統銜。	癸未	549	無
47	州縣	州縣衛	549	6083 誤爲十州縣二衛
48	避暑木蘭	木蘭秋獮	549	6083 正
49	甲寅，雲貴總督、三等男鄂輝卒。	諭令日期	549	6086 有諭令內容
50	德格楞貴	德勒格楞貴	549	無
51	庚午……以雨，停秋獮。	甲申	549	6088 正，語句不同
52	八月，以獲教匪王三槐功，晉勒保及和珅公爵，福長安侯爵。	庚子，未繫干支	549	6089 誤在庚午，語句不同
53	西寧州	寧州	549	6089 正
54	十一月丁亥，左都御史舒常卒。	是日以卒換人代之，以當時補缺過程推測，卒不在是日	550	6094 有「以成德代之」
55	丁卯……晉儀郡王永璿親王	壬戌	550	6099 誤在戊辰，語句不同
56	貝勒永璘爲慶郡王	壬戌封郡王，丙寅定惠郡王，丁卯改慶郡王	550	6099 正，6100 誤
57	綿億封履郡王	國史爲壬戌封榮郡王，此異	550	6099 郡王
58	奕綸、奕紳在上書房讀書，綿志等各封賞有差。	壬戌	550	6099 誤，語句不同
59	己卯……吳省欽免	癸酉	550	無
60	以劉權之爲左都御史。	乙亥	550	6102 正
61	以保寧爲大學士，仍管伊犁將軍，慶桂協辦大學士	戊辰、己巳	550	6101 前正後誤
62	書麟爲吏部尚書，松筠爲戶部尚書。	戊辰，此沿國史誤	550	6101 正
63	爲	署理	551	6104 正
64	二月己丑	~朔	551	6105 正
65	布彥達賚爲戶部尚書。	庚寅	551	6105 正
66	三月己未朔，蘇凌阿免	正月丁丑	551	無
67	以慶桂爲大學士，成德爲刑部尚書，傅森爲左都御史。	庚申	551	6109 誤
68	庚申，……沈初卒	三月己未朔	551	6109 誤
69	額勒登保奏	勒保奏較合體制	551	6111
70	璣	璜	551	6112 正

71	天	添	552	6112 正
72	癸未……廣厚奏剿斃賊目張世龍。	乙酉	552	無
73	辛酉	辛丑	552	6114 正
74	五月戊午朔，停本年秋決。	己未	552	6116 正，語句不同
75	丁亥，敕費淳訪劾貪吏。	實錄未繫干支	552	無
76	琰	璥	552	6121 正
77	辛酉，調……盛京兵三千，……，赴四川剿賊	壬戌，盛京兵兩千	552	6123 正
78	爲	署	553	6125 正
79	四十八州縣	五十四廳州縣	553	6125 有廳，數目不夠
80	乙巳，命修撰趙文楷、中書李鼎元冊封……尙溫。	實錄在六月戊子，此沿國史	553	無
81	庚午，大行梓宮發引，上恭送啓鑾。	丁巳	553	6131 正
82	十二月壬辰……恤陣亡副將丁有成、德亮等世職。	丁亥	554	6144 誤，無丁有成
83	五年庚申春正月甲寅朔，上謁陵。	~啓鑾	554	6146 正
84	庚申……命額勒登保剿辦陝西教匪	戊午	554	6147 戊午，但無命字，誤
85	江蘇	浙江	554	6147 正
86	壬戌……金士松卒，以張若淳爲兵部尙書。	甲子，此沿國史誤	554	6148 正，可見初稿本用實錄或東華錄，《校註》參看此條
87	敕新疆鑄乾隆錢。	實錄爲新疆「鼓鑄乾隆錢二成，嘉慶錢八成」	554	6153 正
88	庚戌，……蔡新卒。	諭令日期	554	6157 有諭令內容
89	三月庚申，上謁陵。	~啓鑾	555	6159 正
90	乙酉，阿迪斯遣戍伊犁	諭令日期	555	6161 乙丑奪職逮問，6163 乙酉無
91	丙午，上步禱祈雨。	在四月丙午，非閏四月	555	無
92	壬戌	壬午	555	6172 正
93	丙午，那彥成到京，……，降爲翰林院侍講。	丁未	555	6174 正，工部尙書……緣事罷……
94	辛卯……馬慧裕奏獲傳教首犯劉之協	癸巳	556	6178 誤在庚寅

95	丙申，禮部尙書德明卒	諭令日期	556	6179 有諭令內容誤在丁酉
96	以達椿爲禮部尙書。	丁酉	556	6179 正
97	九月壬午，上謁東陵。	~啓鑾	556	6183 正
98	窩星阿	同音異譯	556	6194 寙星額
99	戊午，賜……魏象樞六世孫煜	己亥	557	無
100	戊辰，上謁陵，行敷土禮。	翌日行敷土禮	557	6199 未寫敷土禮
101	改襄陽鎭總兵爲鄖陽鎭總兵。	庚午	557	6199 誤在己巳
102	恤陣亡總兵多爾濟扎布	丁丑朔	557	無
103	李紹祖等世職。	庚子	557	無
104	丁酉，賜……李光地四世孫維翰	四月戊午	557	無
105	徵	徵	557	無
106	西京州	江西寧州	557	6203 正
107	辛丑，上謁陵。	~啓鑾	557	6203 正
108	壬戌，……書麟卒	諭令日期	557	6206 有諭令內容
109	獲	礮斃	557	6206 正
110	高二	實錄爲「高三」，此沿東華錄	558	6207 爲等，未列該名
111	丙戌……奉天府丞視學政，三年更任。	辛卯	558	6209 正
112	六月壬子……以水災停本年秋獮。	癸丑	558	6210 正
113	姜晟免，發永定河效力。	甲寅，壬申	558	6210 甲寅正
114	起陳大文署直隸總督。	乙卯	558	6210 正
115	丙辰……西安將軍恒瑞卒。	以賽沖阿代其爲西安將軍日期	558	無
116	辛未……勒保奏東鄉青、藍號匪悉數殲除。	壬申	558	6213 正，下文史稿七月，《校註》未注，6213 秋七月正
117	癸丑……德楞泰奏斃賊首龍紹周。	丁巳	559	6223 正，語句不同
118	慶成	長麟	559	無
119	辛未	敘事失次	559	無
120	七年壬戌春正月癸酉朔，上謁裕陵，行三期祭禮。	是日啓鑾	559	6236 正，語句不同
121	藍	青	560	6238 正

122	明安以貪黷褫職，遣戍伊犁。	乙未，己亥	560	6238 乙未正，6239 己亥正
123	以祿康為步軍統領，解刑部尚書。	丙申，丁酉	560	6238 丙申正
124	額勒登保以……，降男爵。	己亥	560	6239 正，語句不同
125	壬辰，成德卒	諭令日期	560	6245 有諭令內容
126	為	署	560	6247 正
127	己卯……琅玕奏獲猓匪首逆臘者布。	辛巳	560	6251 辛巳正，但「臘」誤為「睹」
128	陪	培	560	6251 為「等」，未列其名，但度向瑤誤為度尚瑤
129	康二麻	~子	561	6252 正
130	俘其妻孥	「全行殲斃」	561	6253 記其事無此內容
131	乙卯……命保寧管理兵部。	庚申	561	6254 正
132	以祿康、恭阿拉為漢軍都統。	旗分	561	無
133	庚辰，……何泰條陳黜奢崇儉，……。	辛巳，此沿國史誤	561	6255 誤
134	以興奎為西安將軍，明亮為烏魯木齊都統。	壬辰	561	6257 誤在戊子
135	甲午……張若淳卒	七年七月乙未	561	6258 丁酉贈官
136	戴衢亨為兵部尚書。	戊戌	561	6259 誤在丁酉
137	八月己亥朔……以朱珪協辦大學士。	庚子	562	6259 正
138	為	署	562	無
139	癸卯……以劉清為四川按察使。	己酉	562	無
140	壬子，勒保奏獲白號賊首張簡、藍號賊首湯思蛟。	乙卯	562	無
141	傳	侍	562	6268 正
142	庚午，詔以吉慶……，免協辦大學士，命那彥成查辦。尋解總督，敕瑚圖理署理。	庚寅	562	6270 庚寅正，但命長麟為兩廣總督恐誤
143	十二月戊戌朔，安徽宿州盜匪作亂，費淳等討平之。	壬子，此沿國史誤	562	6271 誤，滋事
144	二月己未，上謁東陵。	~啟鑾	563	6277 正
145	己丑……王傑陛辭，賜玉鳩杖，御書詩章，馳驛回籍。	乙酉，此沿國史誤	563	6279 正，可見未用國史，《校註》用稿本此條

146	甲辰……恤……王懋賞等世職。	癸丑	563	無
147	壬申	壬子	563	6294 正
148	八月壬午……以停止行圍回鑾。	甲申	564	6297 正，語句不同
149	綱	繃	564	6303 正
150	戊子，上謁東陵。	~啓鑾	564	6314 正
151	署	護理	564	6317 正
152	六月壬戌，玉德等奏海盜蔡牽擾及鹿耳門，突入汕大寨。得旨：追擒務獲。	甲子	564	6321 正，語句不同
153	工部	兵部	564	6322 正
154	乙亥，惠齡卒	諭令日期	565	6323 有諭令內容
155	爲	署	565	6323 正
156	恤捕海盜陣亡總兵胡振聲，贈提督，予世職，錄用其子。	甲申	565	6323 正
157	庚子	敘事失次	565	6325 正
158	丁丑，上回鑾謁陵。	丙戌謁東陵	565	6329 正
159	庚辰，大學士劉墉卒。	諭令日期	565	6337 有諭令內容
160	辛亥……詔內務府大臣嚴行約束內監，稽其出入，纂入宮史，著爲令。	庚戌	565	無
161	己巳……協辦大學士紀昀卒	諭令日期	565	6341 有諭令內容
162	調劉權之禮部尚書、協辦大學士。	辛未	566	6341 正
163	丙午，回鑾	己亥	566	6343 正
164	戊申……以弘康爲廣州將軍。	甲辰	566	無
165	夏四月辛巳，御史蔡維鈺疏請查禁西洋人刻書傳教。得旨：一體查禁。	辛未	566	6345 正，語句不同
166	五月甲申朔，詔內務府大臣管理西洋堂，……，下部議處。其經卷檢查銷毀，習教之佟瀾等罪之。	四月癸未下內務府議處，佟瀾罪之當在庚子前	566	6347 此條語句不同，無此內容
167	丁丑，永定河決。	諭令日期	566	6351 誤
168	秋七月壬辰，上詣盛京謁陵啓鑾。	戊辰	566	6356 正
169	丙申，行大饗禮。	辛丑	567	6357 誤
170	辛丑……臨奠克勤郡王岳託	甲辰	567	6358 正
171	宏毅公額亦都	庚子	567	6358 正
172	上駐蹕盛京	壬寅	567	6358 正，語句不同

173	寶冊	實錄、東華錄爲「冊寶」，此沿國史	567	無
174	乙巳……額勒登保卒	辛丑	567	6359 有諭令內容
175	松	國史、實錄爲「珑」，此沿東華錄	567	6359 正
176	十一年丙寅春正月壬子，海盜蔡牽陷鳳山縣	十年十一月壬申，掌–牽	568	6372 誤，語句不同
177	丙子，那彥成以在署演戲，濫收海盜，奪職，戍伊犁。	戍伊犁在三月壬午，此爲奪職解京審訊日期	568	6373 丁巳降爲伊犁領隊大臣，語句不同，6379 三月丁巳戍，誤
178	辛卯，上謁東陵。	~啓鑾	568	6376 正
179	甲辰，上幸南苑行圍。	實錄在乙巳，此沿國史、東華錄	568	無
180	己丑	乙丑	568	6380 誤在甲子
181	丙申，續編皇清文穎。	諭令日期	568	6382 誤
182	逢	達	568	6391 未提名
183	八月庚寅，上行圍。	~啓鑾	568	6394 誤，語句不同
184	九月乙巳	~朔	569	6395 正
185	爲	署	569	6401 正
186	丁亥……調張師誠爲福建巡撫，金光悌爲江西巡撫。	癸卯	569	6403 正
187	癸巳……大學士保寧乞休，優詔致仕，予食公俸。	丁酉	569	6402 正，語句不同
188	十一月庚申……詔以德楞泰剿辦叛兵，寬大受降，切責之	戊申	569	6403 正，語句不同
189	降楊遇春寧陝鎮總兵	十二月庚寅	569	6407 誤在十二月丙午
190	楊芳遣戍伊犁，即押降兵赴戍。	十二月癸巳	569	6409 正
191	戊辰，陝西瓦石坪新兵滋事，討平之。	諭令日期	569	6411 誤
192	戊子，積拉堪罷，削爵。	三月丁未	570	無
193	以……爲荊州將軍	其名漏「永」字	570	無
194	壬辰，上幸南苑，行圍。	是日謁東西陵啓鑾，此疑誤	570	6414 甲辰
195	辛亥，謁西陵。	三月~	570	6464 有三月癸卯朔條，此在 6415，語句不同，用泰陵泰東陵，同實錄，均無誤

196	辛巳，上祈雨。	辛酉	570	無
197	五月己丑，雨。	己酉	570	無
198	六月乙未，禁督撫幕友矇保入官。	不知所據	570	6422 癸未，定各省幕友捐職，該督撫不得奏留例
199	八月乙酉，上行圍。	~啓鑾	570	6427 誤，語句不同
200	木蘭	避暑山莊	570	6428 正
201	暹羅私招商人貿易，降敕訓止之。	丁未	570	6428 正
202	十三年戊辰春正月戊午，……李長庚追擊海盜，卒於軍，贈伯爵。	卒於十二年十二月壬辰	571	6439 有諭令內容
203	二月丁卯	~朔	571	無
204	三月庚子，上謁東陵。	~啓鑾	571	6442 誤在辛亥啓鑾
205	壬午，上巡閱天津長堤。	壬子	571	6443 正，語句不同
206	南河	江南	571	6443 正，語句不同
207	仙鶴翎	仙鶴林	571	6449 正，語句不同
208	八月己酉，上行圍。	~啓鑾	572	6456 誤，語句不同
209	壬申……長齡戍伊犁。	四月壬辰	572	6468 丙子革逮
210	丁未，上謁東陵。	~啓鑾	572	6470 正
211	三月癸亥，上謁西陵。	~啓鑾	572	6472 正
212	西安將軍、三等公德楞泰卒。	諭令日期	572	6473 有諭令內容
213	夏四月甲寅……孫玉庭龍。	戊午	573	6475 正，語句不同
214	乙未，倉場黑檔盜米事發，責黜歷任侍郎有差。	丁未	573	6478 正，語句不同
215	秋七月戊辰，詔停本年秋決。	庚申	573	6479 正，語句不同
216	知府王轂立絞	八月丁巳	573	6478 記此事於戊午，無此內容
217	家丁李祥等均極刑	己巳	573	無
218	總督鐵保奪職遣戍，巡撫汪日章奪職。	壬申	573	6479 戊午切責鐵保等，6480 壬申正，語句不同
219	調阿林保為兩江總督，以方維甸為閩浙總督。	壬申	573	6480 正
220	壬申，……花傑以參劾軍機大臣戴衢亨徇私不得直降官。	壬申	573	6479 丁卯嚴議

221	巡幸木蘭	駐蹕避暑山莊	574	6481 正
222	八月庚戌，……劉鳳誥以監臨舞弊褫職，戍黑龍江。	是日令復審，十月甲辰戍	574	6483 正，語句不同
223	冬十月戊子朔	刪「戊子朔」	574	無
224	十一月	十二月	574	無此問題
225	十二月戊戌	庚戌	574	無此問題
226	十五年丙子，以劉權之爲協辦大學士。	漏「春正月」	574	6493 無此問題
227	丙子，詔以鴉片煙戕生，通飭督撫斷其來源。	三月丙辰	575	6495 正，語句不同
228	三月甲子，上謁東陵。	～啓鑾	575	6496 正
229	八月戊戌，上行圍。	～啓鑾	575	6407 正，語句不同
230	壬子，以卓保爲蒙古都統。	未述旗分	575	無
231	九月己未，以汪志伊爲閩浙總督，馬慧裕爲湖廣總督，恭阿拉爲工部尙書。	壬戌	575	6508 正
232	甲子，永定河漫口合龍。	辛酉	575	6208 誤
233	冬十月甲午，江南高堰、山盱兩堤決壩。	諭令日期	575	6509 有諭令內容
234	三月丙寅，上謁西陵。	～啓鑾	576	6524 正
235	壬午，謁陵禮成，西巡五臺山。	庚午，閏三月庚辰	576	6524、6525 正
236	爲蒙古都統	兼，正紅旗	576	無
237	戊戌，上閱直隸綠營兵，幸蓮池書院，遣官祭明臣楊繼盛祠。	庚子	576	6527 誤，語句不同
238	夏四月戊申	～朔	577	6527 正
239	大學士戴衢亨卒。	諭令日期	577	6527 有諭令內容
240	壬申……崇祿爲蒙古都統。	癸酉，兼	577	無
241	壬午，明亮以……，降副都統。以松筠爲協辦大學士。	壬子，丙辰	577	6532、6533 正，語句不同
242	癸丑……以勒保爲大學士，管理吏部，吉綸爲工部尙書、步軍統領。	丁巳	577	6533 正
243	乙丑……許建專祠。	丙寅	577	6534 無此內容
244	癸丑	癸卯	577	無，6538 八月辛未暫緩堵口
245	八月壬戌，上行圍。	～啓鑾	577	6537 誤

246	喀什喀什噶爾	喀什噶爾	578	無
247	三月丙子，上謁東陵。	~啓鑾	578	6557 正
248	己丑，上幸南苑行圍。	實錄在辛卯，此沿國史、東華錄	578	6559
249	營	臺	578	無
250	三百	國史、實錄爲「二百」	578	6562 未寫數目
251	乙巳，移開散宗室於盛京居住，築室給田給銀。	己巳	579	6566 正
252	丙辰，上行圍。	~啓鑾	579	6571 上幸木蘭
253	兼	爲	579	無
254	以明亮爲蒙古都統。	鑲白旗~	579	無
255	乙卯，賜進書生員鮑廷博舉人。	庚申	579	6596 正，語句不同
256	八月庚戌，上行圍。	~啓鑾	580	6601 誤，語句不同
257	九月甲子	~朔	580	6602 正
258	乙亥，河南睢州河溢。	諭令日期	580	6603 有諭令內容
259	河南滑縣八卦教匪李文成糾眾謀逆，……金鄉知縣吳階捕賊崔士俊等。	有不同記載	580	6603 語句不同
260	己卯，詔封皇次子爲智親王，綿志郡王銜。	庚辰	580	6606 正，未記綿志
261	辛巳，首逆林清就擒。	奏報至行在日期	581	6607 誤，語句不同
262	癸未，以松筠、曹振鏞爲大學士，托津、百齡協辦大學士，鐵保、章煦爲吏部尚書。	甲申	581	6609 正，語句不同
263	亨	亭	581	6610 正
264	癸卯……劉清大破賊於扈家集	諭令日期	581	6613 誤
265	侍衛蘇爾愼復定陶、曹縣。	己亥、庚子、辛丑，乙巳下部議敘	581	6614 正，語句不同
266	御史張鵬展疏陳，百姓不敢出首邪匪，由於……。上是之。	丙午	581	無
267	爲	署	581	6617 正
268	丙申，命松筠、長齡籌議新疆經費。	戊戌	581	6623 正
269	男	了	581	6625 正
270	三	二	582	6635 正

271	丙午……長齡輕車都尉，楊遇春晉一等男。	辛亥，「輕車都尉」疑作「騎都尉」	582	6636 誤在癸酉，騎都尉
272	爲漢軍都統。	兼正藍旗~	582	無
273	以戴均元爲左都御史。	丁巳	582	6637 正
274	己丑，予……強克捷、教諭呂秉鈞、巡檢劉斌等世職。	庚午專祠，予世職不知所據	582	無
275	四月	夏~	582	6645 正
276	乙亥……以其弟裕興襲封。	己卯	582	6646 正
277	以興肇爲漢軍都統。	己卯，正藍旗	582	無
278	壬午，漕運總督桂芳卒。	諭令日期	582	6647 有諭令內容
279	癸亥	癸巳	583	6648 正，語句不同
280	庚辰，以劉鐶之爲戶部尚書，初彭齡爲兵部尚書，署江蘇巡撫。	辛巳，此沿國史誤；乙亥	583	6652 前誤，後正
281	八月	秋~	583	6652 有秋七月
282	戊寅，上謁陵。	~啓蹕	583	6658 正
283	癸丑，命開墾伊犁、吉林荒地。	己酉	583	6667 正
284	三月庚寅，上謁東陵。	~啓蹕	584	6677 正
285	甲午	敘事失次	584	6677 正
286	己卯，常明奏中瞻對土番洛布七力滋事	四月壬午	584	6681 正
287	八月戊辰，上行圍。	~啓蹕	584	6689 誤，語句不同
288	百齡以捕獲編造逆詞首犯方榮升功，晉三等男。	九月癸巳	584	6691 正
289	癸亥，命侍郎那彥寶往勘山西地震災。	甲子	584	6694 正
290	丁亥，禮親王昭槤以刑比佃丁欠租，削爵圈禁	丁未	584	6699 正，語句不同
291	以麟趾襲。	壬戌	584	無
292	丙戌，特詔諸親王、郡王勿令內監代爲奏事，致開交結之端。	實錄在丁亥，此沿東華錄	585	6706 丁亥，語句不同，可見未用東華錄
293	甲戌，上謁東陵。	~啓蹕	585	無
294	三月庚寅，上謁西陵。	~啓蹕	585	6710 正
295	丙子，張師誠以父疾具奏，不候旨即回籍，罷。	乙亥，此沿國史誤	585	6713 誤，下部議處

296	以松筠爲滿洲都統	兼鑲藍旗~	585	無
297	八月壬辰，上行圍。	~啓蹕	585	6722 誤，語句不同
298	九月戊午，上回蹕。	乙卯	585	6724 正，語句不同
299	戊子……章煦爲軍機大臣。	己亥	585	6727 正
300	十一月壬子，百齡卒	諭令日期	585	6728 有諭令內容
301	領侍衛內大臣	正白旗~	585	6728 正
302	己卯	丁丑	586	無此問題
303	壬子，上謁東陵。	~啓蹕	586	6737 正
304	壬戌……以玉麟爲駐藏大臣。	辛酉	586	6743 正
305	丁卯……總督汪志伊、巡撫王紹蘭俱奪職。	庚午；三月甲辰朔病免，至是復奪職	586	6744 誤，語句不同
306	庚申……以蘇楞額爲工部尚書	丙辰	586	6749 正
307	和世泰爲理藩院尚書。	己巳	586	6750 正
308	八月丁亥，上行圍。	~啓蹕	587	無
309	九月癸丑，常明卒	諭令日期	587	6753 有諭令內容
310	庚午，命戴均元、和寧爲軍機大臣。	辛未學習行走，此沿東華錄誤	587	6762 正，可見未用東華錄
311	大學士董誥致仕，命食全俸。	乙亥	587	6763 正
312	三月庚子，上謁西陵。	~啓蹕	587	6766 無此問題
313	四月	夏~	588	6768 正
314	丙子……給事中盧浙疏言，風沙示警，請禁員弁貪功妄捕，擾累平民。	戊寅	588	6768 正
315	五月戊戌	~朔	588	6770 正
316	詔曰：「館臣呈進敕修明鑒，……副總裁侍郎秀寧降爲侍衛，新疆換班。正總裁曹振鏞等各予薄罰，另行纂輯。」	交部議處日期，新疆換班-前往新疆換班	588	6770 語句不同
317	八月丁卯朔，詔以取道民田，免經過奉天承德四州縣額賦。	甲戌	589	6778 語句不同
318	壬午，上祭北鎮。	敘事失次	589	無
319	辛卯，謁永陵，行大饗禮。	壬辰	589	6780 正
320	寶冊	冊寶	589	6784 正
321	上制再舉東巡慶成記。	戊戌	589	6781 正
322	臨奠克勤郡王岳託	庚子	589	6782 正

323	武勳王揚古利	丁酉	589	6781 正
324	宏毅公額亦都	丙申朔	589	6780 正
325	加恩……費英東後裔一人。	壬寅	589	6783 正
326	戊申，以奕灝爲蒙古都統。	庚子，正藍旗，同音異譯	589	無
327	辛亥，詔曰：……	兩諭分別在辛亥、乙卯	590	6792 有辛亥諭歸納
328	戊子……松筠爲禮部尙書，以劉鐶之爲左都御史。	辛卯	590	6796 誤在庚寅
329	文孚爲軍機大臣。	表、實錄爲學習行走，此沿國史	590	6799 本沿實錄，吳廷燮改爲學習軍機大臣
330	三月己亥，上謁東陵。	~啟鑾	590	6801 正
331	壬子，上幸南苑，行圍。	翌日行圍	590	6803 誤
332	己巳	己丑	590	6806 正
333	以英和、和世泰俱爲滿洲都統。	鑲黃旗，正藍旗	591	無
334	工	兵	591	6814 正
335	漢軍都統	正白旗~	591	無
336	庚申，上巡幸木蘭。	庚辰	591	6818 庚辰啟鑾幸避暑山莊，異
337	壬午，永定河決，命吳璥……勘築。	諭令日期	591	6818 有諭令內容
338	八月辛卯，河南蘭陽北岸河溢。	諭令日期	591	6819 有諭令內容
339	……威勒伯勒保卒，贈一等侯。	癸卯，實錄爲「威勤伯」，此疑誤	591	6820 誤在壬寅，威勒伯
340	乙未……周系英因……，革職，並斥革其子舉人。	庚戌	591	無
341	乙巳	己巳	591	6829 正
342	乙卯……晉封親王。	三月丁卯	592	6840 正
343	三月甲子，上謁東陵。	~啟鑾	592	6840 正
344	戊寅……襲郡王。	己巳	592	6840 正
345	癸卯，禁王公私設諳達及買民女爲妾。	辛亥	592	6849 無
346	松筠黜爲驍騎校。	丁未	592	無
347	壬申……方受疇等疏呈嘉禾。	甲戌	592	6849 正
348	己卯，上不豫	戊寅	592	6850 正

附表 8：《清史稿校註》所指出《宣宗本紀》問題一覽表

序號	《校註》序號	問　　　題	說　　明	《校註》頁碼	原稿本頁碼及情況	修改本頁碼及情況
1	1	諱旻寧	不錯，避諱問題	594	6852 無，補一「諱」字	7837 頁眉補「綿寧」
2	2	威格遜爾	威遜格爾	594	6852 誤	7837 誤
3	3	仁宗崩，即日奉大行皇帝梓宮回京。	斯日並未啓程	595	6856 正，刪誤	7839 誤
4	4	乙酉……免直隸承德府屬及經過宛平等五州縣明年額賦。	丙戌	595	6858 正，刪誤	7840 誤
5	5	乙未，大行皇帝梓宮還京師。	起駕日期	595	6860 正，刪誤	7840 誤
6	6	乙未……袁銑疏陳定規模、正好惡七事。上優詔嘉納之。	實錄在丁酉，此沿國史	595	6860	7840
7	7	乙未……加方受疇太子太保。	癸卯	595	6860 本誤在己亥	7840 誤
8	8	沖巴噶什布魯特比蘇蘭奇	沖巴噶什愛曼布魯特比蘇蘭奇	595	6864 誤	7842 誤
9	9	廣	慶	596	6866 誤	7843 誤
10	10	壬戌……起松筠爲左副都御史。	甲子	596	6866 正，刪誤	7842 誤
11	11	辛丑，上大行皇帝尊諡廟號。	甲辰	596	6872 本誤在癸卯	7844 誤
12	12	甲辰，賑江蘇被水江寧等八州縣、安徽被水鳳陽等府所屬州縣。	實錄爲江寧等三十二州縣衛，鳳陽等八州縣在丙午	596	6872 本誤在丁未	7844 誤
13	13	丙辰，上奉皇太后居壽康宮。	乙丑	596	6874 誤	7844 誤
14	14	黃	紅	596	6875 誤	7844 誤
15	15	丙戌……以史致光爲雲貴總督，韓克均爲雲南巡撫，顏檢爲福建巡撫。	丁亥，此沿國史誤	597	6878 本正，刪誤，《校註》或誤	7845 誤
16	16	庚寅，河南儀封決口合龍。	辛卯	597	6879 本誤在庚辰	7845 誤
17	17	癸巳……英和罷軍機大臣，照舊供尙書等職。	乙未	597	6880 正，刪誤	7845 誤

18	18	丙申……召張映漢來京，以陳若霖爲湖廣總督，帥承瀛爲浙江巡撫。	丙午	597	6882 正，刪誤	7846 誤
19	19	道光元年春正月癸丑	～朔	597	6884 誤	7847 誤
20	20	丙辰……裁浙江鹽政，以巡撫兼管。	戊午	597	6884 正，刪誤	7847 誤
21	21	爲	暫署	597	6885 誤	7847 誤
22	22	丙子，朝鮮國王李錫奉表慰唁	丁丑	597	6887 誤	7847 誤
23	23	賜敕嘉賚之。	己卯	597	6887 誤	7847 誤
24	24	瑪呢善	呢瑪善	598	6895 誤	7848 誤
25	25	己卯……命貴州提督羅思舉赴雲南軍營協剿。	實錄在庚辰，此沿國史	598	6896	7849 誤
26	26	庚寅……明亮致仕。	甲午	598	6897 本誤在癸巳	7849 誤
27	27	命戴均元、穆克登額、阿克當阿相度萬年吉地。	丁酉	598	6900 本誤在丙申	7849 誤
28	28	甲辰，雲南大姚拉古賊平。	諭令日期	598	6900 正，奏……	7849 誤，「奏」等被點刪
29	29	戊午	五月～	598	6901 有五月，刪誤	7849 誤
30	30	以長齡爲協辦大學士，仍留陝甘總督任。	己未	599	6902 正，刪誤	7850 誤
31	31	丙寅……以松筠爲兵部尚書	己巳	599	6903 正，刪誤	7850 誤
32	32	慶惠爲熱河都統。	己巳	599	6903 正，刪誤	7850 誤
33	33	癸酉，雲南永北大姚賊平。	諭令日期	599	6904 誤，與前不同	7850 誤
34	34	戊戌……除河南新鄉縣地賦。	庚子	599	6908 本誤在辛丑	7850 誤
35	35	以琦善爲山東巡撫。	甲辰	599	6909 正，刪誤	7851 誤
36	36	秋七月庚戌，刑部尚書和瑛卒	諭令日期	599	6909 誤，諭令被刪	7851 誤
37	37	丁亥……以特依順保爲烏里雅蘇臺將軍。	嘉慶二十三年已任，此不知所據	599	6913	7851

38	38	癸巳，……茹棻卒	諭令日期	600	6914 誤，諭令被刪	7852 誤
39	39	己巳，召長齡來京，以朱勳署陝甘總督。	庚午	600	6917 誤	7852 誤
40	40	十一月己未，……陳若霖奏請歲減民、苗佃租二萬二千石，給苗疆會試舉人川費，允之。	戊午	600	6922 誤	7852 誤
41	41	癸巳，……劉鐶之卒	諭令日期	600	6925 誤，諭令被刪	7853 誤
42	42	二年春正月丁未朔，方受疇病免，以顏檢爲直隸總督，……。以葉世倬爲福建巡撫。	癸丑	600	6928 誤	7853 誤
43	43	筠	篠	600	6930 誤	7853 誤
44	44	罷侍郎那彥寶、善慶、吳芳培	降、回任、原品休致，非罷	601	6930 誤	7854 誤
45	45	降左都御史顧德慶。	實錄爲以「侍郎降補」	601	6930	7854
46	46	辛未……以松筠署直隸總督，那彥成署吏部尚書。	癸酉	601	6930 正，刪誤	7854 誤
47	47	癸巳，……戴聯奎卒	諭令日期	601	6933 諭令被刪	7854 誤
48	48	二月丙午	～朔	601	6934 誤	7854 誤
49	49	二十州縣	二十一州縣衛	601	6934 誤	7854 誤
50	50	丁未，上謁東陵	～啓鑾	601	6934 刪誤	7854 誤
51	51	甲寅，上奉皇太后謁西陵	～啓鑾	601	6936 刪誤	7854 誤
52	52	閏三月戊寅，穆克登布免理藩院尚書。	己卯	601	6938 誤	7855 誤
53	53	帝	后	601	6943 誤	7855 誤
54	54	高宗純皇帝、孝賢純皇后、孝儀純皇后尊諡，藏冊寶於太廟、盛京太廟	嘉慶二十五年已加，此爲閱視日期	602	6943 誤	7855 誤
55	55	壬午，青海番賊平。	五月～	602	6944 刪誤	7855 誤
56	56	乙酉，以倉場侍郎莫晉奏事妄言，……，降內閣學士。	甲申	602	6945 誤	7856 誤
57	57	秋七月，以程祖洛爲河南巡撫，……。以程國仁爲陝西巡撫。	甲申，未繫干支	602	6952 刪誤	7857 誤

58	58	八月癸卯，召雲貴總督史致光來京，以明山代之。	丁未	602	6954 誤	7857 誤
59	59	噶箕畢穆興塔巴	同音異譯	602	6957	7857
60	60	霸州等十二	霸州等二十二	603	6957 誤，「霸」字錯未改	7858 誤
61	61	三	四	603	6957 誤	7858 誤
62	62	乙酉，四川果洛克番賊平。	實錄爲諭令日期，此同東華錄	603	6959	7858
63	63	冬十月丙午謁陵，命莊親王綿課等留京辦事。	實錄爲「郡王」，非是日啓鑾	603	6962 誤	7859 誤
64	64	授那彥成陝甘總督，蔣攸銛刑部尚書。	己酉	603	6963 刪誤	7859 誤
65	65	乙卯，上……奉皇太后謁西陵	～啓鑾	603	6964 刪誤	7859 誤
66	66	十三	十	603	6966 誤	7860 誤
67	67	五十一	五十五	603	6966 誤	7860 誤
68	68	十八	四十八	603	6966 誤	7860 誤
69	69	辛未朔，以玉麟署禮部尚書。	辛巳	604	6968 刪誤	7860 誤
70	70	戊子，起松筠爲光祿寺少卿。	實錄在己丑，此沿國史、東華錄	604	6969	7860
71	71	甲寅……盧照常等作亂，捕誅之。	諭令日期	604	6975 誤	7861 誤
72	72	乙丑，內閣漢票籤處火。	諭令日期	604	6976 誤	7862 誤
73	73	壬申……調孫爾準爲福建巡撫。以陶澍爲安徽巡撫。	癸酉	604	6980 刪誤	7863 誤
74	74	以廓爾喀……遣……等來賀登極進表貢，賜詔嘉勉，仍優賚之。	戊寅	605	6981 刪誤	7863 誤
75	75	丙子，上奉皇太后幸南苑。上行圍。	～啓鑾，戊寅行圍	605	6989 誤	7864 誤
76	76	五月辛未，賑直隸霸州等州縣災。是月，賑直隸霸州等三十六州縣災民。	實錄在辛未，國史在「是月」，兩書當改	605	6995 誤	7865 誤
77	77	六月，命……張文浩會同蔣攸銛查勘南北運河並永定、大清、滹沱各河。	壬寅，未繫干支	605	6996 刪誤	7865 誤
78	78	戊午，以果勒豐額爲烏里雅蘇臺將軍。	丁巳，同音異譯	606	6998 誤	7865 誤

79	79	永定河決。	諭令日期	606	6998 誤	7866 誤
80	80	壬戌，北運河決。	諭令日期	606	6998 誤	7866 誤
81	81	己巳，以直隸霸州等……，飭撥銀米先行撫恤。	庚辰	606	7000 刪誤	7866 誤
82	82	飭琦善撲蝗。	實錄在乙亥，東華錄在庚辰，皆異	606	7000 本在庚辰	7866 誤
83	83	壬午，以……，免各關商米稅銀。	乙未	606	7003 刪誤	7866 誤
84	84	免……軍需四百六十萬兩。	丙申	606	7003 刪誤	7866 誤
85	85	丁丑，永定河決口合龍。	諭令日期	606	7006 誤	7867 誤
86	86	壬午，上奉皇太后謁西陵。	~啓鑾	606	7007 誤	7867 誤
87	87	錦州	國史、實錄爲「金州」，此同東華錄	607	7011	7868
88	88	乙亥，以毓岱爲廣西巡撫。	十一月丙子	607	7012 誤，月正	7868 誤
89	89	癸丑，以緝盜功，加……嚴如煜按察使銜。	十二月甲寅，煜-煜	607	7016 誤，月正	7868 誤
90	90	八萬	八萬四千	607	7018 誤	7869 誤
91	91	二月丁酉……穆彰阿爲……軍機大臣。	在七年，此誤	608	7020 誤	7870 誤
92	92	……黎世序卒	諭令日期	608	7020 諭令被刪	7870 誤
93	93	調毓岱爲江西巡撫，以康紹鏞爲廣西巡撫。	三月甲子朔	608	7022 刪誤，無「朔」	7870 誤
94	94	壬戌，貸……道士狀營	丙辰	608	7025 是月	7871 誤
95	95	荊州城守等營兵丁倉穀	乙巳	608	7025 是月	7871 誤
96	96	江南徐州鎭標中營等駐扎災區兩月錢糧。	乙卯	608	7025 是月	7871 誤
97	97	增致祭堂子禮	增輯祭堂子典禮	608	7027 誤	7871 誤
98	98	增	增載	608	7027 誤	7871 誤
99	99	甲寅，暹羅國王鄭佛卒。	不知所據	608	7029	7871
100	100	秋七月丙子……姚文田爲左都御史。	實錄在丁丑，此沿東華錄	608	7030	7871
101	101	丁未……成都將軍呢瑪善卒。	諭令日期	609	7033 諭令被刪	7872 誤

102	102	乙卯，免安徽無爲等三十一州縣上年水災旱災額賦。	丙辰，州縣衛	609	7034 誤	7872 誤
103	103	庚辰，以蘇明阿爲貴州巡撫。	實錄在癸未，此沿國史、東華錄	609	7035	7872
104	104	丙戌，予告大學士伯麟卒。	諭令日期	609	7035 諭令被刪	7872 誤
105	105	宣	宜	609	7035 誤	7873 誤
106	106	爲	署	609	7037 誤	7873 誤
107	107	冬十月乙丑，回酋張格爾入烏魯克卡倫，官軍失利	諭令日期	609	7038 誤	7873 誤
108	108	花山	花山布	609	7038 誤	7873 誤
109	109	丙子，巴彥巴圖等率兵剿張格爾，敗之。張格爾奔喀拉提錦。	諭令日期	610	7038 刪誤	7873 誤
110	110	甲申，……章煦卒。	諭令日期	610	7039 諭令被刪	7873 誤
111	111	己酉，以高堰十三堡決口，張文浩交部嚴議。	實錄在辛亥	610	7041	7873
112	112	辛亥，命文孚、……往江南查看高堰決口。調嚴烺爲江南河道總督。以張井署河東河道總督。	國史、實錄在壬子，此同東華錄	610	7042	7874 誤
113	113	己卯……高堰決口合龍。	諭令日期	610	7045 誤	7874 誤
114	114	以慶保爲烏里雅蘇臺將軍，那清安爲熱河都統，明山爲刑部尚書	癸未	610	7045 刪誤	7874 誤
115	115	穆彰阿	實錄爲「托津」，此疑誤	610	7046	7874
116	116	春正月，授戴三錫四川總督。	甲午，未繫干支	611	7047 刪誤	7875 誤
117	117	戊寅，上奉皇太后謁陵	~啓蹕	611	7051 刪誤	7876 誤
118	118	上謁昭西陵、……、裕陵，至寶華峪閱視萬年吉地，回蹕。	辛巳	611	7051 誤	7876 誤
119	119	甲申，幸南苑行圍。	甲申幸南苑，翌日行圍	611	7051 誤	7876 誤
120	120	戊子朔……以琦善爲山東巡撫。	己酉	611	7053 本誤在壬寅	7876 誤
121	121	壬子，王鼎以……署戶部左侍郎。	己酉	611	7054 誤	7876 誤

122	122	丙辰，免河南積年民欠並河工加價攤銀。	乙卯	611	7054 誤	7876 誤
123	123	乙丑，免直隸積年逋賦。	實錄在丙寅，東華錄在乙丑	611	7056	7877 誤
124	124	進	長	612	7057 誤	7877 誤
125	125	丁酉……調張師誠爲安徽巡撫，陶澍爲江蘇巡撫。	甲辰	612	7058 本誤在乙亥	7877 誤
126	126	六月，命蔣攸銛爲大學士，仍留……任。以……汪廷珍協辦大學士。	戊午，未繫干支	612	7062 刪誤	7878 誤
127	127	丁卯，降魏元煜三品頂戴，仍留……任。孫玉庭、顏檢均交琦善督令挑濬運河，工費命……分償。	癸酉	612	7064 刪誤	7878 誤
128	128	甲戌……以……穆彰阿署漕運總督，……普恭署理藩院尚書。	實錄在乙亥，國史、東華錄在甲戌	612	7064	7878
129	129	八月，以嵩孚爲刑部尚書，調康紹鏞爲湖南巡撫，以蘇成額爲廣西巡撫。	丁巳，未繫干支	612	7069 刪誤	7879 誤
130	130	山西	江西	613	7070 誤	7879 誤
131	131	九月乙酉	~朔	613	7072 誤	7879 誤
132	132	鄂山署陝甘總督。	以~	613	7072 誤	7879 誤
133	133	江蘇	江西	613	7072 誤	7879 誤
134	134	以嵩溥爲貴州巡撫。	丁亥	613	7072 刪誤	7879 誤
135	135	甲辰……命慶祥綏來京。	《平定回疆剿擒逆裔方略》在壬寅，實錄在甲辰	613	7074	7880
136	136	庚辰……命德英阿赴烏里雅蘇臺。召松筠來京。	壬申	613	7076 誤	7880 誤
137	137	渾	津	613	7078 誤	7881 誤
138	138	丁未……命慶祥以將軍銜署喀什噶爾參贊大臣。	己酉	614	7079 刪誤	7881 誤
139	139	甲戌，上謁西陵	~啓鑾	614	缺	7883 誤
140	140	穆登額	穆克登額	614	7094 正	7884 誤
141	141	戊戌，雲貴總督趙愼畛卒	諭令日期	615	7094 諭令被刪	7884 誤

142	142	秋七月癸巳，張格爾糾安集延、布魯特回眾入卡。喀什噶爾回眾回應之。	六月甲子、戊辰、辛未	615	7097 誤	7885 誤
143	143	命武隆阿爲欽差大臣赴臺灣。	壬辰，甲午令暫緩起程	615	7098 誤	7885 誤
144	144	己亥，以德英阿爲伊犁參贊大臣，倫布多爾濟署烏里雅蘇臺將軍。	丁酉	615	7098 誤	7885 誤
145	145	庚子，張格爾陷和闐城，……奕湄、幫辦大臣桂斌等死之。	日期有異說	615	7098	7885
146	146	乙巳，以德英阿署伊犁將軍。	甲辰	615	7099 誤	7886 誤
147	147	八月，回酋巴布頂等陷英吉沙爾。	七月癸卯，八月壬戌諭令	615	7100 本誤在壬子	7886 誤
148	148	拉薩齊廳	薩拉齊廳	616	7102 正	7886 誤
149	149	九月己卯朔，黃鉞免，以王鼎爲戶部尚書。	實錄在庚辰，國史、東華錄在己卯朔	616	7102	7887 誤
150	150	辛巳……命固原提督楊芳、甘肅提督齊慎赴阿克蘇軍營。	辛未，此爲派員署理二人原缺日期。	616	7102 誤	7887 誤
151	151	戊申朔，以楊健爲湖北巡撫。以訥爾經額爲漕運總督。	癸丑	616	7112 誤	7888 誤
152	152	回部	四子部	616	7113 本誤爲回子部落，圈刪子、落字	7889 誤
153	153	庚子，以惠顯爲駐藏辦事大臣。	三月癸卯，此處復書，當刪	617	7115 誤	7889 誤
154	154	己丑，賑江蘇高郵等州縣水災。	辛巳	617	7118 誤	7890 誤
155	155	己亥，長齡等敗賊於……，獲安集延回目色提巴爾第。	諭令日期	617	7119 諭令被刪	7890 誤
156	156	是月，賑江蘇高郵等州縣災民。	復書，當刪	617	7119 誤	7890 誤
157	157	阿克瓦巴特	國史、實錄爲「阿瓦巴特莊」，此同東華錄	617	7120 阿克瓦巴特莊	7890 本爲「窪阿爾巴特莊」，柯劭忞刪「莊」
158	158	傅	保	617	7120 誤	7890 誤
159	159	壬子，長齡等克喀什噶爾，張格爾遁。	三月丙子朔，奏報時間有異說	618	7120 誤	7890 誤

160	160	辛酉，進克英吉沙爾。	己卯	618	7120 誤	7890 誤
161	161	傅	保	618	7120 誤	7891 誤
162	162	五月庚辰，楊芳克和闐，獲回目噶爾勒等，誅之。	諭令日期	618	7122 諭令被刪	7891 誤
163	163	癸未……琦善免兩江總督，以蔣攸銛代之。	丙戌	618	7122 誤	7891 誤
164	164	以托津管刑部。	丙戌	618	7122 誤	7891 誤
165	165	己未，英和以失察家丁，褫協辦大學士、理藩院尚書、紫繮。	癸亥	618	7126 誤	7892 誤
166	166	召富俊爲理藩院尚書、協辦大學士。	實錄在癸亥，此沿國史、東華錄	618	7126	7892
167	167	以安福爲察哈爾都統。	庚申	618	7126 刪誤	7892 誤
168	168	褫太子太保，英和降二品頂戴，爲熱河都統	英和褫太子太保，降二品頂戴，爲熱河都統。	619	7127 誤	7892 誤
169	169	乙丑，以武隆阿爲喀什噶爾參贊大臣。	甲子	619	7127 誤	7892 誤
170	170	庚申，上謁東陵	~啓鑾	619	7131 刪誤	7894 誤
171	171	癸亥……晉戴均元太子太師。	甲子	619	7131 正	7894 誤，甲子被刪
172	172	是日，回鑾。	甲子	619	7131 正	7894 誤，甲子被刪
173	173	二十五年……通省民欠正雜錢糧。	實錄、東華錄爲「二十三年」，此沿國史，另應爲「甘肅通省」	619	7133 刪誤	7894 誤
174	174	丙戌，禮部尚書姚文田卒	諭令日期	620	7133 諭令被刪	7894 誤
175	175	庚寅，巴繃阿免，以額勒津爲科布多參贊大臣。	辛卯，同音異譯	620	7133 誤	7895 誤
176	176	丁酉，以綸布多爾濟爲庫倫蒙古辦事大臣。	辛丑，同音異譯	620	7134 刪誤	7895 誤
177	177	署	實錄爲「護理」，此沿國史、東華錄	620	7136	7895
178	178	十二月，以彥德爲烏里雅蘇臺將軍。	甲戌，未繫干支	620	7138 刪誤，謄錄完全照抄	7895 誤

179	179	癸亥……調果齊歡爲綏遠城將軍。	甲子，果齊歡–果齊斯歡，下同	620	7142 誤爲「果斯齊歡」，「甲子」被誤刪	7896 誤
180	180	丁巳	丁未	621	7146 誤	7897 誤
181	181	夏四月，調果齊歡爲……，以特依順保爲綏遠城將軍。	甲申，未繫干支	621	7146 刪誤，誤爲果齊歡	7897 誤
182	182	丙午，以升寅爲熱河都統，以那清安署禮部尚書。	實錄在丁未，此沿國史	621	7153	7898
183	183	丙午，上謁東陵	~啓鑾	622	7158 刪誤	7899 誤
184	184	辛亥，下英和於獄，籍其家。	丙辰	622	7158 誤	7899 誤
185	185	甲寅，上謁西陵	~啓鑾	622	7158 誤	7899 誤
186	186	辛酉……調特依順保爲黑龍江將軍。以那彥寶爲綏遠城將軍，達凌阿爲……參贊大臣。	乙丑	622	7160 刪誤	7900 誤
187	187	恭慈安豫康成皇太后	恭慈康豫安成皇太后	622	7164 誤	7902 誤
188	188	辛巳，那彥成奏招降……部落。諭嘉之，令安爲撫馭。	癸巳	622	7169 刪誤	7902 誤
189	189	九年春正月丁未，皮察克愛曼布魯特阿仔和卓來降。	諭令日期，希察克愛曼布嚕特阿仔和卓	623	7172 誤	7904 誤
190	190	庚午……霍罕西南達爾瓦斯部落遣使內附，諭嘉獎，卻之。	戊寅	623	7176 刪誤	7904 誤
191	191	辛亥，西藏徼外拉達克部長呈進奏表。	諭令日期	623	7179 誤	7904 誤
192	192	壬午，屠之申以讞獄錯誤，降	己卯，降三級調用	623	7181 誤	7905 誤
193	193	乙丑，以福縣爲科布多參贊大臣。	丙寅	623	7184 誤	7905 誤
194	194	甲戌，伊犁將軍德英卒	諭令日期，德英–德英阿	623	7184 字誤，諭令被刪	7906 誤
195	195	福克精額	同音異譯	624	7185	7906 誤
196	196	七月己亥……以扎隆阿爲喀什噶爾參贊大臣。	乙卯	624	7187 刪誤	7906 誤
197	197	丁巳，越南國王以母老乞葆苠，上嘉賚之。	葆苠–葆斤，實錄賜人蔘一斤	624	7187 葆斤被改爲人蔘	7906 誤
198	198	庚辰，上奉皇太后謁盛京祖陵。	~啓鑾	624	7189 刪誤	7906 誤

199	199	壬辰朔……免躒路經過之承德等……額賦，及幫辦差務之岫岩等……額賦十分之五。	癸巳	624	7190 誤	7908 誤
200	200	己酉……上謁福陵，臨奠宏毅公額亦都墓，加恩後裔……等。	壬子，「宏」為避諱	624	7191 本誤在庚戌	7908 誤
201	201	癸丑……上至盛京，詣太廟寶冊前行禮。	甲寅	624	7192 誤	7908 誤
202	202	十月，以潘世恩署禮部尚書。	甲子，未繫干支	624	7194 本誤在癸亥	7909 誤
203	203	辛未……上奉皇太后幸澄海樓。	甲戌	625	7194 誤	7909 誤
204	204	十二月甲子，緬甸國王孟既遣使表賀。	雲貴總督阮元奏~表賀生擒張格爾，上皇太后徽號	625	7199 誤	7909 誤
205	205	十年春正月丁巳，暹羅國王鄭福遣使表賀，並貢方物。	~表賀回疆底定	625	7204 刪誤	7910 誤
206	206	己亥，免湖南澧州濱湖淤田額賦並前借籽種銀。	實錄在辛丑，此沿國史	625	7208	7910
207	207	壬寅，上奉皇太后謁西陵。	~啓蹕	625	7208 刪誤	7910 誤
208	208	庚戌，上行圍，至壬子如之。	辛亥木行圍，此指幸南苑	625	7209 誤	7910 誤
209	209	阿勒坦沙喇	同音異譯	625	7209	7911
210	210	十四	實錄為十一，此沿國史	626	7212	7911
211	211	庚戌……命吳邦慶以三品銜署漕運總督。	壬子	626	7219 誤	7911 誤
212	212	戊午，安集延回匪復入喀什噶爾，……塔斯哈戰敗，死之，遂圍……城。命玉麟等往剿。命楊遇春駐肅州，楊芳、胡超舉陝甘兵協剿。	諭令日期，前應補「九月」	626	7219 誤，本有「九月」，冊的太隨意	7911 誤
213	213	己未……以英惠署黑龍江將軍。	乙丑	626	7221 刪誤	7912 誤
214	214	丁丑……以盧蔭溥為大學士，李鴻賓協辦大學士，仍留……任。調湯金釗為吏部尚書，王引之為禮部尚書，潘世恩為工部尚書，朱士彥為左都御史。	戊寅	626	7223 刪誤	7913 誤

215	215	十月，以盧廕溥爲體仁閣大學士。	丙戌，未繫干支	626	7224 刪誤	7913 誤
216	216	癸卯，回匪犯葉爾羌，壁昌等擊敗之。	諭令日期	627	7226 誤	7913 誤
217	217	十一月，以楊懌曾爲湖北巡撫。	丙寅，未繫干支	627	7229 刪誤	7914 誤
218	218	乙亥，申諭李鴻賓等查辦廣東會匪。	實錄在丙子，此沿國史	627	7230	7914
219	219	富坤	盧坤	627	7230 誤	7914 誤
220	220	壬午……以阿勒精阿爲江西巡撫。	癸未，山西	627	7230 誤	7914 誤
221	221	丙申，喀什噶爾、英吉沙爾回匪平。予……塔斯哈都統銜。	諭令日期	627	7231 正，以……	9714 誤，「以」被點刪
222	1	辛酉，扎隆阿免，以哈哴阿、楊芳護理喀什噶爾參贊大臣。	壬戌	628	7237 誤	7917 誤
223	2	丙子……朝鮮國王李錫請封其孫奐爲世孫，貢方物。	辛巳，奐-澳，下同	628	7238 時間刪誤，字本誤	7917 誤
224	3	辛卯……那彥成以……，襯太子太保，並襯其子容照侍郎。	壬辰	628	7239 誤	7918 誤
225	4	辛丑，上謁西陵。	~啓鑾	628	7240 刪誤	7918 誤
226	5	三月癸丑朔……廣東黎匪作亂，命李鴻賓剿之。	己未	628	7241 刪誤	7919 誤
227	6	癸卯……廣東黎匪平。	庚戌諭令	629	7245 本在庚戌，被刪，但語句本誤	7919 誤
228	7	辛未，雨。	庚午	629	7247 誤	7920 誤
229	8	七月丙申，申定官民買食鴉片煙罪例。	六月丙申	629	7247 誤	7920 誤
230	9	戊午……以安徽水災，准鄧廷楨買……，並備兵糧。	辛酉	629	7250 刪誤	7920 誤
231	10	辛未，移……大臣駐葉爾羌，添設總兵駐巴爾楚克。	癸酉	629	7250 誤	7921 誤
232	11	五州縣	五縣	629	7251 誤	7921 誤
233	12	二十	十六	630	7254 誤	7922 誤
234	13	冬十月，嚴烺病免，以林則徐爲河東河道總督。	乙酉，未繫干支	630	7257 刪誤	7922 誤
235	14	乙未，命截留江西漕米八萬石，賑南昌、九江饑民。	敘事失次，乙未復書	630	7257 誤	7923 誤

236	15	州縣	州縣衛	630	7259 誤	7923 誤
237	16	十	十五	630	7259 誤	7923 誤
238	17	湖南武陵等五縣，江西德化縣口糧、修屋費。	乙未，癸卯	630	7258 是月	7923 是月
239	18	五州廳	六廳州縣	630	7262 誤	7924 誤
240	19	均	敦	631	7269 誤	7925 誤
241	20	二月戊寅	～朔	631	7270 誤	7926 誤
242	21	湖南江華縣猺賊趙金龍作亂，命盧坤等剿之。	諭令日期	631	7270 誤	7926 誤
243	22	乙未，閩浙總督孫爾準卒	諭令日期	631	7272 諭令被刪	7926 誤
244	23	己酉，……海陵阿、副將馬韜等剿猺賊於寧遠，失利，死之。	諭令日期，同音異譯	631	7273 誤	7927 誤
245	24	壬子，上謁東陵	～啓鑾	631	7273 刪誤	7927 誤
246	25	東	西	631	7273 誤	7927 誤
247	26	庚午，命……禧恩赴湖南剿猺賊，以文孚署戶部尚書。	辛未	632	7274 誤	7928 誤
248	27	七州縣	七廳州縣	632	7275 誤	7928 誤
249	28	州縣	廳縣	632	7275 誤	7928 誤
250	29	提標	撫標	632	7275 誤	7928 誤
251	30	夏四月癸巳，祈雨。	是日命戊戌設壇祈雨	632	7277 誤	7928 誤
252	31	乙巳，盧坤等敗猺賊於羊泉，盡殲之，獲……五十餘人。	諭令日期	632	7277 諭令被刪	7928 誤
253	32	五月丁未	～朔	632	7277 誤	7929 誤
254	33	癸卯……雨。	諭令日期，壬寅得雨	632	7283 誤	7930 誤
255	34	屯田	屯丁	632	7283 誤	7930 誤
256	35	戊申……和闐回塔瓦克等糾眾作亂，捕誅之。	乙卯奏已捕誅之，丁未距乙卯僅8日，依當時驛遞速度推算，當有誤。《校註》誤，戊申非丁未，但不影響推算結論。	633	7284 本在乙卯，誤，《校註》未對稿本，不然一對便知	7931 誤

257	36	乙丑，廣西賀縣猺盤均華等作亂……剿平之。	諭令日期	633	7285 誤	7931 誤
258	37	八月，陶澍奏英船……，當嚴懲。諭以啓釁斥之。	己卯，未繫干支	633	7286 本誤在庚辰	7931 誤
259	38	丙午，南河龍窩汛堤盜決，命……查辦，張井褫職留任	八月辛未，九月丁未	633	7288 誤，7289 刪誤	7932 誤
260	39	戊午，廣東連州猺平。	諭令日期	633	7290 諭令被刪	7932 誤
261	40	湖南猺趙幅金等伏誅。	辛未	633	7291 刪誤	7932 誤
262	41	多十月乙巳，廣東……盜匪作亂，剿平之。	奏報到京日期	633	7296 誤	7933 誤
263	42	丙午，命朱士彥、敬徵往江南查辦事件。	丁未	633	7296 誤	7933 誤
264	43	州縣	州縣衛	634	7299 誤	7933 誤
265	44	六州縣	七廳州縣	634	7300 誤	7934 誤
266	45	一萬	一萬一千八百	634	7302 誤	7935 誤
267	46	和	禾	634	7304 誤	7935 誤
268	47	十三年春正月丁丑，……陳辦伏誅。	諭令日期，命解京，非誅	634	7308 誤，柯劭忞把「就擒」改爲「伏誅」	7936 誤
269	48	升寅等查覆西安將軍徐錕贓款屬實，褫職。	降調，以藍翎侍衛充駐藏幫辦大臣，非褫職	634	7308 本爲「奪職，賞藍翎侍衛」，吳廷燮刪「賞藍翎侍衛」	7937 誤
270	49	丁酉……桃南廳決口合龍。	壬辰	634	7310 誤	7937 誤
271	50	己未，四川越巂等處夷匪作亂	十二年十二月，後有諭令內容	635	7311 誤	7937 誤
272	51	是月，賑直隸薊州等……災民。	庚戌	635	7312	7937
273	52	戊戌，以麟慶爲江南河道總督。以鄂順安爲湖北巡撫。	實錄在己亥，此沿國史、東華錄	635	7316	7937 誤
274	53	丁未，雨。	丙午	635	7317 誤	7938 誤
275	54	己酉，命潘世恩爲體仁閣大學士	己未	635	7317 誤	7938 誤

276	55	丁丑，楊芳剿越嶲夷匪，大敗之，進剿峨邊夷匪。	初八壬寅奏報到京並頒諭，此言初七大敗夷匪，疑誤	635	7320 誤爲丁丑奏	7939 誤
277	56	己丑，……桑樹格等伏誅。	諭令日期	635	7321 奏，柯劭忞把「就擒」改爲「伏誅」	7939 誤
278	57	工	兵	636	7322 誤	7939 誤
279	58	己亥，四川峨邊夷匪平。	諭令日期	636	7323 諭令被刪	7939 誤
280	59	七月壬午甲申，御試翰林、詹事官，擢田嵩年三員爲一等，餘升黜有差。	「壬午」當刪，實錄爲五員，己丑；東華錄爲三員，甲申。	636	7327 從東華錄，壬午條已刪	7939 誤
281	60	壬辰……以惠吉爲廣西巡撫。	國史、實錄在癸巳，東華錄在壬辰	636	7328	7940
282	61	戊午，調布彥泰爲伊犁參贊大臣，常德爲……參贊大臣。	丙辰	636	7336 誤	7941 誤
283	62	己未，以湯金釗爲工部尚書，史致儼爲左都御史。	辛酉	636	7336 誤	7941 誤
284	63	是月……賑湖北武昌等六縣水災。	戊午	636	7337	7941
285	64	給安徽懷遠等六縣災民口糧。	庚戌	636	7337	7941
286	65	丁卯朔	未敘事，應刪	637	7343 有敘事，未刪	7942 刪誤
287	66	聶紐耶公那牙	聶紐耶公那牙他	637	7344 誤	7943 誤
288	67	甲申……福建永安等縣土匪擄人勒贖，捕治之。	諭令日期	637	7345 誤	7943 誤
289	68	允浙江……漕糧紅白兼收，秈稉並納。	乙酉	637	7345 誤	7943 誤
290	69	阮文泉	實錄爲「阮克和」	637	7345	7944
291	70	改巴克楚克換防總兵爲副將。	克–爾，改總兵爲副將不知所據	637	7347 誤	7945 誤
292	71	癸酉，上謁西陵	~啓鑾	638	7352 正，該部分未刪	7949 刪誤
293	72	乙酉，以喀爾喀游牧被災，准凱音布請，緩勘地界。	丙戌	638	7353 誤	7950 誤

294	73	免……清溪等三廳縣,並寧越、越巂兩營上年額賦。	丙戌	638	7353 刪誤	7950 誤
295	74	丁未,……綿志卒。	諭令日期,卒不在是日	638	7355 誤,薨,有諭令內容	7952 誤
296	75	五月己巳,以恩銘署漕運總督。	實錄、東華錄無,日期待考	638	7358	7953
297	76	癸丑,以……私租蒙地民人拒捕傷台吉,命鄂順安捕治之。	壬子	639	7362 誤	7956 誤
298	77	庚午……免福建臺匪滋擾之四縣,暨淡水廳……	實錄在壬申,此沿國史	639	7363	7957
299	78	甲戌……賑江西水災。	壬申	639	7364 誤	7958 誤
300	79	丙子,……博啓圖卒	諭令日期	639	7364 誤,諭令未刪	7958 誤,諭令被刪
301	80	戊子,東河朱家灣決口。	諭令日期	639	7365 誤,諭令未刪	7958 誤,諭令被刪
302	81	是月,賑江西南昌等十三縣水災。	復書,應刪	639	7365 誤	7959 誤
303	82	爲	署	639	7366 誤	7960 誤
304	83	庚申,四川峨邊支夷平。	諭令日期,未幾復叛	639	7366 誤,有諭令內容,未書「平」	7960 誤
305	84	英商勞卑	實錄爲「弁目律勞卑」	639	7367「勞」前有一空格	7960 誤
306	85	茶酒	國史、實錄、東華錄爲「奠酒」	640	7367	7960
307	86	縣	廳州縣	640	7367 誤	7961 誤
308	87	九月乙丑,英吉利兵船入廣東內河	八月辛丑,後有諭令	640	7368 正,以……	7961 誤,「以」被點刪
309	88	癸酉,英吉利兵船出口	八月辛亥,後有諭令	640	7368 正,以……	7961 誤「以」被點刪
310	89	十月己酉……頒詔加恩有差。	庚戌	640	7371 刪誤,翌日	7962 誤
311	90	恭慈安豫康成莊惠皇太后	恭慈康豫安成莊惠皇太后	640	7372 誤	7962 誤
312	91	頒詔覃恩有差。	癸丑	640	7372 刪誤,翌日	7962 誤

313	92	壬申，禮部尙書升寅卒	諭令日期	640	7374 誤，諭令被刪	7962 誤
314	93	己卯，刑部尙書戴敦元卒	諭令日期	640	7375 誤，諭令被刪	7963 誤
315	94	丙戌……工部尙書王引之卒。	諭令日期	641	7376 誤，諭令被刪	7963 誤
316	95	癸巳……命文孚爲東閣大學士。	辛卯朔	641	7377 誤	7964 誤
317	96	丙申，四川峨邊夷匪復叛	九月辛巳，後有諭令	641	7378 刪誤，「以」被刪	7964 誤
318	97	甲子，……曹振鏞卒。	諭令日期	641	7382 諭令被刪	7965 誤
319	98	州縣	廳州縣	641	7383 誤	7966 誤
320	99	州縣	縣	641	7383 正	7966 誤
321	100	丙申，以阮元爲……，王鼎協辦大學上，伊里布爲雲貴總督，何煊爲雲南巡撫。	己亥	641	7384 刪誤	7966 誤
322	101	以……李奐襲封朝鮮國王。	壬子	642	7385 誤	7966 誤
323	102	戊午，吉林將軍蘇清阿卒	諭令日期	642	7385 諭令被刪	7967 誤
324	103	三月，山西趙城縣匪曹順作亂	癸亥，未繫干支	642	7385 本誤在丁卯	7967 誤
325	104	知事	知縣	642	7385 誤	7967 誤
326	105	遂圍霍州。	甲子	642	7385 誤	7967 誤
327	106	命鄂順安剿辦。	丁卯	642	7386 誤	7967 誤
328	107	夏四月，四川瓘邊支夷平，晉鄂山太子太保，賞……。	癸卯，未繫干支	642	7387 刪誤	7967 誤
329	108	二百七十六人	二百七十二人，包括同進士出身	642	7387 正	7967 誤
330	109	丁丑……以栗毓美爲河東河道總督。	戊申	642	7388 本誤在戊寅	7968 誤
331	110	洛川	略陽	643	7392 誤	7969 誤
332	111	兩廣總督盧坤卒	諭令日期	643	7393 漏寫	7970 漏，有一道
333	112	甲申，上謁西陵。	~啓蹕	643	7394 刪誤	7970 誤
334	113	戊午，以毓書爲科布多參贊大臣。	壬戌	643	7397 吳廷燮添正	7971 誤

335	114	乙丑⋯⋯以富呢揚阿爲烏魯木齊都統。	己卯	643	7398 本誤在丙子	7972 誤
336	115	癸未⋯⋯予告大學士托津卒	諭令日期	643	7398 諭令被刪	7972 誤
337	116	衛州	衛	643	7399 誤	7972 誤
338	117	三十一	三十五	644	7399 誤	7972 誤
339	118	乙未，以車倫多爾濟爲庫倫蒙古辦事大臣。	不知所據	644	7408	7975
340	119	肅王	肅親王	644	7410 誤	7975 誤
341	120	癸酉，上謁東陵	～啓鑾	644	7410 刪誤	7975 誤
342	121	夏四月癸亥，以梁章鉅爲廣西巡撫。	甲子	644	7412 誤	7976 誤
343	122	戊戌，禮部尙書汪守和卒	諭令日期	645	7414 諭令被刪	7976 誤
344	123	龍王廟	實錄爲「龍神廟」	645	7414	7976 誤
345	124	高喀加鼐	高喀鼐	645	7415 誤	7977 誤
346	125	丙辰⋯⋯貸甘肅涇州等八州縣、山西山陰縣災歉口糧、倉穀、籽種。	甘肅在丙子，山西在壬申	645	7421「是月」被刪	7978 誤
347	126	壬午，以敬徵爲工部尙書，調武忠額爲左都御史，以奕紀爲理藩院尙書。	庚子	645	7423 刪誤	7978 誤
348	127	丁酉，⋯⋯馬剛等作亂，捕獲之。	諭令日期	646	7426 誤	7979 誤
349	128	乙卯，⋯⋯臺義⋯⋯沈知等作亂，捕誅之。	諭令日期，嘉義	646	7428 誤	7980 誤
350	129	庚寅，上奉皇太后幸丫髻山	～啓鑾	646	7429 誤	7980 誤
351	130	乙未，上詣明陵。	～啓鑾	646	77429 刪誤	7980 誤
352	131	庚申，命彥德鞫治⋯⋯等訐控盟長之獄。	不知所據	646	7431	7980
353	132	戊寅⋯⋯以周天爵署漕運總督。	己卯	647	7433 誤	7981 誤
354	133	庚戌，以御史朱成烈奏⋯⋯，命沿海各督撫及各監督嚴飭稽查。	實錄在辛亥，東華錄在庚戌	647	7435	7981
355	134	戊午，命⋯⋯奎照、戶部侍郎文慶在軍機大臣上學習行走。	壬戌，此沿東華錄誤	647	7435 誤	7981 誤

356	135	己未，命琦善署直隸總督。	實錄在己巳，東華錄在己未	647	7436	7981 誤
357	136	倭什納	同音異譯	647	7436	7982 誤
358	137	丁巳，……穆楞額遷荊州將軍	八月，穆-德	647	7438 有八月，字誤	7982 誤
359	138	甲辰，免直隸邢臺、阜城二縣被旱額賦十分之五。	免二縣十分之一，共蠲緩四十一州縣	647	7440 誤	7982 誤
360	139	綏德等四	綏德等五	648	7442 誤，且「德」誤爲「得」	7983 誤
361	140	丁未，涼山夷匪平。	諭令日期	648	7445 奏被刪	7983 誤
362	141	乙酉，四川夷匪平。	諭令日期	648	7448 誤	7983 誤
363	142	壬戌，修喀喇沙爾城。	乙卯	648	7451 誤	7985 誤
364	143	戊辰，修浙江海塘。	己巳	648	7451 誤	7985 誤
365	144	戊子，上奉皇太后謁西陵	~啓鑾	648	7452 刪誤	7985 誤
366	145	富呢阿	富呢揚阿	649	7454 誤	7985 誤，富呢，且前漏「夏四月」
367	146	端	湍	649	7455 誤	7986 誤
368	147	六月辛未，免四川馬邊、雷波二廳逋賦及……銅鉛。	實錄爲「三廳」，此沿國史、東華錄	649	7461	7987
369	148	己卯，命湍多布爲……大臣，關福爲伊犂參贊大臣。	甲申	649	7461 誤	7987 誤
370	149	戊申，……鄂山卒	諭令日期	649	7462 諭令被刪	7987 誤
371	150	九月	是月	650	7464 正	7988 正
372	151	賣	其字「士」下有兩點	650	7465 誤	7988 誤
373	152	己酉……訥爾經額、台林則徐來京，以伍長華署湖廣總督。	辛酉	650	7465 本誤在庚申	7988 誤
374	153	辛酉……朱士彥卒	甲戌	650	7466 本誤在乙丑	7988 誤
375	154	調湯金釗爲……，吳椿爲戶部尙書，以龔守正署禮部尙書。	乙丑	650	7466 刪誤	7988 誤
376	155	十三	二十三	650	7469 誤	7988 誤

377	156	丁巳……以固慶爲科布多參贊大臣。	壬戌	650	7471 刪誤	7989 誤
378	157	朔	戊辰朔	651	7472 刪誤，可見謄清嚴格按筆迹	7990 誤
379	158	二月壬午，御試翰林、詹事等官，擢李國杞四員爲一等	乙酉，此沿國史、東華錄誤	651	7478 誤	7991 誤
380	159	三月庚子，上謁東陵	~啓鑾	651	7479 誤	7991 誤
381	160	右	左	651	7480 誤	7991 誤
382	161	太子	皇太子	651	7480 誤	7991 誤
383	162	裕謙署江蘇巡撫	裕謙署江蘇布政使，牛鑒署巡撫	651	7480 誤	7991 誤
384	163	丙午，上幸南苑，行圍。	壬申行圍	652	7480 誤	7992 誤
385	164	萬壽山殿	萬壽山廣潤祠	652	7484 本誤爲「廣潤祈」，柯劭忞改爲「殿」	7992 誤
386	165	丁酉	五月~	652	7484 有「五月」	7992 誤
387	166	五月	應刪	652	7484 誤	7992 誤
388	167	辛丑……盧廕溥卒。	諭令日期	652	7485 諭令被刪	7992 誤
389	168	丁亥，……陶澍卒。	諭令日期	652	7489 諭令被刪	7993 誤
390	169	己酉，哈豐阿遷廣州將軍，調棍楚克策楞爲黑龍江將軍，德克金布爲綏遠城將軍。	丁未	653	7493 誤	7993 誤
391	170	冬十月，山西巡撫申啓賢卒，賜恤如尙書例。	甲戌，未繫干支	653	7495 刪誤	7993 誤
392	171	是月……給……湖南華容縣九州衛水災旱災口糧。	丁亥	653	7497	7994
393	172	二十六	二十五	653	7497 誤	7994 誤
394	173	二十一	二十二	653	7497 誤	7994 誤
395	174	庚子，英船入廣東海港，林則徐督官軍擊走之，停其貿易。	諭令日期	653	7498 誤	7994 誤
396	175	以程懋采爲安徽巡撫。	甲辰，懋采–楙采	653	7498 時間刪誤，字本誤	7994 誤

397	176	松溥	同音異譯	653	7499	7994
398	177	舒倫保爲黑龍江將軍。	不知所據	653	7499	7994
399	178	是月……蠲免江西南昌等二十三縣、山西應州等八州縣、直隸安州等……額賦。	癸巳朔，乙未，丙申	654	7499	7995
400	179	十二月癸亥	~朔	654	7500 誤	7995 誤
401	180	……陳鑾卒	諭令日期	654	7500 諭令被刪	7995 誤
402	181	癸酉……調伊里布爲兩江總督，鄧廷楨爲雲貴總督。	己卯	654	7501 刪誤	7995 誤
403	182	癸未……調鄧廷楨爲閩浙總督，桂良爲雲貴總督。	甲申，此沿東華錄誤	654	7501 誤	7995 誤
404	183	戊子……軍機大臣文慶免。	丙戌	654	7502 誤	7995 誤
405	184	精	清	654	7504 誤	7996 誤
406	185	庚戌，奕紀逮問。	己酉	654	7506 誤	7996 誤
407	186	癸亥，以阿勒精阿爲刑部尚書，訥爾經額爲熱河都統，哈豐阿爲西寧辦事大臣。	甲子，哈豐阿–法豐阿	655	7507 誤，字正	7996 誤，字正
408	187	丁卯，……何淩漢卒	諭令日期	655	7508 諭令被刪	7997 誤
409	188	丁丑，……榮毓美卒	戊寅	655	7509 本誤在甲申	7997 誤
410	189	以文沖爲河東河道總督。	甲申	655	7509 刪誤	7997 誤
411	190	三月，命何汝霖在軍機大臣上學習行走。	丙申，未繫干支	655	7509 本誤在乙未	7997 誤
412	191	召奕山來京，以布彥泰爲伊犁將軍。	庚戌	655	7510 刪誤	7997 誤
413	192	金	荊	655	7513 正	7998 誤
414	193	色克津阿	同音異譯	655	7515	7998 誤
415	194	庚辰，英船入浙洋，圍定海縣城。	乙丑	655	7517 誤，本有諭令	7998 誤
416	195	甲申，英人陷定海縣，知縣姚懷祥等死之。	丙寅或乙丑，未有定論	655	7517 誤	7998 誤
417	196	調瑚松額爲熱河都統，訥爾經額爲陝甘總督。	戊子	656	7518 刪誤	7998 誤
418	197	秋七月癸巳，英船犯浙江乍浦海口。	六月壬午	656	7518 誤	7998 誤

419	198	英師犯福建廈港礮臺	癸亥或壬戌，未有定論	656	7518 本誤在甲午	7998 誤
420	199	丁酉……以湍多布爲伊犁參贊大臣，花山太爲……大臣。	癸卯，同音異譯	656	7519 本誤在庚子	7999 誤
421	200	甲辰，英船泊天津口外，遞信與琦善訴屈。	壬寅	656	7520 誤	7999 誤
422	201	丙午，花山太遷……大臣，調湍多布爲……大臣，以福興阿爲伊犁參贊大臣。	丁未，同音異譯	656	7520 誤	7999 誤
423	202	庚戌，林則徐等奏續獲販煙人犯。諭以空言搪塞，切責之。	實錄在壬子，東華錄在庚戌	656	7520	7999
424	203	乙卯，英船至山海關等處。	諭令日期	656	7521 誤	7999 誤
425	204	浙江	江蘇	656	7521 誤	7999 誤
426	205	丙子，英人復侵福建廈門，提督陳階平等擊走之。	諭令日期	656	7521 誤	7999 誤
427	206	庚辰，廉敬遷成都將軍，以德楞額爲烏里雅蘇臺將軍。	癸未	657	7522 誤	8000 誤
428	207	己亥，英船入浙江慈溪、餘姚二縣內洋，伊里布等擊走之。	諭令日期	657	7523 諭令被刪	8001 誤
429	208	莊王	莊親王	657	7524 誤	8001 誤
430	209	八	二十七	657	7525 誤	8001 誤
431	210	十一月庚寅，上謁西陵	~啓鑾	657	7526 刪誤	8001 誤
432	211	癸卯……英人陷定海。	六月陷後，未曾收回	657	7528 刪改誤，本爲「……奏英人據守定海情形，命……」	8002 誤
433	212	癸丑……以裕泰爲湖廣總督	甲寅，此沿東華錄誤	658	7528 誤	8002 誤
434	213	以吳其濬爲湖南巡撫。	乙卯，此爲命暫署湖廣總督日期	658	7529 誤	8002 誤
435	214	是月……督飭	丙辰，督協	658	7529 是月，字誤	8002 是月，字誤
436	215	十二月，以孝全皇后升祔奉先殿，上親詣告祭。	甲子，未繫干支	658	7531 刪誤	8003 誤
437	1	己丑，英人寇廣東虎門，副將陳連升及其子舉鵬死之。	諭令日期	659	7536 諭令被刪	8006 誤

438	2	辛卯……命奕山爲靖逆將軍，隆文、楊芳爲參贊大臣，督辦廣東海防。	甲午	659	7536 刪誤	8006 誤
439	3	命賽尚阿在軍機大臣上行走。	乙未	659	7537 刪誤	8006 誤
440	4	喀	哴	659	7537 誤	8006 誤
441	5	己巳	乙巳	659	7537 正	8006 正
442	6	庚申	二月~	660	7539 有 二月，刪誤	8007 誤
443	7	丙寅，……阮福晈卒，詔停貢方物。	諭令日期	660	7540 誤	8007 誤
444	8	戊辰……以奕經協辦大學士。	己巳，此沿東華錄誤	660	7540 誤	8007 誤
445	9	壬午，英人陷廣東虎門礮臺及烏湧卡韄，……關天培、署湖南提督祥福等死之。	諭令日期，烏湧卡韄–烏湧卡座	660	7541 誤	8007 誤
446	10	甲午，上謁西陵	~啓蠻	660	7541 刪誤	8008 誤
447	11	乙未，致仕大學士文孚卒。	諭令日期	660	7541 諭令被刪	8008 誤
448	12	丙申，英人兵船入廣東內港，楊芳等擊走之。	諭令日期	660	7542 諭令被刪	8008 誤
449	13	英人陷廣東城外礮臺。	二月辛巳	661	7544 誤	8009 誤
450	14	賜龍啓瑞等……進士及第、出身有差。	己酉	661	7545 刪誤	8010 誤
451	15	癸酉，英船去廣東虎門。	四月壬寅，五月癸亥諭令	661	7546 誤	8010 誤
452	16	穆彰阿免管理藩院，命賽尚阿代之。	己卯	661	7546 刪誤	8010 誤
453	17	……隆文卒於軍。	乙丑，己卯諭令	661	7547 諭令被刪	8010 誤
454	18	庚辰，調敬徵爲戶部尚書，賽尚阿爲工部尚書，恩桂爲理藩院尚書。	己卯	661	7547 誤	8010 誤
455	19	六月	衍文，當刪	661	7547 誤	8011 誤
456	20	庚寅	國史、實錄在六月辛卯，此沿東華錄誤。	662	7547 誤	8011 誤
457	21	准奕山等奏，分期撤兵。	癸巳	662	7547 誤	8011 誤

458	22	癸卯，河南下南廳河決。	諭令日期	662	7548 諭令被刪	8011 誤
459	23	辛卯，褫文沖職，仍留河東河道總督任	辛亥	662	7548 誤	8011 誤
460	24	七月	秋~	662	7549 刪誤	8011 誤
461	25	四月	明年~	662	7549 誤	8011 誤
462	26	特順保	特依順	662	7549 誤	8011 誤
463	27	辛未，以河水汜濫，命牛鑑移民賑恤。	壬申，此沿東華錄誤	662	7549 誤	8011 誤
464	28	己卯，南掌入貢。	諭令日期	662	7550 刪誤	8011 誤
465	29	庚辰，英人陷福建廈門，總兵江繼芸等死之。	諭令日期	662	7550 諭令被刪	8011 誤
466	30	丁亥，英人寇浙江。	閏三月開始，七月、八月	662	7551 本為「英師船駛入浙江鎮海、定海、寧海等縣洋面。」	8012 柯劭忞改誤
467	31	辛卯……褫文沖職，枷號河干。	壬辰，此沿東華錄誤	663	7552 誤	8012 誤
468	32	英人去廈門。	癸酉或壬申，未有定論	663	7552 誤	8012 誤
469	33	丁酉，英人寇浙江雙澳、石浦等處，裕謙督兵擊走之。	諭令日期	663	7552 誤	8012 誤
470	34	辛丑，英人復大舉寇浙江。	諭令日期	663	7553 誤	8012 誤
471	35	戊申，英人再陷定海，……、葛雲飛等死之。裕謙、余步雲下部嚴議。	諭令日期	663	7553 誤	8012 誤
472	36	九月乙卯，英人陷鎮海，欽差大臣裕謙死之	八月，日期未有定論	663	7554 誤	8013 誤
473	37	命怡良為欽差大臣，會同顏伯燾、劉鴻翔督辦浙江海防。	丙辰，督辦浙江海防－督理福建防堵	663	7555 時間刪誤，字本誤	8013 誤
474	38	以牛鑑署兩江總督，鄂順安署河南巡撫。	丙辰	663	7555 刪誤	8013 誤
475	39	丁巳，命文蔚為參贊大臣，赴浙江，胡超仍駐天津。	戊午，此沿東華錄誤	663	7555 誤	8013 誤
476	40	命特依順為參贊大臣，赴浙江，哈哴阿仍駐山海關。	己未	664	7556 刪誤	8013 誤

477	41	命祁俊藻在軍機大臣上行走。	己未	664	7556 刪誤	8013 誤
478	42	授牛鑑兩江總督。	己末	664	7556 刪誤	8013 誤
479	43	辛酉，英人陷浙江寧波府。	諭令日期	664	7556 誤	8013 誤
480	44	辛卯，英船入臺灣海口，達洪阿等擊退之。	諭令日期	664	7559 諭令被刪	8014 誤
481	45	玉樹番	同音異譯	664	7562	8014
482	46	戊寅，英人陷浙江餘姚縣	諭令日期	664	7563 誤	8014 誤
483	47	復入慈谿。	己巳或戊辰，未有定論	664	7563 誤	8014 誤
484	48	癸巳，英人陷浙江奉化縣。	諭令日期	664	7564 誤	8014 誤
485	49	壬寅，湖北崇陽縣匪鍾人傑作亂，攻陷縣城	辛卯	664	7564 誤	8015 誤
486	50	以程矞采爲江蘇巡撫。	乙巳	664	7565 刪誤	8015 誤
487	51	丙午，英船寇浙江乍浦。	諭令日期	665	7565 諭令被刪	8015 誤
488	52	戊申，英船寇臺灣淡水、雞籠，達洪阿等擊退之。	諭令日期	665	7565 諭令被刪	8015 誤
489	53	盛京將軍耆英改廣州將軍，以禧恩署之。	以禧恩署盛京將軍	665	7568 誤	8015 誤
490	54	己巳，湖北崇陽賊匪陷通山，裕泰遣兵擊敗之。	仕正月	665	7569 誤	8016 誤
491	55	丁丑，克復湖北崇陽縣，獲匪首鍾人傑。	諭令日期	665	7569 諭令被刪	8016 誤
492	56	七州縣	八州縣衛	665	7569 誤	8016 誤
493	57	九	十	665	7570 誤	8016 誤
494	58	丙申，奕經等進攻寧波失利。	正月戊寅	666	7571 不克在二月辛卯，7572 誤	8016 誤
495	59	王鼎乞假。	庚子	666	7572 本誤在癸卯	8017 誤
496	60	命齊慎仍爲參贊大臣，辦理浙江軍務。	癸卯	666	7572 刪誤	8017 誤
497	61	丁巳……恩特亨額卒	諭令日期	666	7575 誤	8017 誤
498	62	以富呢揚阿爲陝甘總督，壁昌爲陝西巡撫。	丙子	666	7575 刪誤	8017 誤
499	63	以慶昌爲伊犁參贊大臣。	丁丑	666	7575 刪誤	8017 誤

500	64	夏四月癸未，英人復寇臺灣，達洪阿等擊走之。	諭令日期	666	7575 有諭令內容	8017 誤
501	65	己丑，英人去寧波府。	諭令日期	666	7576 誤	8017 誤
502	66	乙未，英人陷浙江乍浦，同知韋逢甲死之。	諭令日期	666	7576 誤	8018 誤
503	67	五月己酉	～朔	667	7578 刪誤	8018 誤
504	68	……王鼎暴卒	諭令日期，四月戊申自縊	667	7578 諭令被刪	8018 誤
505	69	己未，禮部尚書色克精額卒	諭令日期	667	7579 誤	8018 誤
506	70	壬戌，英人陷江蘇寶山縣，提督陳化成死之。	諭令日期	667	7579 誤	8018 誤
507	71	丁卯，英人陷上海縣，典史楊慶恩死之。	諭令日期	667	7580 誤	8019 誤
508	72	縣衛	衛	667	7580 正	8019 正
509	73	戊寅朔……蠲緩湖北……崇陽等……額賦。	戊子	667	7581 刪誤	8019 誤
510	74	己丑辛卯	辛卯	667	7582 刪誤	8019 誤
511	75	癸巳，英船寇京口。	諭令日期	667	7582 誤	8019 誤
512	76	丙申，英船寇鎮江，齊慎等遁。	諭令日期	667	7582 誤	8019 誤
513	77	丁酉，英人陷鎮江，副都統海齡死之。	諭令日期	668	7582 誤	8019 誤
514	78	秋七月甲寅，英船寇江寧省城。	諭令日期	668	7584 諭令被刪	8019 誤
515	79	庚午，江南桃北廳河決。	諭令日期	668	7585 諭令被刪	8020 誤
516	80	是月，賑巴里坤地震災。	衍文，當刪	668	7585 誤	8020 誤
517	81	戊子……命敬徵、廖鴻荃赴江南查勘河工。	壬寅	668	7586 刪誤	8020 誤
518	82	戊午……命周天爵以二品頂戴署漕運總督。	甲寅，此沿東華錄誤	668	7588 誤	8020 誤
519	83	辛酉，河東河道總督朱襄卒	九月壬子	668	7589 誤	8020 誤
520	84	乙亥，壁昌遷福州將軍	甲戌	668	7590 誤	8021 誤
521	85	八	九	669	7593 誤	8022 誤
522	86	丁未……以潘錫恩為江南河道總督。	庚戌	669	7595 刪誤	8022 誤

523	87	授慧成河東河道總督。	辛亥	669	7595 刪誤	8022 誤
524	88	州縣廳	州縣廳衛	669	7596 誤	8022 誤
525	89	是月……三縣廳	己卯，二縣	669	7602 誤，是月	8023 誤，是月
526	90	辛亥，命李僡、成剛赴南河，會同潘錫恩督工。	庚戌	670	7604 誤	8023 誤
527	91	壬子，英兵官樸鼎查回香港，留馬禮遜等候議約。	二十二年十二月甲午，二十三年正月辛亥奏報到京	670	7604 誤	8024 誤
528	92	命伊里布等籌辦通商事宜。	辛亥	670	7604 誤	8024 誤
529	93	命李湘棻會同耆英籌辦江北善後事宜。	辛亥	670	7604 誤	8024 誤
530	94	是月……貸湖北江陵等三縣衛，湖南澧州、洞庭二營水災籽種、口糧。	乙巳	670	7605	8024
531	95	二月乙未，欽差大臣、廣州將軍伊里布卒	諭令日期	670	7608 諭令被刪	8024 誤
532	96	丁酉，……奕湘改廣州將軍，以祿普代之。	己亥	670	7608 誤	8024 誤
533	97	是月……絳州等六州縣	甲子，無絳州	670	7613 誤	8025 誤
534	98	惟	維	671	7613 誤	8026 誤
535	99	庚子，命耆英與英人會議通商。	不知所據	671	7615　本為「與英員會商」，柯劭忞改	8026 誤
536	100	戊辰	五月~	671	7615 刪誤	8026 誤
537	101	甲午，曾如炷伏誅。	諭令日期	671	7618 誤	8026 誤
538	102	乙巳，河決東河中牟九堡，慧成下部嚴議。	諭令日期	671	7619 誤	8026 誤
539	103	閏七月戊寅，直隸永定河決。	諭令日期	671	7621 誤	8027 誤
540	104	辦工	差遣委用	671	7622 誤	8027 誤
541	105	庚寅，命敬徵等議製紙鈔。	不知所據	671	7622	8027 誤
542	106	矞	遹	671	7622 誤	8027 誤
543	107	癸卯乙巳	乙巳	672	7623 刪誤	8027 誤
544	108	是月，賑陝西洊縣等三縣水災雹災。	實錄癸卯，未言雹災	672	7623	8027 誤

545	109	署	爲	672	7624 正，「實授」被改爲「授」	8027 誤，柯劭忞改
546	110	縣	縣衛	672	7626 誤	8028 誤
547	111	六州廳縣、瀋陽等三處	五廳州縣，瀋陽等六處	672	7627 誤	8028 誤
548	112	己卯，以王植爲浙江巡撫。	辛巳	672	7628 刪誤	8029 誤
549	113	四縣	五州縣	672	7629 誤	8029 誤
550	114	辛卯，貸陝西葭州等四州縣	辛未	673	7635 本在是月，刪誤	8030 誤
551	115	大同等三縣水災雹災籽種。	甲戌	673	7635 本在是月，刪誤	8030 誤
552	116	癸丑甲寅	甲寅	673	7637 刪誤	8030 誤
553	117	命耆英赴廣東，會同程矞采妥辦……通商事宜。	己未，同音異譯	673	7638 刪誤	8030 誤
554	118	米里堅來京。	米里堅使來京，同音異譯	673	7640 誤	8031 誤
555	119	己酉，修廣東虎門各內洋礮臺。	己酉奏報將完，此誤	673	7643 誤，添修，「添」字被刪	8031 誤
556	120	壬子，臺灣匪平。	十一月甲申	673	7643 誤，且誤爲「嘉灣」	8031 誤，仍誤爲「嘉灣」
557	121	六月丁酉，直隸永定河決。	諭令日期	674	7646 諭令被刪	8031 誤
558	122	楊	陽，此沿國史誤	674	7646 誤	8032 誤
559	123	己酉，定米利堅通商條約。	諭令日期	674	7646 正，允耆英議……	8032 誤
560	124	辛巳，富呢揚阿及提督周悅勝下部嚴議。	癸未	674	7648 刪誤	8032 誤
561	125	戊子，湖北荊州萬成堤決。	諭令日期，成-城	674	7649 有諭令內容，字正	8032 誤
562	126	庚寅辛卯	辛卯	674	7649 刪誤	8032 誤
563	127	阿彥泰署察哈爾都統。	庚寅	674	7649 誤	8032 誤
564	128	甲午朔，准布魯特阿希木襲四品翎頂。	不知所據	674	7653	8033 誤
565	129	汝	永	674	7654 正	8033 正
566	130	錦	金	674	7655 正	8033 誤

567	131	乙丑，允桂良來觀，以吳其濬兼署雲貴總督。	壬申	675	7655 本誤在己巳	8033 誤
568	132	……黃爵滋以員外郎等官用。	己卯	675	7656 刪誤	8034 誤
569	133	辛丑……以陳官俊爲禮部尙書	戊申，禮-吏	675	7658 刪誤，7659 字誤	8034 誤
570	134	乙丑，河南中车河工合龍。	諭令日期	675	7662 諭令被刪	8034 誤
571	135	戊子，召容照來京，以麟慶爲庫倫辦事大臣。	丙戌	675	7664 誤	8035 誤
572	136	庚戌	二月~	675	7665 刪誤	8035 誤
573	137	裭協辦大學士、戶部尙書	都統一職亦裭	675	7667 誤	8035 誤
574	138	黃	白	676	7668 誤	8035 誤
575	139	乙丑	三月~	676	7668 刪誤	8036 誤
576	140	壬子，富呢揚阿卒	諭令日期	676	7672 誤	8036 誤
577	141	以惠吉爲陝西巡撫	陝甘總督	676	7672 陝西總督，7689 卒時爲陝甘總督	8036 誤
578	142	五月丙戌，雨。	未見該日記載，癸亥	676	7675，7673 辛西朔雨被刪	8037 誤
579	143	己未，……桃源汛河決。	諭令日期	676	7678 有諭令內容	8037 誤
580	144	……慶和遇番賊於金羊嶺，死之。	壬寅	676	7678 誤	8037 誤
581	145	丙戌，命達洪阿赴甘肅查辦番賊。	戊子	677	7680 誤	8037 誤
582	146	辛丑……敬徵病免，調特登額爲工部尙書，以保昌爲禮部尙書	甲寅，此沿東華錄誤	677	7682 誤	8038 誤
583	147	丙戌	九月~	677	7683 刪誤	8038 誤
584	148	己丑多十月甲午	多十月甲午	677	7685「己丑」後有「召德興來京，以達洪阿爲西寧辦事大臣」未刪	8038 誤
585	149	恭慈康裕安成莊惠壽禧崇祺皇太后	裕-豫，此沿東華錄誤	677	7686 誤	8038 誤

586	150	十一月辛酉，陝甘總督惠吉卒	諭令日期	677	7689 誤	8039 誤
587	151	桂良爲熱河都統。	壬戌	677	7689 誤	8039 誤
588	152	癸亥，御史陳慶鏞降調。	是日交部議處，何時降調待考	677	7689 緣事降，「調」爲柯劭忞加	8039 誤
589	153	辛巳，弛天主教禁。	先後頒「查拏……處分」「給還……」等詔，咸豐八年《天津條約》方明定外國人准赴內地傳教	678	7699 框刪「地方濫拏者予以處舊堂基址分別給還」，漏「分」字	8040 誤
590	154	辛巳……以陸建瀛爲雲南巡撫。	壬午	678	7700 正	8040 誤
591	155	縣	州縣	678	7700 正	8040 誤
592	156	二月己丑，雲南永昌回匪作亂，命提督張必祿剿之。	二十五年，二十六年正月，此疑誤	678	7701 原稿爲「滋事回匪要犯捕獲伏法地方肅清」，柯劭忞改爲：回匪作亂，捕誅之。	8040 誤
593	157	乙卯，以謁陵命定郡王載銓等留京辦事。	乙巳	678	7702 誤，「銓」誤爲「銑」	8040 誤
594	158	三月癸亥，上謁西陵	啓鑾日期	678	7703 刪誤	8040 誤
595	159	庚午，上幸南苑行圍。	是日並未行圍	678	7703 誤	8040 誤
596	160	端充	瑞元	679	7708 誤	8041 誤
597	161	乙丑，張必祿敗回匪於永昌。	諭令日期	679	7709 誤	8041 誤
598	162	丁卯……英人退出舟山。	諭令日期	679	7709 誤	8041 誤
599	163	乙酉朔，青海黑錯四溝番作亂，命布彥泰剿之。	戊子，此沿東華錄誤	679	7710 誤	8041 誤
600	164	癸巳，永昌回匪遁入猛庭，賀長齡督兵剿之。	諭令日期	679	7711 誤	8041 誤
601	165	六月戊午，命祁俊藻、文慶查辦天津鹽務。	閏五月壬子	679	7713 誤	8042 誤
602	166	癸未，達洪阿剿竄匪果岔番賊，敗之。	諭令日期	679	7714 諭令被刪	8042 誤

603	167	日	日	680	7718 誤	8042 誤
604	168	己亥，……王椶獻等作亂，捕誅之。	庚子	680	7721 誤	8043 誤
605	169	辛亥，……金得順等作亂，捕誅之。	諭令日期	680	7721 誤	8043 誤
606	170	荊	杭	680	7725 誤	8044 誤
607	171	戊辰，以王兆琛爲山西巡撫。	丁卯	680	7730 誤	8045 誤
608	172	癸亥，以謁陵，命載銓等留京辦事。	乙丑	681	7737 刪誤	8046 誤
609	173	丙子，以福建海盜劫殺洋商，命劉韻珂等搜捕。	丁丑	681	7737 誤	8046 誤
610	174	戊寅，上謁東陵	~啓鑾	681	7737 刪誤	8046 誤
611	175	乙未	三月~	681	7738 誤，第一次原稿自誤	8046 誤
612	176	戊戌，英船退出虎門。	諭令日期	681	7738 誤	8046 誤
613	177	是月，貸江西上高、新昌二縣，湖南鳳凰等……口糧。	甲寅、己巳	681	7741	8047
614	178	辛卯，以廣東……易啓釁端，命擇紳士襄辦交涉事宜。	己亥	682	7742 誤	8047 誤
615	179	六月，理藩院奏俄羅斯達喇嘛請在……通商，不許。	戊午，未繫干支	682	7744 刪誤	8047 誤
616	180	汶	文	682	7746 誤	8048 誤
617	181	己酉，安集延匪犯喀什噶爾，吉明等擊走之。	諭令日期	682	7747 誤	8048 誤
618	182	賽什勒雅泰自殺	六月辛未，賽什雅勒泰	682	7747 誤	8048 誤
619	183	癸亥，以布彥泰赴肅州調度，命楊以增署陝甘總督，恒春署陝西巡撫。	甲子	682	7748 誤	8048 誤
620	184	甲子……以善燾爲……大臣。以吉明署葉爾羌參贊大臣。	乙丑	682	7748 刪誤	8048 誤
621	185	戊辰，奕湘改杭州將軍，調奕興爲盛京將軍，以英隆爲綏遠城將軍。	四月庚午	682	7749 誤	8049 誤
622	186	以河南災廣，再撥內帑銀三十萬兩，並命戶部撥銀三十萬兩賑之。	甲戌	682	7749 刪誤	8049 誤

623	187	丙子，安集延匪圍英吉沙爾城	七月甲辰	682	7750 誤	8049 誤
624	188	是月……緩徵山東樂安……額賦，並水利等四場竈課。	壬子，水－永	683	7750 水字似永	8049 誤
625	189	戊寅，命文慶、張灃中赴河南查賑。	己卯，此沿東華錄誤	683	7750 誤	8049 誤
626	190	辛巳，吉明等遣兵援喀什噶爾，擊安集延匪，大敗之。	諭令日期	683	7751 誤	8049 誤
627	191	辛酉，……雷再浩等作亂，陸費瑝等捕討之。	諭令日期	683	7752 誤	8050 誤
628	192	戊辰，奕山等剿安集延匪於葉爾羌之科熱依瓦特，大敗之。	諭令日期，科科熱依瓦特	683	7753 諭令被刪，字誤	8050 誤
629	193	庚午，又敗之於英吉沙爾。	諭令日期	683	7753 諭令被刪	8050 誤
630	194	壬申……開明阿等褫職逮問。	癸酉	683	7754 誤	8050 誤
631	195	乙未，湖南新寧賊平。	諭令日期	683	7757 諭令被刪	8050 誤
632	196	戊午，湖南乾州廳苗匪作亂，命裕泰等剿捕之。	乙卯，此沿東華錄誤	684	7759 誤	8051 誤
633	197	精	清	684	7762 誤	8051 誤
634	198	戊戌……免喀什噶爾民、回各戶正雜逋賦。	庚子	684	7763 誤	8052 誤
635	199	壬子，……恩桂卒	諭令日期	684	7765 諭令被刪	8052 誤
636	200	文慶罷軍機大臣	癸丑	684	7765 誤	8052 誤
637	201	改	署	684	7765 誤	8052 誤
638	202	甲子，以謁陵命睿親王仁壽等留京辦事。	乙丑	684	7766 誤	8052 誤
639	203	戊寅……以奕山爲伊犁參贊大臣，吉明爲葉爾羌參贊大臣。	庚辰	684	7767 本誤在己卯	8053 誤
640	204	壬午，上謁西陵	～啓鑾	685	7768 刪誤	8053 誤
641	205	夏四月戊辰，雲南保山匪平。	諭令日期	685	7770 諭令被刪	8053 誤
642	206	甲寅，上詣黑龍潭祈雨。	癸丑	685	7774 誤	8053 誤
643	207	戊辰，以傅繩勳爲江西巡撫。	戊辰爲浙江巡撫，庚戌改調江西	685	7774 誤	8054 誤

644	208	九月甲戌……召成玉來京，以盛塿署綏遠城將軍。	辛巳	685	7779 刪誤	8054 誤
645	209	賑江寧等三府水災。	甲申	685	7779 刪誤	8054 誤
646	210	甲寅，……寶興卒。	諭令日期	685	7782 諭令被刪	8054 誤
647	211	二十四州縣	四十州縣衛	685	7784 誤	8055 誤
648	212	己卯，命耆英爲大學士，管兵部。	六月癸丑	686	7785 誤	8055 誤
649	213	辛巳，命定郡王載銓、侍郎季芝昌查辦直隸鹽務，大學士耆英、……查辦山東鹽務。	癸未	686	7785 誤，「銓」誤爲「銑」	8055 誤，「銓」仍誤爲「銑」
650	214	丁酉，以托明阿爲綏遠城將軍。	甲午	686	7787 誤	8056 誤
651	215	二十	十三	686	7787 誤	8056 誤
652	216	七十七	七十一	686	7787 誤	8056 誤
653	217	泗	四	686	7787 誤	8056 誤
654	218	二十二	二十	686	7787 誤	8056 誤
655	219	蠲緩	蠲減	686	7787 誤	8056 誤
656	220	陝西巡撫	左都御史	686	7790 誤	8056 誤
657	221	辛卯，命耆英、季芝昌查閱……及倉庫。	壬辰	687	7793 誤	8057 誤
658	222	十四	十六	687	7794 正	8057 正
659	223	壬寅，李星沅病免，以陸建瀛爲兩江總督，調傅繩勳爲江蘇巡撫，以費開綬爲江西巡撫。	癸卯	687	7798 誤	8058 誤
660	224	丁未……封徐廣縉子爵、葉名琛男爵，均一等世襲。諭嘉獎粵人深明大義。	癸丑	687	7800 正	8058 誤，「癸丑」被點刪
661	225	辛巳，琦善剿中瞻對番，敗之。	諭令日期	687	7802 誤	8058 誤
662	226	己酉，雲南騰越廳野夷作亂，林則徐討平之。	諭令日期	687	7804 諭令被刪	8059 誤
663	227	六月丙子，廣東陽山、英德等縣匪平。	諭令日期	688	7806 誤	8059 誤
664	228	己丑，禮部尙書成剛卒。	諭令日期	688	7809 諭令被刪	8059 誤
665	229	戊戌……以馮集馨爲湖南巡撫。	己亥，集一德	688	7810 誤	8059 誤

666	230	署	爲	688	7814 誤	8060 誤
667	231	在軍機大臣行走	在軍機大臣上行走	688	7816 誤	8061 誤
668	232	癸丑，雲南……野夷作亂，程矞采剿平之。	甲寅	688	7816 誤	8061 誤
669	233	昇	陞	688	7818 誤	8061 誤
670	234	給湖南灃州等七州縣	給－貸，州縣－州縣衛	689	7819 誤	8062 誤
671	235	三十七	三十八	689	7820 誤	8062 誤
672	236	丙申，……阮元卒。	諭令日期	689	7820 諭令被刪	8062 誤
673	237	丁亥，湖南新寧賊分竄廣西，鄭祖琛遣兵防剿。	十一月壬戌，十二月戊子奏報到京	689	7828 誤	8063 誤
674	238	孝和恭慈康豫安成熙聖睿皇后	孝和恭慈康豫安成應天熙聖睿皇后	689	7831 誤	8064 誤
675	239	效天符運立中體正文聖武智勇仁慈儉勤孝敏成皇帝	效天符運立中體正至文聖武智勇仁慈儉勤孝敏成皇帝	690	7834 正	8066 誤
676	240	二	三	690	7834 誤	8066 誤

附表9：《清史稿校註》所指出《文宗本紀》問題一覽表

《校註》序號	問　　題	說　　明	《校註》頁碼	吳廷燮原稿本頁碼及情況	奭良覆輯本頁碼及情況
1	己未……尊……爲孝慈皇貴妃。	甲寅……尊……爲康慈皇貴太妃	691	8074 誤在癸丑，名稱對	8992 誤
2	追封兄貝勒奕緯	辛亥	691	8073 正	8992 誤
3	奕繹	癸丑……奕繼	691	8074 時間對，人名誤（吳廷燮字）	8992 誤
4	封弟奕訢恭親王……。	庚戌	691	8071 誤在己酉	8992 誤
5	定縞素百日，素服二十七月。	壬子	691	8073 時間對，誤爲二十七日	8992 誤
6	戊辰……詔曰：「先帝謙讓，……，嗣後不復舉行。」	己巳	692	8077 正，語句不同	8993 誤

7	湖南土匪李沅發作亂。	丁丑，此爲諭令日期	692	8078 誤，有諭令內容	8993 誤
8	詔：「惠親王係朕之叔，免叩拜禮，示敬長親親。」	戊寅	692	8079 正，語句不同	8993 誤
9	癸巳朔……花沙納爲左都御史。	甲午	692	無	8993 誤
10	副都御史	左副都御史	692	無	8993 誤
11	茅	茆	692	8080 正	8994 誤
12	乙酉，船至天津。	辛巳，此爲諭令日期	692	8083 誤，有諭令內容	8994 誤
13	五月丙申，起碇南旋。	癸巳，此爲諭令日期	692	8084 誤	8994 誤
14	丁酉……獲湖南逆首李沅發，解京誅之。	四月乙酉獲，八月丙子誅，此爲諭解京日	692	8084 誤，有諭令內容	8995 誤
15	六月癸亥，永定河溢。	乙酉，此爲諭令日期	693	8086 誤，語句不同	8995 誤
16	兵	工	693	8086 正	8995 戶改兵
17	癸亥……季芝昌爲左都御史。	甲子	693	8086 正	8995 誤
18	……洪秀全……作亂。	當改「起事」	693	8088 倡亂	8995 作亂
19	秋七月辛卯	~朔，《校註》誤印「秋八月」	693	8088 誤	8996 誤
20	八月丁卯，洪秀全竄修仁、荔浦，敕鄭祖琛剿之。	「洪秀全」應爲「陳亞貴」，在己酉，此爲諭令日期	693	8090 誤，有諭令內容，語句不同	8996 誤
21	丁卯……調向榮爲廣西提督剿賊。	甲申	693	8090 正	8996 誤
22	甲申，詔曰	丙戌，此沿國史誤	693	8090 誤，語句不同	8996 誤
23	九月丙申……調……雲南……兵各二千赴剿	不知所據	693	8092，8094 另有調雲南兵二千	8997
24	大行梓宮	大行皇帝梓宮	694	8093 宣宗梓宮，無誤	8997 誤
25	甲子，永定河漫口合龍。	己未朔，此爲諭令日期，且「甲子」應在「戊午」前	694	8095 誤	8997 誤

26	庚子，欽差大臣林則徐道卒	贈官日期	694	8099 誤但寫明贈官	8998 誤
27	乙巳……劉韻珂免，以裕泰為閩浙總督，程矞采為湖廣總督，吳文鎔為雲貴總督。	丙午，此沿國史誤	694	無	8998 誤
28	乙巳……獲廣西匪首鍾亞春，誅之。	戊申諭令	694	8100 繫於戊申，但未指明諭令，誤	8998 誤
29	十二月己巳……追封后父富泰為三等公。	十一月己酉	694	8100 正	8998 誤
30	四府	四府州	694	8103 正，語句不同	8998 誤
31	甲戌，向榮剿賊橫州，敗之。	甲寅	694	8104 誤	8998 誤
32	咸豐元年辛亥	甲子命歲與本紀體例不合	695	8106 正	8999 誤
33	壬寅，上謁慕陵	是日啓鑾	695	8108 正	8999 誤
34	四	五	695	無	9000 誤
35	賊	當改	695	8111 逆匪	9000
36	丙申，命……賽尚阿佩欽差大臣關防	諭令往湖南日期，頒關防在丁酉	695	8115 正	9000 誤
37	拱	撫	695	8116 正	9000 誤
38	大臣	王、大臣	695	8116 正	9000 誤
39	庚戌，調廣東、湖南、四川兵赴廣西助剿。	辛亥，此沿國史誤	696	8118 正，語句不同	9001 誤
40	庚申……齊清阿	壬戌，齋清阿	696	8122 正，語句不同	9001 誤
41	以鄭祖琛養癰貽患，遣戍伊犁。	甲子，遣戍新疆	696	8122 誤在壬戌，地點正	9001 誤
42	直隸	山東	696	8124 正	9002 誤
43	甲戌，李星沅奏剿滅上林墟會匪。	丙子	696	8125 誤	9002 誤
44	癸未，李星沅卒。	諭令日期	696	8126 誤，有諭令內容	9002 誤
45	庚寅，卓秉恬奏請……下賽尚阿及督撫知之。	癸巳	696	8130 誤，語句不同	9003 誤
46	陳亞	疑誤	696	8130	9003

47	己酉，詔停中外一切工程。	庚戌	697	8133 誤，語句不同	9003 誤
48	命……彭蘊章爲軍機大臣。	壬子	697	8133 正	9003 誤
49	江海關稅銀十五萬兩	此爲江海關及江西、河南、山東監銀總和	697	8136 正	9004 誤
50	御史	給事中	697	8139 七月漏「秋」，本條無	9004 誤
51	庚子……命湖廣、四川督撫嚴查會匪、教匪。	實錄在乙巳，東華錄在甲辰	697	8142 乙巳	9005 誤
52	程六麻	~孜	697	8143~仔	9005 誤
53	高四八	~孜	697	8143~仔	9005 誤
54	八月乙卯	~朔	698	8144 誤	9006 誤
55	乙丑……敕……嚴防海口。	丙寅	698	8145 誤，語句不同	9006 誤
56	匪首	史筆	698	8148 逆匪	9006 匪首
57	僭號太平天國。	史筆	698	8148 建僞號	9006 本爲「建號」，柯劭忞將「建」改爲「僭」
58	裔	裔	698	8149 正	9006 正
59	甲午，南河豐北三堡河決。	諭令日期	698	8150 正，語句不同	9007 誤
60	竄	史筆	698	8151 奔	9007 竄
61	爲	署	698	8156 正	9007 誤
62	丁酉，賽尙阿奏向榮進紮龍眼塘。	戊戌	699	8168 誤，語句不同	9008 誤
63	慶親王永璘	慶良郡王綿愍	699	8173 正	9009 誤
64	乙卯，以裕誠爲大學士	辛酉	699	8173 正	9009 誤
65	禧恩爲戶部尙書。	辛酉	699	8173 正	9009 誤
66	辛未，命侍郎全慶、副都統隆慶冊封朝鮮國王妃。	乙亥	699	8175 正	9009 誤
67	辛丑，上詣西陵。	~啓鑾	699	8179 正	9009 誤
68	丁巳，上還京	丙辰	699	8182 誤	9009 誤
69	頒詔覃恩	戊午	700	8182 正，語句不同	9009 誤

70	庚申……賽尚阿等下部議處	辛酉	700	8183 誤	9009 誤
71	建祠廣州	辛酉	700	8183 誤	9010 誤，標點錯誤
72	副都統烏蘭泰卒於軍，贈都統，照陣亡例賜恤。	戊午，議恤在四月丁亥	700	8191 四月丁亥	9010 誤，標點錯誤
73	簽	僉	700	8188 四月漏「夏」，8189 誤	9010 誤
74	丙戌，上謁慕陵，行釋服禮。	~啓蠻	700	8190 正	9010 誤
75	積拉明	積拉明阿	700	8192 正	9010 誤
76	癸巳……予張蕙、德成世職。	甲午	700	8193 正	9011 誤
77	……徐繼畬疏陳釋服之後，宜防三漸……	戊戌	700	8194 正	9011 誤
78	竄	史筆	700	8195	9011
79	乙巳……琦善遣戌吉林。	丙午	701	8196 誤	9011 誤
80	五月辛亥	~朔	701	8198 誤	9011 誤
81	四十萬	四十七萬餘	701	8198 四十餘萬	9012 誤
82	庚申，賊陷湖南道州。	諭令日期	701	8200 正	9012 誤
83	癸巳……詔端華退出御前大臣，保清褫職。	癸巳，無誤	701	8208	9012
84	黑	里	701	8214 正	9013 誤
85	丙寅，……杜受田卒。	賜恤日期	701	8216 誤，有諭令內容	9013 誤
86	壬申，洪秀全攻陷郴州。	辛亥，此爲諭令日期	702	8218 誤，有諭令內容	9013 誤
87	刑	工	702	8219 正	9014 誤
88	己丑……敕賽尚阿速解省圍。	丙戌，己丑重申	702	8221 正	9014 誤
89	庚寅……張芾署江西巡撫。	癸巳	702	8223 正	9014 誤
90	一千名	各一千名	702	8224 正	9015 誤
91	甲寅，獲……阿里克公住，斬之。	諭令日期	702	無	9015 誤
92	戊午，上謁東陵。	~啓蠻	702	8227 正	9015 誤
93	辛巳……加其父杜堮禮部尚書銜。	壬午	703	8231 正	9015 誤
94	丁巳，賊陷岳州。	諭令日期	703	8242 正，以……	9016 誤

95	辛酉，詔徐廣縉分兵防守武昌……蔣文慶各就地勢扼要嚴防。	壬戌	703	無	9016 誤
96	癸酉，賊陷漢陽	諭令日期	703	8249 正，以……	9016 誤
97	上海	上游	703	8249 楚豫交界地方	9016 誤
98	癸巳，賊陷武昌，巡撫常大淳死之。	己卯，此爲奏報到京日期	703	8254 正	9016 誤
99	上切責督軍大臣不籌全局，擁兵自衛，逮徐廣縉治罪。	辛丑	703	8256 誤	9017 誤
100	以向榮爲欽差大臣，督辦軍務	辛丑	703	8256 誤	9017 誤
101	張亮基署湖廣總督。	辛丑	703	無	9017 誤
102	以葉名琛爲兩廣總督，柏貴爲廣東巡撫。	己亥	703	8259 正	9017 誤
103	徵……常青	命……常清	704	無	9017 誤
104	甲子，賊陷九江，陸建瀛退守江寧。	諭令革職日期	704	8271 誤在壬戌	9018 誤
105	賽尚阿論斬，革其子崇綺等官職。	丁卯	704	8272 正，語句不同	9018 誤
106	甲戌，賊陷安慶，蔣文慶死之	諭令日期	704	8275 誤	9019 誤
107	予江西陣亡總兵恩長世職。	甲子	704	8271 記壬戌死之	9019 誤
108	内子朔……提督雙福、總兵官王錦繡附常大淳祠。	戊戌	704	8277 常大淳等各建專祠，8286 戊戌無	9019 誤
109	癸未，上臨雍講學，加衍聖公孔繁灝太子太保。	甲申	705	8281 誤，語句不同	9019 誤
110	丁亥，敕文臣三品以上養廉以四成、武臣二品以上以二成充軍餉。	戊子，文臣七品以上，武臣三品以上	705	8283 正，語句不同	9019 誤
111	戶部請辦商捐、戶輸，上不許。	辛卯	705	8283 正，語句不同	9020 誤
112	壬辰，賊陷江寧，將軍祥厚、提督福珠洪阿等死之。	諭令日期	705	8284 正，語句不同	9020 誤
113	調……文斌爲綏遠城將軍，瑞昌爲杭州將軍，鄧紹良爲江南提督。	癸巳，文斌−樂斌	705	無	9020 誤
114	丙申……敕湖北行鹽暫用川鹽二千引。	乙未	705	8285 正，語句不同	9020 誤

115	敕李傅查拿山東兗、沂、曹三府捻匪。	甲午	705	無	9020 誤
116	命……勝保幫辦江北防務。	壬寅	705	8287 正，語句不同	9020 誤
117	三月乙巳	~朔	705	8288 正	9020 誤
118	賊陷鎮江、揚州。	諭令日期	705	8288 正，語句不同	9020 誤
119	爲	署	705	無	9020 誤
120	庚申，向榮擊賊於江寧，敗之。	諭令日期	705	無	9021 誤
121	壬戌，以廬州爲安徽省會。	辛酉	706	8293 正	9021 誤
122	敕直隸、奉天備防海口。	辛酉	706	無	9021 誤
123	清江	清江浦	706	8295 正	9021 誤
124	命瑞昌統盛京兵赴淮、徐會防，恩華統吉林兵駐防直隸。	己巳	706	無	9021 誤
125	夏四月庚辰，日見黑暈。	諭令日期	706	無	9021 誤
126	己丑，賊陷浦口、滁州。	庚辰，癸未	706	8302 誤，語句不同	9021 誤
127	庫倫喀爾喀蒙古哲布尊丹巴喇嘛進馬三千匹	哲布尊丹巴進一千，汗進二千	706	無	9021 誤
128	癸卯，賊陷鳳陽。	乙未	706	8305 正	9022 誤
129	安徽捻匪竄擾蒙城。	太平軍，癸未至甲辰	706	無	9022 誤
130	戊午……賊陷歸德。	辛亥	707	8314，以……	9023 誤
131	己未，賊復陷安慶。	戊申，此沿國史誤	707	8314 誤，語句不同	9024 誤
132	詔江忠源防守九江。	辛酉	707	無	9024 誤
133	徵蒙古兵及其所進馬五千匹集於熱河。	國史爲：辛酉，兵三千馬三千赴熱河，實錄爲：兵四千馬五千赴京師	707	8316 同國史	9024 誤
134	戊寅，河南賊犯氾水，分股渡河陷溫縣。	庚午或壬辰，未有定論	707	無	9025 誤
135	托明阿擊之，復氾水。	壬申	707	8322 誤，8320 壬申賊自開封竄氾水	9025 誤

136	己卯，金陵賊船上陷南康	庚申，此沿國史誤	707	無	9025 誤
137	進圍南昌。	諭令日期	707	無	9025 誤
138	辛巳，溫縣紳勇敗賊，復其城，復會官軍敗賊於武陟。	諭令日期	707	8323 誤	9025 誤
139	黃河再決豐北。	壬申	707	8323 壬午諭令	9025 誤
140	甲申，雲南東川回匪作亂。	諭令日期	708	8324 有諭令內容	9026 誤
141	福建臺灣土匪作亂。	諭令日期	708	8324 有諭令內容	9026 誤
142	戊子……河南賊圍懷慶。	乙亥或丙子，此為諭令日期	708	8326 誤在壬辰	9026 誤
143	官軍解許州圍	辛巳	708	8326 誤在辛卯	9026 誤
144	賊走羅山	時間未有定論	708	無	9026 誤
145	福建官軍收復永安、沙縣。	五月癸亥	708	8327 誤在癸巳	9026 誤
146	戊戌……廣西全州土匪作亂。	五月壬申，六月壬寅諭令	708	8329 誤在辛丑	9026 誤
147	甲辰朔，廣西土匪陷興安、靈川，分撲桂林，官軍敗之，復靈川、興安。	諭令日期，未見復興安事	708	8329 誤，未述復興安	9026 誤
148	秋七月……辛酉，賊竄湖北、安徽。	六月丁酉入湖北	708	8334 有諭令內容	9027 誤
149	癸亥，恤提督福珠洪阿世職。	辛酉	709	8335 正	9027 誤
150	乙丑，福建官軍復尤谿。	六月丁亥，尤谿-尤溪	709	8335 誤（吳廷燮字）	9027 誤
151	八月丙子，官軍解懷慶圍，賊竄山西。	諭令日期	709	8337 有諭令內容	9027 誤
152	戊寅，調吳文鎔為湖廣總督，裕瑞為四川總督，樂斌為成都將軍。	己卯	709	8337 正	9027 誤
153	庚辰，賊陷垣曲。	諭令日期	709	8337 誤	9027 誤
154	癸未，李僡卒	贈官日期	709	8338 有諭令內容	9027 誤
155	甲申，江西賊陷饒州郡城	諭令日期	709	8340 有諭令內容	9027 誤
156	丙戌，賊陷絳縣、曲沃，進圍平陽。	諭令日期	709	8341 有諭令內容	9027 誤
157	哈芬免，以恒春為山西巡撫。	戊子	709	8342 正	9027 誤
158	庚寅，賊陷平陽，勝保兵至，敗之，復平陽。	壬午，戊子	709	8343 誤在庚寅，8344 誤在癸巳	9028 誤
159	賊由洪洞東竄。	己丑	709	8344 誤在癸巳	9028 誤

160	丁酉，托明阿敗賊於陳留。	辛卯，陳留-屯留	709	8346 誤在己亥，字正	9028 誤
161	癸卯朔，再敗之潞城、黎城，賊竄直隸，入臨洺關。	日期未有定論，「敗之」欠妥	710	8347 語句不同	9028 誤
162	奪訥爾經額職逮問	庚戌	710	8347 誤	9028 誤
163	以桂良爲直隸總督。	丙午	710	8349 正	9028 誤
164	丙午，賊陷柏鄉。	諭令日期	710	8348 誤	9028 誤
165	江西南昌圍解	諭令日期	710	8349 有諭令內容	9028 誤
166	賊復竄踞安慶。	諭令日期	710	8349 有諭令內容	9028 誤
167	魁麟	麟魁	710	8349 正	9028 誤
168	漢軍都統	正藍旗~	710	8349 有	9028
169	江蘇土匪陷青浦、寶山，官軍復之。	諭令日期	710	8349 有諭令內容	9028 誤
170	恭親王奕訢⋯⋯會辦巡防。	壬子	710	8351 正	9029 誤
171	乙卯，賊由趙州、藁城陷深州。	庚戌	710	8352 誤	9029 誤
172	甲子，僧格林沁復深州。	諭令日期	710	8355 諭令，語句不同	9029 誤
173	己巳，周天爵卒於軍。	贈官日期	711	8357 有諭令內容	9029 誤
174	辛未，賊陷獻縣、交河、滄州，進撲天津	日期未有定論	711	8358 庚午	9029 誤
175	特贈謝子澄布政使，並建祠，優獎練勇。	甲子陣亡，丁卯贈官建祠	711	無	9029 誤
176	丙子，賊陷黃州	日期未有定論	711	8359 丙子	9030 丙子
177	漢黃德道徐豐玉	知府金雲開	711	無	9030 誤
178	連陷漢陽，進圍武昌。	庚申	711	無	9030 誤
179	丁丑，賊踞獨流鎮	諭令日期	711	8359 有諭令內容	9030 誤
180	乙卯，加給事中袁甲三三品卿銜，剿辦安徽捻匪。	丁丑	711	8362 誤在己丑	9030 誤
181	壬辰，武昌解嚴	己卯	711	8362 誤	9030 誤
182	江忠源赴皖。	己丑	711	8362 壬辰命~	9030 誤
183	癸巳，賊陷桐城。	諭令日期	711	8362 誤	9030 誤
184	丙午，福建官軍克復廈門。	諭令日期	711	8365 誤	9030 誤
185	安徽賊陷舒城	庚子	711	8365 誤	9030 誤
186	庚戌，賊陷儀徵。	諭令日期	712	8365 有諭令內容	9030 誤

187	丁卯，勝保剿賊獨流，不利，陣歿……佟鑒，贈將軍，賜恤。	甲子	712	8367 誤	9031 誤
188	甲戌，揚州賊潰圍出，官軍復其城，……等均襬職從軍。	諭令日期	712	8369 正	9031 誤
189	戊子，琦善復儀徵。	諭令日期	712	8372 誤	9031 誤
190	己丑，賊陷廬州，江忠源死之。	丙戌	712	8372 誤在甲午	9031 誤
191	以福濟為安徽巡撫	甲午	712	8373 正	9031 誤
192	邵燦為漕運總督。	乙未	712	8373 正	9031 誤
193	辛丑朔，蒙古……迭次報效軍需銀兩，溫旨嘉獎，均卻還之。	壬寅，此沿國史誤	712	8377 誤，語句不同	9032 誤
194	庚戌，官軍克獨流鎮，踞匪回竄。	諭令日期	712	8378 有諭令內容	9032 誤
195	壬子……王履謙疏陳河南……。下英桂查覆。	癸丑	713	無	9032 誤
196	丙寅，賊踞束村，嚴詔僧格林沁、勝保迅速剿擒。	丁卯，東村–束城等村	713	8380 甲寅，吳廷爕將「東」改成「束」	9032 誤
197	丁卯，湖北進攻黃州兵潰，……唐樹義死之。	諭令日期	713	8384 誤	9033 誤
198	賊竄獻縣束城莊，僧格林沁、勝保合軍擊之。	庚戌，束城	713	無	9033 誤
199	賊竄陷阜城	庚辰	713	無	9033 誤
200	癸巳……曾國藩疏請……准楊健入祀鄉賢祠。得旨：……曾國藩……下部議處。	甲午	713	無	9034 誤
201	予……劉裕珍世職，諡勤壯。	丁丑	713	8387 正	9034 誤
202	丙戌……命托明阿幫辦僧格林沁軍務。	乙酉	714	8391 誤在甲申	9034 誤
203	癸巳，以青麟為湖北巡撫	甲午	714	8393 誤	9034 誤
204	崇綸丁憂，仍同守城。	甲午	714	8393 誤	9034 誤
205	桂良	桂齡	714	無	9035 誤
206	千五百	一千二百五十，疑誤	714	無	9035
207	壬寅，賊陷陽谷，知縣文穎……，死之	戊戌	714	8396 誤	9035 誤
208	甲辰，賊由陽谷、冠縣竄至清河之小灘	奏報到京日期	714	無	9035 誤

209	又分竄至……李官屯	辛丑，李官莊	714	無	9035 誤
210	乙巳，命勝保迎擊……崇恩奏帶兵扼守臨清州。	丙午	714	8397 語句不同	9035 誤
211	丁巳，賊陷臨清。	日期未有定論	714	無	9035
212	潰匪南竄	史筆	714	無	9036
213	曾國藩奏剿賊岳州失利，回守長沙。下部議處。	丁卯	714	無	9036 誤
214	阜城賊竄連鎮	丁丑	715	無	9036 誤
215	己丑，……潘世恩卒。	議恤日期	715	8407 有諭令內容	9036 誤
216	辛卯……曾國藩克復湘潭	癸酉	715	8408 誤	9036 誤
217	塔齊布、彭玉麟、楊載福剿賊大勝	庚午	715	無	9036 誤
218	靖港賊退。	丙子	715	無	9036 誤
219	己亥朔……廓爾喀國王表請出兵剿賊。溫詔止之。	庚子，此沿國史誤	715	8409 誤	9036 誤
220	方	芳	715	無	9037 誤
221	勝保督兵追之。	戊申	715	無	9037 誤
222	庚申，荊州將軍官文奏官軍收復監利縣	乙卯	715	無	9037 誤
223	庚申……前湖北巡撫崇綸以託病奪職。	壬子	715	8412 誤在辛亥	9037 誤
224	六月戊辰朔，賜臨清、冠縣被賊難民一月口糧。	五月壬寅	716	8417 五月「是月」	9037 誤
225	江西賊竄湖北德安。	諭令日期	716	8417 有諭令內容	9037 誤
226	癸未，賊陷武昌。	諭令日期	716	8421 誤	9038 誤
227	辛丑，湖北賊陷岳州，連陷常德。	奏報到京日期	716	8424 誤	9038 誤
228	壬子……特爾清額卒於軍。	己酉賞銀治喪	716	8425 正	9038 誤
229	庚申，湖南水師克復岳州	戊戌朔	716	8427 誤	9038 誤
230	予革職侍郎曾國藩三品銜。	丁亥	716	無	9038 誤
231	閏七月戊辰	～朔	716	8428 正	9039 誤
232	湖北官軍克復安陸。	諭令日期	716	8428 誤	9039 誤
233	丁丑，……琦善卒於軍	議恤日期	716	8430 有諭令內容	9039 誤
234	和春	向榮	717	無	9039 誤
235	癸卯，廣東土匪陷肇慶	己酉	717	8436 誤在癸丑	9039 誤

236	甲寅，湖南官軍由城陵磯進攻通城。	諭令日期	717	8436 誤	9039 誤
237	癸亥，英、美二國兵船抵天津海口	八月庚申	717	8438 誤	9039 誤
238	九月辛未，湖北、湖南官軍攻克武昌、漢陽。	八月己未	717	8440 捷聞	9039 誤
239	……岳興、署按察使李卿谷均予諡建祠。	壬午，岳興－岳興阿	717	無	9040 誤
240	壬午，湖北官軍克復黃州。	庚午	717	8442 誤	9040 誤
241	甲申，裕瑞罷，以黃宗漢爲四川總督	丁亥	717	8443 正	9040 誤
242	何桂清爲浙江巡撫。	丁亥	717	8443 正	9040 誤
243	戊子，安徽官軍收復廬江。	諭令日期	717	8444 誤	9040 誤
244	滿洲	漢軍	717	8446 十月漏「多」，本條無	9040 誤
245	奕山爲內大臣	丁巳，奕湘	718	8449 正	9040 誤
246	戊子，羅繞典卒	予諡日期	718	8454 有諭令內容	9041 誤
247	綏遠城將軍善祿卒於軍。	予諡日期	718	8455 有諭令內容	9041 誤
248	癸巳……安慶賊竄九江、湖口，及於吳城。	諭令日期	718	8156 有諭令內容	9041 誤
249	十二月乙未	～朔	718	8457 正	9041 誤
250	曾國藩奏攻克小池口	丙申	718	8457 誤，語句不同	9041 誤
251	乙卯，封奕紀之子載中貝勒，嗣隱志郡王，改名載治。	丙辰，此沿國史誤	718	8460 正	9042 誤
252	貴州官兵擊賊，敗之，解興義城圍。	十一月戊辰	718	8461 誤	9042 誤
253	辛酉，安徽官軍克復含山。	諭令日期	718	8461 誤在庚申	9042 誤
254	僧格林沁奏攻毀西連鎮賊巢。	癸亥	718	8462 正	9042 誤
255	……己巳，四川官軍克復貴州桐梓。	諭令日期	719	8465 誤	9042 誤
256	壬申，貴州官軍剿匪雷台山，擒匪首陳良模。	諭令日期	719	8465 正	9042 誤
257	辛巳，湖北賊由黃梅回竄漢口	辛未	719	無	9043 誤
258	癸未，江西官軍克復武寧。	不在癸未	719	8468 甲申	9043 誤

259	乙酉……封僧格林沁親王,移軍山東,攻剿高唐踞匪。	命移軍日期	719	8469 正	9043 誤
260	丙戌……土匪滋事,剿平之。	諭令日期	719	8469 誤	9043 誤
261	敘連鎮功	庚寅	719	8471 正	9043 誤
262	棍楚克林布	棍楚克林沁	719	8471 正	9043 誤
263	甲午朔……以法將剌尼樂助攻上海,賚……。	乙未	720	8473 正	9043 誤
264	辛丑,福建匪徒作亂,剿平之。	諭令日期	720	8474 誤	9044 誤
265	戊午,鄂賊北竄,敕僧格林沁調撥……赴河南助防。	己未	720	8477 正,語句不同	9044 誤
266	三月甲子,廣東官軍復海豐。	諭令日期	720	8479 誤	9044 誤
267	皖賊陷徽州。	諭令日期	720	8479 有諭令內容	9044 誤
268	乙丑,上謁西陵。	~啓鑾	720	8479 誤	9044 誤
269	賊陷武昌,巡撫陶恩培死之	諭令日期	720	8479 誤	9044 誤
270	辛卯……楊鳳捕誅,餘匪平。	諭令日期	720	8484 誤	9044 誤
271	夏四月乙未,……收復婺源。	諭令日期	720	8485 誤	9044 誤
272	以額駙景壽爲御前大臣。	丁酉,在御前大臣上學習行走	720	8485 正	9044 誤
273	丁未,江西賊陷廣信。	諭令日期	720	8487 誤	9044 誤
274	庚戌……江西官軍復弋陽。	癸未,此爲諭令日期	720	8490 誤在乙卯	9045 誤
275	浙江賊陷開化。	諭令日期	720	8489 有諭令內容	9045 誤
276	庚申,……復饒州、廣信及興安。	奏報到京日期	721	8491 誤在己未、庚申	9045 誤
277	辛酉,廣東官軍剿匪獲勝,水陸股匪悉平。	諭令日期	721	8492 誤	9045 誤
278	戊辰,廣東官軍復河源等縣,殲賊於三水。	諭令日期	721	8494 誤	9045 誤
279	乾清門	乾清宮	721	8495 正	9045 誤
280	乙亥,以柏葰爲熱河都統。	丙子	721	8497 正	9046 誤
281	戊寅,楊霈軍復隨州。	辛酉	721	8497 戊寅奏	9046 誤
282	癸未,河南軍收復光山。	諭令日期	721	8498 誤	9046 誤
283	丁亥……以李鈞爲東河河道總督。	庚寅,東河-河東	721	8499 正	9046 誤
284	六月乙未,江西賊陷義寧。	諭令日期	722	8500 誤	9046 誤

285	丁酉，提督鄧紹良克復休寧。	諭令日期	722	8500 誤，語句不同	9046 誤
286	乙巳，廣東官軍收復封川，殲賊於虎門洋面。	諭令日期	722	8502 誤	9047 誤
287	丙辰，河南蘭陽河溢。	諭令日期	722	8504 誤	9047 誤
288	徽寧池廣道	徽寧池太廣道	722	8504 正，語句不同	9047 誤
289	廣東賊陷湖南郴州、宜章。	諭令日期	722	8506 誤	9047 誤
290	賊匪	史筆	722	8510 賊	9047
291	辛巳……以文慶爲軍機大臣。	壬午	722	8511 止	9047 誤
292	癸未，廣東官軍收復肇慶府、德慶州。	日期未有定論	722	8512 壬午	9047 誤
293	甲申，山西陽城土匪滋事，剿平之。	諭令日期	722	無	9047 誤
294	八月辛卯朔，胡林翼督軍攻克漢鎮	漢口鎮，諭令日期	723	8514 誤	9048 誤
295	己亥，湖南提督塔齊布卒於軍	己卯	723	8517 有諭令內容	9048 誤
296	孝靜康慈皇后	孝靜康慈弼天撫聖皇后	723	8517 諭有書寫字樣，敬謹書孝靜康慈皇后	9048 誤
297	庚子……喀什噶爾回匪入卡，倭什琿布派兵逐出之。	壬寅	723	無	9048 誤
298	戊申，廣東官軍連復連州、三山、連山，解永安城圍。	諭令日期，三山–三江	723	8518 誤，陽江、連山等城……	9048 誤
299	九月甲子，……卓秉恬卒。	議恤日期	723	8521 有諭令內容	9048 誤
300	漢軍都統	鑲紅旗~	723	無	9048
301	直隷、山東	河南、山東	723	8523 誤	9048 誤
302	壬午，四川馬邊廳夷匪滋事，官軍剿平之。	諭令日期	723	8525 誤	9048 誤
303	張落刑	實錄作「張樂行」，國史作「張落刑」	723	無	9048　張落刑
304	武隆額	國史、實錄、《平捻方略》爲「托明阿」	723	無	9048 誤
305	乙酉……浙軍克復安徽休寧、石埭。	諭令日期	723	8526 誤	9048 誤

306	固原	實錄為「陝西」	724	無	9049 誤
307	辛丑，貴州苗匪陷都江。	諭令日期	724	8528 誤，有諭令內容	9049 誤
308	戊申，石達開回竄湖北，胡林翼堵剿之。	諭令日期	724	8530 命~	9049 誤
309	辛未，廓爾喀夷人占踞後藏濟嚨。	諭令日期	724	無	9050 誤
310	調麟魁為刑部尚書，以瑞麟為禮部尚書。	己卯	724	8536 誤在戊寅	9050 誤
311	戊子……詔令曾國藩等遣周汝筠前赴崇、通，……。	庚辰	724	無	9050 誤
312	和春等奏捻匪李兆受竄踞英山，道員何桂珍密謀會捕，不克，死之。	癸未	724	無	9050 誤
313	臨安	臨江	724	8541 正	9050 誤
314	癸卯，廣西官軍收復興安。	諭令日期	725	8543 誤	9051 誤
315	……徐廷傑陷鎮筸，分陷思南。	未陷鎮筸，此為諭令日期	725	8543 誤，攻撲鄭筸鎮	9051 誤
316	奕興	奕湘	725	8543 誤	9051 誤
317	滿洲都統	正藍旗~	725	無	9051
318	丙午……奕山為黑龍江將軍。	丁未	725	8544 正	9051 誤
319	命西淩阿赴河南防剿。	戊申	725	8545 正	9051 誤
320	庚戌，捻匪張洛行回竄歸德。	壬寅	725	無	9051 誤
321	癸丑……景淳奏陳防夷情形，上嘉獎之。	乙卯	725	無	9051 誤
322	如	加	725	無	9051 誤
323	得旨：……下該大臣知之。	甲午	725	無	9052 誤
324	惇郡王奕誴復親王。	貝勒奕誴復郡王	725	8548 正，語句不同	9052 誤
325	壬戌，楊以增卒	予祭日期	726	8548 有諭令內容	9052 誤
326	壬申，賊擾湖南晃州、麻陽，官軍擊走之，斬賊首何祿。	分別在五年十一月、十二月，且貴州苗與天地會黨兩事不可混為一	726	8549 誤	9052 誤
327	知知府	衍一「知」字	726	8550 無此銜	9052 誤
328	戊寅，……昆壽剿歸善賊，平之。	諭令日期	726	8550 誤，語句不同	9052 誤

329	辛巳，都督秦定三攻克舒城。	壬申，都督－提督	726	8550 誤在癸未，未加官職	9053 誤
330	哈	喀	726	8555 正	9053 正
331	丁巳，貴州官軍攻克銅仁。	諭令日期	726	8556 誤	9053 誤
332	三月己未，瓜州賊出竄運河，托明阿追剿之。	諭令日期	726	無	9053 誤
333	壬戌……江西賊陷吉安。	正月癸未，此為諭令日期	727	8557 誤在辛酉	9053 誤
334	甲子，江南賊再陷揚州	戊午朔	727	8557 以~	9053 誤
335	乙丑，石達開陷瑞州	五年十一月庚申朔	727	無	9054 誤
336	丁卯，釋賽尚阿	戊午	727	無	9054 誤
337	乙亥，提督鄧紹良力攻揚州，克之	奏報到京日期	727	8559 誤，語句不同，8560 丁丑……命幫辦德興阿軍務。與《校註》必誤其一	9054 誤
338	賊竄江浦。	奏報到京日期	727	8559 誤	9054 誤
339	戊寅，賊陷江西建昌。	諭令日期	727	8560 誤，語句不同	9054 誤
340	庚辰……曾國藩攻賊樟樹失利，下部議處。	辛巳	727	8561 正	9054 誤
341	丙戌，張國樑軍攻克浦口。	丙子，此為諭令日期	727	8562 誤在乙酉	9054 誤
342	……戊子，粵賊復陷儀徵，官軍尋復之。	奏報到京日期	727	8563 誤	9054 誤
343	甲午，貴州軍復郎岱。	諭令日期	727	8563 誤	9054 誤
344	丙申，雲南楚雄漢、回構釁。	諭令日期	727	8564 正	9054 誤
345	己亥，江西軍復進賢。	諭令日期	728	8564 誤	9055 誤
346	辛丑，奉天金州地震。	諭令日期	728	無	9055 誤
347	癸卯，安徽賊陷寧國。	諭令日期	728	8564 有諭令內容	9055 誤
348	丙午……湯金釗卒，贈尚書。	議恤日期	728	8565 誤	9055 誤
349	壬戌，湖北通城官軍失利，道員江忠濟死之。	諭令日期	728	8566 誤	9055 誤
350	……古爾杭阿擊賊鎮江之黃泥州，不勝，死之，贈總督。	癸亥，此沿東華錄誤	728	8567 正	9055 誤

351	以趙德轍署江蘇巡撫。	癸亥	728	8567 正	9055 誤
352	甲子，江南賊撲九華山營盤，陷之。	諭令日期	728	8567 誤	9055 誤
353	河南軍復光州。復西淩阿都統。袁甲三復三品卿。	光州−光山，復職在壬午	728	8567 前誤，8569 後正	9055 誤
354	丁丑，賊陷溧水。	諭令日期	728	8569 誤	9055 誤
355	六月丙戌朔，金陵賊撲陷大營，官軍退守丹陽	癸酉	728	8569 誤	9055 誤
356	戊子……敕河南、廣東撥兵	丙戌朔，癸巳	729	8571 後正	9056 誤
357	和春、傅振邦赴援江南。	命傅振邦在辛丑，命和春在七月戊寅	729	8571 後正，8572 前誤在六月甲辰	9056 誤
358	辛亥，永定河溢。	諭令日期	729	無	9056 誤
359	江西賊陷饒州。	庚寅	729	8573 誤在甲寅	9056 誤
360	……辛酉，廣東援軍連復江西上猶、雩都，解贛州城圍。	諭令日期	729	8574 誤	9056 誤
361	壬申，江西官軍連復南康、饒州。	諭令日期	729	8576 誤	9056 誤
362	癸酉，欽差大臣向榮卒於軍。	甲子	729	8576 誤	9056 誤
363	丙子，甘肅撒拉回匪滋事，官軍剿平之。	諭令日期	729	8577 誤	9056 誤
364	命和春馳赴丹陽剿賊，鄭魁士接辦安徽軍務。	戊寅	729	8577 正	9057 誤
365	……克復江西新昌、上高。	癸卯，庚戌	729	無	9057 誤
366	赫特賀奏廓爾喀與唐古忒和成，撤回戍兵。	癸酉	729	無	9057 誤
367	癸卯，廣西官軍復上思州、貴縣。	四月，二月，此沿國史誤	730	8580 誤	9057 誤
368	丁未，貴州賊陷都勻、施秉，進陷古州。	諭令日期	730	8581 誤	9057 誤
369	戊申，安徽官軍攻克三河。	諭令日期	730	8581 誤	9057 誤
370	己酉，江西會匪攻陷廣昌、南豐、新昌、瀘溪。	諭令日期，會匪−太平軍	730	8581 誤，語句不同	9057 誤
371	戊午，……，開五城飯廠，並撥……賑固安六州縣饑民。	庚午	730	無	9057 誤
372	己巳，雲南土匪陷浪穹。	諭令日期	730	8585 誤	9057 誤
373	庚午，江南官軍攻高淳，克之。	諭令日期	730	8585 誤	9057 誤

374	癸酉，安徽官軍復無爲州。	諭令日期	730	8586 誤	9057 誤
375	壬午，西寧黑番族滋事，提督索文剿平之。	諭令日期	730	8588 誤	9058 誤
376	……丙戌，貴州賊陷台拱、黃平。	諭令日期	730	8589 誤	9058 誤
377	庚寅，官文剿襄陽匪徒，平之。	奏報到京日期	730	8590 誤，語句不同	9058 誤
378	甲午，命英桂、秦定三會剿渦河、蒙城捻匪。	乙未	731	8590 正	9058 誤
379	丁酉，安徽官軍克復和州。	諭令日期	731	8590 誤	9058 誤
380	雲南大理回匪戕官踞城。	諭令日期	731	8590 誤	9058 誤
381	壬寅，襄樊賊犯鄧州。	諭令日期	731	8591 誤	9058 誤
382	河南賊由夏邑趨擾徐州。	諭令日期	731	8591 正，以……	9058 誤
383	甲辰，浙江官軍再復休寧。	戊子	731	8592 誤	9058 誤
384	丁未，……標兵變，勞崇光討平之。	諭令日期	731	8592 誤	9058 誤
385	辛酉，雲南官軍克復姚州。	庚午	731	8595 誤	9059 誤
386	辛未……英人在廣東以查船構釁，放礮攻城。紳團憤擊之，殲數百人。	九月癸亥、甲子、乙丑等日英軍攻城，十月乙酉朔、癸巳等日紳勇殲洋人四百餘名。	731	8597 誤，語句不同	9059 誤
387	乙亥，江西賊陷撫州。	議處日期	731	無	9059 誤
388	戊寅……英桂奏攻破雉河集賊巢。	己卯	731	8598 正	9060 誤
389	壬午，胡林翼克復武昌	諭令日期	732	8598 誤	9060 誤
390	癸未，官文克復漢陽	諭令日期	732	8598 正，癸未賞花翎	9060 誤
391	貴州軍攻克都勻。	諭令日期	732	8599 誤	9060 誤
392	……乙酉，湖北官軍攻克老河口。	諭令日期	732	8600 誤	9060 誤
393	己丑……湖北官軍連復武昌縣、黃州府城。	諭令日期	732	8600 誤在辛卯	9060 誤
394	辛丑，皖、浙官軍克復寧國	十二月甲申朔	732	8602 誤	9061 誤
395	鑫	銮	732	無	9061 誤
396	戊申……湖北官軍克復黃梅。	諭令日期	732	8604 誤	9061 誤
397	爲	署	732	8604 正	9061 誤

398	……庚午……何桂清奏浙省援剿，內防本境，外保鄰封。	不知所據	733	無	9063
399	調全慶爲兵部尚書，文彩爲工部尚書，肅順爲左都御史。	戊辰	733	8610 正	9063 誤
400	廣西太平府土匪平。	六年六月，此爲批示日期	733	8610 誤在己巳	9063 誤
401	辛卯，湖北官軍收復宜昌。	諭令日期	733	8615 誤	9064 誤
402	甲午，雲南賓州回匪作亂。	諭令日期，州–川	733	8616 誤，字正	9064 誤
403	甲辰，湖北賊陷遠安、荊門，官軍擊走之。	正月庚辰、二月戊子，此爲諭令日期	733	8617 前誤在戊戌，8618 後誤	9064 誤
404	丁未，……犯黃梅，都興阿擊敗之。	諭令日期	733	8618 誤	9064 誤
405	安徽匪陷六安。	庚寅	734	8618 誤在戊申	9064 誤
406	三月癸巳朔	~癸丑朔	734	8619 正	9064 誤
407	丙辰……賊首劉尚義降。	二月乙巳	734	8620 誤	9065 誤
408	……孝順兵潰於都勻，死之。	諭令日期	734	無	9065 誤
409	己未，襄樊賊陷河南內鄉，官軍擊復之。	己亥	734	8620 誤	9065 誤
410	材	才	734	無	9065 誤
411	壬申，……攻景德鎮，不利，都司畢金科戰歿	奏報日期	734	8622 誤	9065 誤
412	劉長祐復敗於新喻。	二月壬寅	734	8622 誤	9065 誤
413	辛巳，……土匪滋事，廣東官軍剿平之。	諭令日期	734	8623 誤	9066 誤
414	丁亥，江西賊竄福建，陷邵武、光澤。	諭令日期	734	8624 有諭令內容	9066 誤
415	爲	署	734	8625 正	9066 誤
416	乙未，貴州賊陷永從。	六年八月癸卯，此爲諭令日期	734	8625 誤在甲午	9066 誤
417	丁酉，……劉長祐攻克江西新喻。	諭令日期	735	無	9066 誤
418	五月丙辰，薩迎阿卒	予諡日期	735	8629 正	9066 誤
419	湖北官軍克復江西奉新、靖安、安義。	六年八月丁酉、庚子，七年正月戊午	735	無	9066 誤

420	癸亥……福建賊陷汀州。	諭令日期	735	8630 誤	9066 誤
421	庚寅，雲南武定州回匪滋事，官軍剿平之。	諭令日期	735	8635 誤	9067 誤
422	李孟群奏擊敗霍丘竄賊，得旨嘉獎。	壬辰	735	8635 壬辰擊敗，誤	9067 誤
423	丁酉，勝保攻正陽關，不利，道員金光箸死之，贈布政使。	甲申	735	8636 誤	9067 誤
424	庚子，俄人以兵至海蘭泡，建營安徽，……命奕山拒之。	諭令日期	735	8637 誤	9067 誤
425	癸卯，福建官軍收復光澤、汀州，踞匪出竄連城，擊敗之。	諭令日期	735	8638 誤，語句不同	9068 誤
426	癸丑，福建官軍收復邵武。	諭令日期	735	8639 誤	9068 誤
427	乙卯，江南官軍克復句容	乙亥	736	8640 誤	9068 誤
428	辛酉，王鑫援江西吉安，連戰勝之，賜巴圖魯勇號。	己未	736	8641 正，名誤，見 395	9068 誤
429	丁卯，河南南陽土匪平。	諭令日期	736	8642 誤	9068 誤
430	癸酉，福建官軍收復泰寧、建寧。	諭令日期	736	8642 誤	9068 誤
431	永定河決。	諭令日期	736	無	9069 誤
432	乙亥，雲南回匪犯省城，恒春自盡。	諭令日期	736	8642 誤	9069 誤
433	丙子，江西官軍收復龍泉。	諭令日期	736	8643 誤	9069 誤
434	己丑，河南官軍收復鄧州。	諭令日期	736	8645 誤	9069 誤
435	甲午，貴州官軍收復錦屏。	四月甲午	736	8646 誤	9069 誤
436	湖北官軍攻剿黃梅大勝	諭令日期	736	8646 誤	9069 誤
437	壬子，福建官軍收復寧化。	諭令日期	737	8649 誤	9070 誤
438	癸丑，江西官軍克復瑞州。	諭令日期	737	8649 誤	9070 誤
439	法福理	同音異譯	737	8649 法福禮	9070
440	九月庚辰，湖南援贛道員王鑫卒於軍	八月壬子	737	8654 誤	9071 誤
441	庚寅，湖北賊陷舒城。	諭令日期	737	8656 誤	9071 誤
442	河南捻匪陷南陽。	奏報到京日期，實則並未失陷	737	8656 誤	9071 誤
443	丙申，江西官軍克復東鄉。	諭令日期	737	8657 誤	9071 誤
444	丁未，湖南援黔官軍克復黎平。	奏報，未曾陷，不當云「克」	737	8660 誤	9071 誤

445	冬十月戊申朔……河南官軍敗賊於南召，進剿裕州、泌陽餘匪。	九月甲午至壬寅	737	8660 誤	9072 誤
446	己未，李孟群剿捻匪於獨山，不利，兵潰。	諭令日期	737	8662 誤	9072 誤
447	乙丑，湖北援軍李續賓等攻克彭澤。	諭令日期	738	8662 誤，語句不同	9072 誤
448	廣西官軍收復南寧。	諭令日期	738	8662 誤，語句不同	9072 誤
449	庚午，河南賊入武勝關，直撲商南，陝西官軍擊走之。	辛酉，此爲諭令日期，武勝關－武關	738	8663 誤在癸酉	9073 誤
450	甲戌……以李續賓爲浙江布政使。	己巳	738	無	9073 誤
451	泰	額	738	無	9073 誤
452	淅	淛	738	無	9073 誤
453	安徽賊陷和州、霍山。	均在十月	738	8665 誤	9073 誤
454	楊載福克復望江、東陵、銅陵。	諭令日期，東陵－東流	738	8665 誤，字正	9073 誤
455	澧	澧	738	無	9073 誤
456	太保	少保	738	8667 正	9074 誤
457	辛丑，永定河合龍。	九月癸卯	738	無	9074 誤
458	辛亥……廣西賊陷慶遠。	諭令日期	739	8669 誤	9075 誤
459	庚寅，江西官軍收復臨江。	諭令日期	739	8677 誤	9076 誤
460	二月庚午，官軍克復秣陵關	諭令日期	739	8684 誤	9076 誤
461	癸未，江北官軍克復江浦	諭令日期	739	8688 誤	9076 誤
462	溫紹原復官。	辛巳	739	無	9076 誤
463	庚寅……貴州賊陷都匀，……佟攀梅死之。	諭令日期	739	8690 誤	9077 誤
464	丁未，江西賊竄入福建，陷政和、松谿。	諭令日期，松谿－松溪，下同	739	8693 誤，字正	9077 誤
465	己酉，安徽賊陷麻城	三月丁亥	740	8694 誤	9077 誤
466	另股陷蒙、亳、懷、宿	未陷，竄擾而已	740	8694 正	9077 誤
467	詔袁甲三剿之。	戊申	740	8694 誤	9077 誤
468	庚戌，賊陷和州。	諭令日期	740	8694 誤	9077 誤
469	雲南大理回匪陷順寧。	諭令日期	740	8694 誤	9077 誤

470	戊申，詔譚廷襄告知英人、法人，減稅增市，俟……，彼時再議來京。	庚戌	740	8694 誤在戊午	9077 誤
471	庚戌，江西賊陷常山、開化，命總兵周天受加提督銜，專辦浙防……饒廷選防守衢州。	三月乙酉，辛卯，四月辛亥	740	8695 誤	9078 誤
472	辛亥，譚廷襄呈進美國國書，詔許減稅率、增口岸，仍不許入京。	壬子	740	8696 誤	9078 誤
473	乙卯，英、法兵船入大沽，官軍退守。	四月癸丑	740	8696 誤	9078 誤
474	命僧格林沁備兵通州。	甲寅	740	8696 誤	9078 誤
475	戊午，江西官軍復雩都、樂安、崇化、宜黃。	二月庚申復樂安，三月戊寅復雩都，庚辰復宜黃，壬午復崇仁	740	8697 誤	9078 誤
476	辛酉，英、法船抵津關。	己未	740	8697 誤	9078 誤
477	江西賊竄浙江，陷處州及永康。	奏報到京日期	741	8697 誤	9078 誤
478	壬戌，湖北官軍克復九江	四月壬子	741	8698 誤	9078 誤
479	汊	岔	741	8699 正	9079 誤
480	乙巳，敕各省軍營挑練馬隊。	己巳	741	8700 誤	9079 誤
481	庚午，命和春兼辦浙江軍務。	辛未	741	8700 誤	9079 誤
482	英船開出大沽。	奏到日期	741	8701 誤，語句不同	9079 誤
483	桂良等奏英人之約於鎮江、漢口通商，……，國使駐京。上久而許之。	甲戌	741	8701 誤，語句不同	9079 誤
484	五月丙子，皖匪陷湖北黃安。	諭令日期	741	8702 誤	9079 誤
485	戊寅，捻匪陷懷遠。	諭令日期	741	8702 誤	9079 誤
486	己卯，奕山奏請黑龍江左岸曠地割畀俄人。	戊寅	741	8703 正	9079 誤
487	甲申，桂良等奏俄允代轉圜，先允俄人陸行。	丙戌	741	無	9079 誤
488	戊子……裕誠卒，上親臨賜奠。	諭令日期	741	8705 誤	9080 誤
489	五十一	五十六	741	8706 正	9080 誤
490	壬辰……廣東官軍復廣西梧州。	諭令日期	742	8707 誤	9080 誤
491	癸巳……杜㟃卒，上親臨賜奠。	諭令日期	742	8708 誤	9080 誤
492	庚子，江北官軍克復江浦、來安。	諭令日期	742	無	9081 誤

493	甲辰，夷船全數退出內河。	壬寅	742	8710 誤	9081 誤
494	行走	學習行走	742	8709 誤	9081 誤
495	己酉……江西官軍復新城、金谿。	諭令日期	742	8711 誤	9081 誤
496	癸丑，福建匪陷建寧。	諭令日期	742	8711 誤	9081 誤
497	福興罷，以周天受統其軍赴援福建。	乙卯，此沿東華錄	742	8711 誤，召福興來京……，語句不同	9081 誤
498	甲寅，廣西軍復象州。	諭令日期	743	8712 誤	9081 誤
499	丁巳，浙江賊陷壽昌，官軍尋復之。	諭令日期	743	8712 誤	9081 誤
500	丁卯……趙印川剿匪，死之。	諭令日期	743	8714 誤	9082 誤
501	江西援軍復浙江武義、永康、衢州，紹興城圍解嚴。	其時紹興城並無戰事	743	8714 誤	9082 誤
502	瑞麟請籌款修築天津營壘礮臺，下僧格林沁辦理。	戊辰	743	8714 誤	9082 誤
503	壬申……曾國藩奏由九江登陸赴浙，詔嘉勉之。	辛未	743	無	9082 誤
504	浙江軍復縉雲。	諭令日期	743	8715 誤	9082 誤
505	丁丑……周天受攻復浙江處州，移軍福建。	諭令日期	743	8717 誤，本誤為「周天培等」	9083 誤
506	乙酉，楊載福收復安徽建德。	諭令日期	744	8718 誤	9083 誤
507	丙申，賊陷廬州	諭令日期	744	8720 誤	9083 誤
508	丁酉，福建軍復建陽、光澤	諭令日期	744	8720 誤	9083 誤
509	賊陷寧化。	諭令日期	744	8720 誤	9083 誤
510	壬寅，張芾軍復龍泉	癸未	744	8722 誤	9083 誤
511	甲辰，福建軍復政和、松谿。	諭令日期	744	8722 誤	9083 誤
512	髮逆偽英王	史筆	744	8722 逆匪	9084
513	圍	園	744	8723 正	9084 誤
514	庚戌，李定太剿賊玉山，勝之，解其圍。	諭令日期	744	8723 誤	9084 誤
515	辛亥，蔣益澧援軍復廣西慶遠，擢按察使。	七月復，八月乙卯擢	744	8723 誤在乙卯克慶遠，語句不同	9084 誤
516	丙辰，周天受援福建，克復浦城，進克寧化。	敘事倒置，克寧化在七月己卯，七月甲午克浦城	744	8723 誤在己未	9084 誤

附　錄

517	捻匪陷豐縣。	庚戌	744	8724 誤	9084 誤
518	辛酉，捻匪竄山東，陷單縣。	未陷	744	8724 正	9084 誤
519	調英桂爲山西巡撫，恒福爲河南巡撫。	壬戌	744	8724 誤	9084 誤
520	乙丑，官軍復豐縣。	諭令日期	744	8724 誤	9084 誤
521	捻匪陷曹縣，尋復之。	日期未有定論	744	8725 竄陷曹縣	9084 誤
522	何桂清請以海關盈餘用充軍餉，允之。	壬申	744	8725 正	9084 誤
523	壬申，江北軍在浦口失利	壬戌	745	8725 壬申，以~	9084 誤
524	上是之。	庚午	745	無	9085 誤
525	九月癸酉朔，湖北官軍多隆阿克復太湖。	諭令日期	745	8726 誤，語句不同	9085 誤
526	乙亥，詔……	日期未有定論	745	無	9085
527	辛巳，官文、胡林翼奏李續賓、都興阿分路克復桐城	是日奏仍稱待復	745	無	9085 誤
528	……予同知曾國荃等升敘有差。	乙亥	745	8727 乙亥克復誤	9085 誤
529	壬午……賊陷揚州	乙亥	745	8728 誤	9086 誤
530	成明幫辦德興阿軍務。	丁亥	745	8729 誤在丙戌	9086 誤
531	甲午，張國樑攻克揚州，續復儀微。	克揚州在丁亥，可儀微在己丑	745	8730 前誤，8731 後誤在戊戌	9086 誤
532	戊戌……綿洵卒	予諡日期	745	無	9086 誤
533	己亥，賊陷六合	庚寅	746	8731 誤在戊戌	9086 誤
534	上悼惜之，贈布政使，優恤，建祠予諡。	十月乙巳	746	無	9086 誤
535	癸卯朔，浙江寧海土匪滋事，提督阿麟保剿平之。	諭令日期	746	無	9086 誤
536	己未，江南官軍復溧水。	奏報到京日期	746	8736 誤	9087 誤
537	戊辰……命莊親王奕仁在御前大臣上學習行走。	辛未	746	8738 正	9087 誤
538	己卯，徐澤醇卒	議恤日期	746	8741 誤	9088 誤
539	以朱嶟爲禮部尚書，張祥河爲左都御史。	庚辰	746	8741 前誤後正	9088 誤
540	丁酉，內閣副本庫被盜。	諭令日期	746	無	9088 誤
541	庚辰，提督	庚戌，副將	747	無	9089 誤
542	永州鎮總兵樊燮以……劾免。	壬子	747	無	9089 誤

－389－

543	伊興阿	同音異譯	747	8758 伊興額	9090 誤
544	壬午，江西官軍復瑞金，解安遠圍，別賊陷南安。	諭令日期	747	8759 誤	9090 誤
545	庚寅，福建匪周灴犧等降，遂復連城。	福建-江西，復連城在辛巳，兩事無關	747	8760 誤爲福建，未敘連城，8764 連城誤在辛亥	9090 誤
546	乙未，安徽官軍復建德。	諭令日期	747	8760 誤	9090 誤
547	二月丁未，捻匪薛之元⋯⋯降，會李世忠攻克浦口，賜名⋯⋯，予⋯⋯，擢李世忠副將。	正月丁酉，二月丙午，戊申	748	8763 誤，8764 誤在己酉	9091 誤
548	癸丑⋯⋯鄭魁士攻克灣沚、黃池賊壘。	諭令日期	748	8765 誤	9091 誤
549	丁巳⋯⋯慶祺卒	己未	748	8766 誤在壬戌	9092 誤
550	以恒福爲直隸總督，瑛棨爲河南巡撫。	壬戌	748	8766x	9092 誤
551	癸亥，張國樑奏攻克揚州、儀徵，回軍連克溧水。特詔嘉獎，予⋯⋯世職，李若珠賜黃馬褂。	諭令日期，和春奏	748	8767 誤，語句不同	9092 誤
552	乙丑，曾國藩奏軍抵南康，蕭啓江克復南安。得旨嘉獎，予⋯⋯勇號。	丁卯	748	無	9092 誤
553	詔編修李鴻章交伊興阿差委。	戊辰	748	8768 正	9092 誤
554	三月辛未朔，⋯⋯李孟群兵潰於官亭	二月丁巳	748	8769 誤	9092 誤
555	丙子，捻匪犯河南西華、舞陰，⋯⋯邱聯恩死之	癸亥	748	8769 誤	9092 誤
556	丁丑，桂良等奏英使兵船北上，阻止不聽。	己卯	749	8770 誤在戊寅	9092 誤
557	己卯，四川裏塘頭人作亂，恩慶討平之，誅其夷目鄧珠。	當在稍後	749	8770 誤，語句不同	9093 誤
558	辛卯，李鈞卒	因病解任日期	749	8771 正	9093 誤
559	東河	河東	749	8771 正	9093 誤
560	乙未，俄人⋯⋯通商，許免征稅，不許闌入烏蘇里、綏芬。	丙申	749	8772 正，語句不同	9093 誤
561	壬寅⋯⋯江西賊竄湖南郴州、桂陽，劉長祐擊走之。	諭令日期，地點異，應爲永州	749	8773 誤，永州正	9094 誤
562	戊申，浙江餘姚土匪作亂，討平之。	諭令日期	749	8774 誤	9094 誤

563	己未……賊陷天長	辛亥	749	8776 誤	9095 誤
564	前提督德安死之，復官予恤。	辛酉	749	8776 誤	9095 誤
565	戊辰，廣東官軍復嘉應，竄賊擾連平，陷樂昌。	諭令日期	749	8779 誤	9095 誤
566	白城	白城子	750	8781 正	9095 誤
567	甲申，俄人請赴三姓貿易。詔責奕山……革副都統吉拉明阿職，枷號烏蘇里地方。	乙酉	750	8781 誤	9095 誤
568	辛卯……調許乃普爲吏部尚書，張祥河爲工部尚書，沈兆霖爲左都御史。	乙未	750	8784 正	9096 誤
569	珍服	珍物	750	8785 珍玩	9097 誤
570	庚子，捻匪陷盱眙，官軍尋復之。	五月乙未，太平軍陷，七月庚午復	750	8787 誤在丁未	9097 誤
571	癸卯，廣西官軍復上林，匪陷賓州。	予恤日期	750	8786 誤	9098 誤
572	癸巳，英、法兵船全數開行。	庚戌	750	8787 癸丑奏	9098 誤
573	辛酉，何桂清奏英、法陸續回滬。	己未，英、法洋船	751	無	9098 誤
574	乙丑，陳玉成陷定遠。	奏報到京日期	751	8789 誤	9098 誤
575	己卯，美使華若翰遞國書，和約用寶，在北塘交換。	諭令日期	751	8792 誤在戊寅，語句不同	9098 誤
576	癸未，御史趙元模奏黃河北流，……請辦屯田，……。上是之，下袁甲三、庚長議奏。	甲申	751	無	9099 誤
577	癸巳，命李若珠幫辦江南軍務。	丙申	751	8794 正	9100 誤
578	乙巳……勝保奏李世忠剿賊獲勝，解定遠、滁州圍。詔擢李世忠總兵。	時定遠仍被圍，勝保擬以李世忠取之，而有是奏。擢李世忠總兵以解滁州圍故。	751	8797 誤，語句不同	9100 誤
579	廣東官軍復連山、開建。	復連山日期有異說，復開建在六月丁巳	751	8797 誤	9100 誤
580	江寧	荊州	751	8799 吳廷爕添誤	9101 誤
581	壬戌，髮逆、捻匪會攻壽州，官軍擊卻之。	奏報到京日期	752	8801 誤	9101 誤

582	甲子,廣東官軍復靈山。	諭令日期	752	8802 誤	9101 誤
583	九月戊辰,安徽賊陷霍山、盱眙,勝保擊退之。	霍山於八月壬子陷,盱眙八月庚申、丙寅兩攻未陷	752	8803 誤	9101 誤
584	勝保丁母憂,留營視軍。	庚午	752	8803 正	9101 誤
585	戊戌,雲南官軍克復嵩明,陣斬賊首孫漢鼎。	諭令日期	752	8809 誤	9102 誤
586	爲	署	752	8810 正	9103 誤
587	癸卯,河南捻匪陷蘭儀,圍……,擾尉氏,分竄直隸、山東。	諭令日期	753	8810 誤	9103 誤
588	丙辰……江蘇官軍剿六合失利,奪李若珠職。	諭令日期	753	8812 誤	9103 誤
589	戊午,美使請開潮州、臺灣通商口岸。	丁巳同意,此疑誤	753	8813 誤	9103 誤
590	庚申,河南官軍剿平鄢陵捻匪,西路肅清。	諭令日期	753	8813 誤	9103 誤
591	十一月戊辰,滇匪犯敘州,奪萬福職,以卓升爲四川提督。	己巳	753	8815 誤	9103 誤
592	丁丑,賊陷浦口,總兵周天培死之	十月癸亥	753	8816 誤	9104 誤
593	己丑,曾國藩奏韋志俊以池州降。	和春奏,日期稍前,己丑諭令	753	8818 誤	9104 誤
594	庚寅,四川官軍復筠連、慶符、高縣。	十月戊申	753	8819 誤	9104 誤
595	乙未,戶部災。	甲午	753	8820 誤,戶部火	9105 誤
596	戊戌……雲南丘北土匪滋事戕官,官軍討平之。	諭令日期	753	8821 誤	9105 誤
597	壬寅,吏部尚書花沙納卒。	議恤日期	754	8822 誤	9105 誤
598	爲	署	754	8823 正	9105 誤
599	辛未,援黔湘軍攻復鎭遠。	十月壬戌	754	8824 誤在辛亥	9105 誤
600	春正月丙寅	~朔	754	8828 正	9105 誤,添「朔」又被圈刪
601	戊辰,前寧夏將軍托雲保卒。	予諡日期	754	無	9106 誤
602	爲	暫署	754	無	9106 誤
603	壬辰……占泰爲四川提督。	甲午	754	無	9106 誤

604	甲午……特普欽奏請召集鄂倫春人入伍。從之。	壬辰	754	8834 正	9107 誤
605	扎拉芬泰奏……合攻印度。上曰：「俄非和好也。廓豈英敵？」	庚寅	754	8833 正	9107 誤
606	丙午，湖南官軍克復貴州鎮遠。	諭令日期	755	無	9107 誤
607	庚戌，捻匪陷桃源，上竄清江	諭令日期	755	8837 誤	9107 誤
608	壬子，援桂湘軍克復柳州、柳城	諭令日期	755	8838 誤	9107 誤
609	己巳，以倭什琿布為禮部尚書，春祐為熱河都統。	己未，禮部–理藩院	755	8839 正	9108 誤
610	庚子，命提督張玉良統軍援浙。	庚午	755	8841 正	9108 誤
611	丙子，賊陷杭州，巡撫羅遵殿死之。	諭令日期	755	8842 誤	9108 誤
612	以王有齡為浙江巡撫。	丙子署，翌日實授	755	8842 正	9108 誤
613	辛卯，浙江官軍克復長興、臨安、孝豐。	壬申復臨安，戊寅復孝豐，己卯復長興	755	8845 奏	9108 誤
614	閏三月癸卯，四川官軍克復蒲江，賊陷石山。	諭令日期，石山–名山	755	8848 前誤	9109 誤
615	丁未，賊陷溧水，連陷句容。	諭令日期	756	8848 誤，8849 誤	9109 誤
616	為	署	756	8854 正	9109 誤
617	癸酉，賊陷丹陽，張國樑死之，和春走常州。	諭令日期	756	8856 誤	9110 誤
618	戊寅，詔直省舉辦團練。命都興阿督辦江北軍務。	庚辰	756	8858 後誤	9110 誤
619	癸未……擢……左宗棠四品京堂，襄辦曾國藩軍務。	甲申	756	8859 正	9110 誤
620	乙酉，賊犯常州，和春迎戰受傷，卒。	諭令日期	756	8859 有諭令內容	9110 誤
621	辛卯，賊陷建下	諭令日期	756	8860 誤在己丑	9110 誤
622	張玉良兵潰於無錫。	諭令日期	756	8860 誤	9110 誤
623	癸巳，賊陷蘇州	諭令日期	756	8860 誤	9110 誤
624	己亥，……周沐潤招募沙勇，克復江陰。	諭令日期	756	8862 誤	9110 誤
625	辛丑，賊陷浙江長興，圍湖州，蕭翰慶赴援失利，死之。	諭令日期，翰–瀚	757	8862 誤	9111 誤

626	丙午，賊陷吳江、昆山及浙之嘉興。	日期有異說，非一日	757	8863 誤	9111 誤
627	甲寅，命毛昶熙辦河南團練	壬寅	757	8862 正	9111 誤
628	己未……玉明奏洋船到金州海面一百餘艘	庚申	757	887 正，一百二十艘，語句不同	9111 誤
629	文煜奏英、法兵到煙臺者約有萬人，探聞有……北犯之說	辛酉	757	8864 時間正，誤為燕臺，語句不同	9112 誤
630	丙寅，賊陷青浦、松江。	諭令日期	757	8870 誤	9112 誤
631	壬申……命邵燦、劉繹、晏端書、龐鍾璐各在原籍舉辦團練。	丁卯命浙江辦，丙子命江西辦	757	8870 浙江正	9112 誤
632	湖州	湖州平望	757	8872 正	9112 誤
633	薛煥奏克復松江。	丁丑	758	8872 誤在戊寅	9112 誤
634	庚辰，英、法兵登岸，遂踞北塘。	奏報到京日期	758	8872 誤	9112 誤
635	南河	江南	758	8873 正	9112 誤
636	己丑，夷人犯新河，官軍退守塘沽。	諭令日期	758	8877 誤，唐兒沽	9113 誤
637	秋七月癸巳	~朔	758	8878 正	9113 誤
638	戊戌，大沽礮臺失守，提督樂善死之，優恤建祠。	丁酉陣亡，庚子諭優恤建祠	758	8882 正	9113 誤
639	庚子，僧格林沁退守通州。	丁酉退，辛丑抵	758	8883 允~	9113 誤
640	辛丑，英人陷天津。	日期有異說	758	8884 辛丑英師入天津府城	9114 誤
641	浙江賊陷臨安、餘杭。	諭令日期	758	8884 誤	9114 誤
642	甲辰，江蘇賊復陷松江。	諭令日期	758	8885 有諭令內容	9114 誤
643	辛酉，金壇陷	諭令日期	758	8890 誤	9114 誤
644	八月癸亥，洋兵至通州	壬辰朔	759	無	9114 誤為壬戌朔癸亥
645	載垣誘擒英使巴夏禮解京。	乙丑	759	8891 正，語句不同	9114 誤
646	戊辰，瑞麟等與洋兵戰於八里橋，不利。	戊辰，無誤	759	8892	9114
647	辛巳，命恒福駐古北口備防，吳廷棟接轉文報。	丁亥	759	8895 誤	9115 誤
648	壬午，浙江官軍克復平湖、嘉善。	諭令日期	759	8896 誤	9115 誤
649	廣東官軍克復樂昌、仁化。	諭令日期	759	8896 誤	9115 誤

650	癸未，江蘇賊陷常熟。	諭令日期	759	8896 誤	9116 誤
651	辛丑，賊陷寧國，周天受死之。	癸酉	759	8901 誤	9116 誤
652	辛亥，賊陷徽州，……李元度棄城走。	諭令日期	760	8904 誤	9117 誤
653	庚申，恭親王奕訢奏洋人退至天津，籲請回鑾。	己未	760	8906 庚申退兵	9117 誤
654	甲子……以馮子材督辦鎮江軍務。	乙丑	760	8909 正	9117 誤
655	辛未，俄羅斯致槍礮。	諭令日期	760	8910 誤	9117 誤
656	辛巳……以總兵田在田接辦徐、宿剿匪，……吳棠幫同辦理。	丙戌	760	8913 正	9118 誤
657	英	捷	760	8915 正	9118 誤
658	甲午，浙江賊陷新城、臨安、富陽。	諭令日期	760	8916 誤	9118 誤
659	癸卯，浙軍張玉良攻復嚴州。	諭令日期，敘事失次	761	8919 誤	9119 誤
660	己巳	復書，當刪	761	8926 正	9120 誤
661	左宗棠奏	曾國藩奏左宗棠	761	8929 正，語句不同	9120 誤
662	乙酉，以官文、周祖培爲大學士，肅順協辦大學士	丙戌，此沿國史誤	761	8931 誤	9120 誤
663	沈兆霖爲戶部尚書，朱鳳標爲兵部尚書。	丙戌，此沿國史誤	761	8932 誤	9120 誤
664	上在木蘭。	四字與本紀體例不合	762	無，8934 庚寅朔，上在熱河御綏成殿……	9121 誤
665	辛酉，詔二月十三日回鑾。	辛卯	762	8934 正	9121 誤
666	辛丑，賊陷孝豐，杭州戒嚴。	諭令日期	762	8936 誤	9122 誤
667	癸卯，左宗棠兵復饒州暨都梁。	諭令日期，都梁–浮梁	762	8936 誤，字正	9122 誤
668	乙巳……以文煜爲直隸總督，譚廷襄爲山東巡撫，鄧爾恒爲陝西巡撫，何冠英署貴州巡撫。	丙午，文煜署	762	8937 正	9122 誤
669	戊申，詔袁甲三等：「捻匪裹脅良民，……。並傳知李世忠一體招撫。」	庚戌	762	8938 誤在己酉	9122 誤
670	辛亥，貴州官軍克復獨山。	諭令日期	762	8939 誤	9123 誤

671	壬子……河南捻匪竄擾東明、長垣。	諭令日期	762	8939 誤	9123 誤
672	己未朔，雲南官軍克復晉寧。	諭令日期	763	8942 誤	9123 誤
673	丁卯，張玉良軍克復江山、常山。	諭令日期	763	8944 誤	9123 誤
674	壬申，浙軍克復富陽。	諭令日期	763	8945 誤	9123 誤
675	捻匪撲汶河，副都統伊興阿、總兵滕家勝逆戰陣歿。	乙丑	763	8946 誤，語句不同	9124 誤
676	乙亥，陳玉成糾合捻匪……犯湖北蘄水，詔……擊之。	丙子	763	8946 誤，語句不同	9124 誤
677	丁丑庚辰，詔曰：「前經降旨，……。」	丁丑當刪	763	8947 正	9124 刪誤
678	壬辰，……奕訢請赴行在……詔答之曰：「別經半載，……。」	乙未	763	8954 正，語句不同	9125 誤
679	庚子，命勝保督辦直隸、山東剿匪。	辛丑	764	8956 正	9126 誤
680	以賈臻署安徽巡撫。	辛丑	764	8956 正	9126 誤
681	庚戌，英、法兩國兵退出廣東省城。	諭令日期	764	8958 奏	9126 誤
682	甲寅，浙江賊陷海鹽、平湖、乍浦，副都統錫齡阿死之。	二月乙酉，三月丁酉	764	8959 誤在癸丑	9126 誤
683	丙辰，廣西土匪陷太平府、養利州。	諭令日期	764	8959 誤	9126 誤
684	乙亥，左宗棠敗賊於樂平。	諭令日期	764	8966 誤，語句不同	9128 誤
685	庚辰，山東教匪撲圍大名，聯捷擊走之。	丁卯，此為諭令日期	764	8967 誤在丙子	9128 誤
686	癸未，皖賊復竄浙江，陷常山、江山、進逼衢州。	諭令日期	764	8969 誤	9128 誤
687	甲午，鄧爾恒被戕於曲靖。飭劉源灝查辦。	乙未飭查辦	765	8974 正	9128 誤
688	辛丑，命賈臻、李世忠幫辦袁甲三軍務。	壬寅	765	8976 正	9128 誤
689	庚申……布魯斯亞國換約通商。	己未	765	8980 正	9129 誤
690	甲戌，賊陷浙江遂昌、松陽、永康。	諭令日期	765	8982 誤	9130 誤
691	丙戌，浙江官軍克復長興。	諭令日期	765	8985 誤	9130 誤
692	秋七月丁亥	~朔	765	8986 正	9130 誤

附表 10：《清史稿校註》所指出《穆宗本紀》問題一覽表

序號	《校註》序號	問　　題	說　　明	《校註》頁碼	吳廷燮原稿本頁碼及情況	李哲明覆輯本頁碼及情況
1	1	丙午……湖北官軍復武昌、咸寧、通城等縣及江西義寧州。	諭令日期	767	9137 誤	10034 誤
2	2	粵匪	史筆	767	9138 粵逆	10035
3	3	辛亥，粵匪陷吉安。	三月己亥陷，辛丑收復	767	9138 壬子	10035 誤
4	4	廣西官軍復賓州。	六月丙寅	767	9138 誤	10035 誤
5	5	甲寅，粵匪陷靖安、武寧、義寧各州縣。	諭令日期	768	9139 誤，有諭令內容	10035 誤
6	6	八月丁巳朔……粵匪陷嚴州，旋復之。	諭令日期	768	9140 誤	10035 誤
7	7	戊午，官軍復新昌、奉新、瑞州、上高。	諭令日期	768	9141 誤	10035 誤
8	8	己未……允曾國藩請，以……輪船駛往皖江，歸其軍練習。	庚申	768	9142 誤	10036 誤
9	9	辛酉，湖北官軍復德安。	諭令日期	768	9142 誤	10036 誤
10	10	壬戌，江西官軍復武寧、靖安。	諭令日期	768	9142 誤	10036 誤
11	11	癸亥……勝保軍復濮州。	諭令日期，濮州實未復	768	9142 誤	10036 誤
12	12	庚午，御史董元醇請皇太后權理朝政，簡……人輔弼。載垣等擬旨駁飭。	丁卯	768	9143 誤	10036 誤
13	13	甲戌，曾國荃軍復安慶。	諭令日期	768	9144 誤	10037 誤
14	14	戊寅，廣西官軍復潯州。	諭令日期	769	9146 誤，有諭令內容	10037 誤
15	15	庚辰，四川番賊陷松潘。	諭令日期	769	9146 誤	10037 誤
16	16	加官文、曾國藩太子少保	官文加太子太保	769	9146 誤	10037 誤
17	17	癸未……苗沛霖陷正陽、霍丘，圍壽州。	諭令日期	769	9147 誤，有諭令內容	10037 誤
18	18	辛卯，楊載福軍復池州。	諭令日期	769	9148 誤	10038 誤

19	19	壬辰，捻匪竄氾水、鞏縣，官軍擊退之。	丙寅至丙子攻，癸酉攻入鞏縣縣城，旋被擊退	769	9148 誤	10038 誤
20	20	召張亮基來京。	甲午	769	9149 誤	10038 誤
21	21	金州地震。	六月間地震，九月甲午諭令撫恤災民	769	9149 誤	10038 誤
22	22	甲午，川軍剿平會理回匪。	諭令日期	769	9149 誤	10038 誤
23	23	庚子，川軍復名山。	諭令日期	769	9150 誤	10038 誤
24	24	壬寅……彭玉麟、成大吉等復黃州。	諭令日期	770	9150 誤	10039 誤
25	25	湖北巡撫胡林翼卒	諭令日期	770	9150 誤，說明予諡	10039 予諡被刪除
26	26	癸卯，浙江官軍復於潛、昌化。	六月戊寅復昌化，翌日復於潛	770	9151 誤	10039 誤
27	27	粵匪竄嚴州，張玉良等軍潰。	諭令日期	770	9151 誤	10039 誤
28	28	甲辰，英、法撤廣州駐兵，英撤駐天津馬隊。	八月壬申、癸未等日撤馬隊，九月癸卯交還廣州	770	9151 誤	10039 誤
29	29	乙卯……鮑超軍復鉛山。	諭令日期	770	9155 誤	10040 誤
30	30	丙寅，苗沛霖陷壽州。	諭令日期	771	9160 誤	10042 誤
31	31	丁卯……補行……武會試。	戊辰	771	9161 正	10043 誤
32	32	癸酉，粵匪陷嚴州、餘杭。	諭令日期	771	9162 誤	10043 誤
33	33	太常寺少卿	實錄為「太常寺卿」	771	9162 正	10043 太常卿，「太常」後有長點
34	34	剿賊	史筆	771	9162 剿賊	10043
35	35	太常寺卿	實錄為「太常寺少卿」	771	9163 正	10043 太常卿
36	36	丙子……官軍復無為及隨州。	諭令日期	771	9163 正，以…	10043 誤
37	37	丁丑……粵匪陷蕭山、紹興及江山、常山，趣左宗棠軍速援。	戊寅	771	9163 正	10043 誤
38	38	德勒克色楞	同音異譯	771	9164	10043 德勒克色倫

39	39	壬午，陳孚恩戍新疆。	癸未	772	9165 誤	10044 誤
40	40	命侍郎寶鋆、董恂在總理……衙門辦事。	癸未	772	9165 誤	10044 誤
41	41	甲申，法兵去天津。	奏報日期	772	9165 誤	10044 誤
42	42	壬辰，山東教匪作亂，成祿等剿平之，匪首延秀輪伏誅。	諭令日期	772	無	10044 誤
43	43	乙未，石達開竄綏寧。	諭令日期，史筆	772	9168 誤，有諭令內容	10045 誤
44	44	壬寅……僧格林沁剿壽張等處會匪，人捷。	十一月乙酉朔至乙未間	772	9169 誤	10045 誤
45	45	癸卯，命彭玉麟幫辦袁甲三軍務。	甲辰	772	9170 誤	10045 誤
46	46	癸卯……官軍復來安。	十月癸未	772	9170 正，奏	10045 誤
47	47	癸丑，粵匪陷處州。	諭令日期	772	9172 誤	10046 誤
48	48	乙卯，諭譚廷襄赴東昌籌河防。	丙辰	773	9173 誤	10046 誤
49	49	濮、范教匪平。	十一月己酉	773	9173 正，奏	10046 誤
50	50	戊午，國瑞軍復范縣。	諭令日期	773	9173 誤	10047 誤
51	51	粵匪陷寧波、鎮海暨紹興各屬。	諭令日期	773	9173 誤	10047 誤
52	52	壬戌……袁甲三軍復定遠。	十一月戊申	773	9175 誤	10047 誤
53	53	乙丑，福建會匪陷福鼎，尋復之。	諭令日期	773	9176 誤	10047 誤
54	54	河南捻匪竄棗陽。	諭令日期	773	9176 誤	10047 誤
55	55	綱僧卻多布	實錄為「綱增卻克多布」	773	9176 誤	10047 誤
56	56	親	郡	773	9177 正	10048 誤
57	57	乙亥……旋以韓超署任。	丙子	774	9179 正	10048 誤
58	58	丁丑，多隆阿軍進攻廬州。	諭令日期	774	9179 正，奏	10048 誤
59	59	兩淮粵匪陷杭州，瑞昌、王有齡死之。褫閩浙總督慶端職，留任。	十一月壬子杭州陷，王有齡被殺，十二月甲寅朔滿城破，瑞昌戰死，戊寅奪慶端職。	774	9179 誤	10048 誤

60	60	庚辰，捻匪圍潁州。	諭令日期	774	9180 誤	10049 誤
61	61	癸未，僧格林沁擊竄匪於曹州河南岸，殄之。	諭令日期	774	9181 誤	10049 誤
62	62	丙戌……調蔣益澧部赴左宗棠軍。	丁亥	774	9184 誤	10050 誤
63	63	辛卯，川軍復丹棱，匪首藍潮鼎伏誅。	諭令日期	775	9185 誤，有「上嘉之」	10051 誤
64	64	官軍復平越。	十一年九月己酉	775	9185 誤	10051 誤
65	65	壬辰，李世忠軍復天長。	諭令日期	775	9185 誤，有「賜珍物」	10051 誤
66	66	癸巳，粵匪李秀成陷奉賢、南匯、川沙。	諭令日期	775	9185 誤，有諭令內容	10051 誤
67	67	戊戌，粵匪犯鎮江，馮子材軍擊退之。	諭令日期	775	9187 誤	10051 誤
68	68	捻匪竄沭陽。	諭令日期	775	9187 誤	10052 誤
69	69	官軍復莘縣。	諭令日期	775	9187 誤	10052 誤
70	70	己亥，麟魁卒。	諭令日期	775	9187 誤，說明予謚	10052 誤
71	71	李世忠軍克江浦、浦口。	諭令日期	775	9187 誤，有諭令內容	10052 誤
72	72	撤慶端任，命耆齡赴閩接辦援浙軍務。	辛丑	775	9188 誤	10052 誤
73	73	戊申……英、法留兵駐大沽礮臺。	諭令日期	775	9190 誤	10052 誤
74	74	雲南官軍復麗江，回匪竄昆明。	諭令日期	776	9190 誤	10052 誤
75	75	庚戌，粵匪竄松江，官軍合外兵迎剿，大敗之。	諭令日期	776	9190 誤	10053 誤
76	76	二月甲寅朔，官軍復來鳳。	諭令日期	776	9192 誤	10053 誤
77	77	祁俊藻、翁心存授讀	尚有倭仁、李鴻藻等人	776	9193 正	10053 誤
78	78	丁巳，粵匪陷黃岩。	諭令日期	776	9193 誤	10053 誤
79	79	官軍解鎮江（圍）	諭令日期	776	9193 誤	10053 誤
80	80	（解）徽州圍	諭令日期	776	9193 誤	10053 誤
81	81	壬戌……粵匪陷安義，旋復之。	諭令日期	776	9194 誤	10054 誤

82	82	癸亥，捻匪圍杞縣。	諭令日期	776	9195 誤	10054 誤
83	83	乙丑，僧格林沁軍擊捻匪大捷，賊由杞縣竄通許，追剿之。	諭令日期	777	9195 誤	10054 誤
84	84	戊辰，石達開竄酆都。	諭令日期	777	9196 誤，有諭令內容	10054 誤
85	85	癸酉，多隆阿軍進攻廬州。	正月戊子至，三月癸未朔始逼近城根攻擊	777	9197 誤	10055 誤
86	86	丙子，以上海株涇陷，褫提督曾秉忠職。	丁丑，株－洙	777	9197 誤	10055 誤
87	87	上海官軍會英、法軍剿除蕭塘賊壘。	二月甲申朔，史筆	777	9197 誤	10055 誤
88	88	三月癸未朔，捻匪竄太和。	諭令日期	777	9198 誤，有諭令內容	10055 誤
89	89	丙戌，粵匪竄上海，薛煥軍擊敗之。	二月丙寅、丁卯等日	777	9199 誤	10055 誤
90	90	戊子，賊陷青田。	諭令日期，史筆	777	9200 誤	10055 誤
91	91	庚寅……左宗棠復遂安。	諭令日期	777	9201 誤	10056 誤
92	92	宋景詩降眾叛於蘭儀。	二月庚午往陳州，庚辰奔蘭儀	777	9201 正，以，諭	10056 誤
93	93	壬辰，粵匪犯廬、和及江浦。	諭令日期	777	9201 誤，有諭令內容	10056 誤
94	94	甲午，勝保軍進援潁州，大捷。	諭令日期	777	9201 誤	10056 誤
95	95	丙申，鄭元善言招回宋景詩，令帶罪圖效，允之。	乙未	778	9202 誤	10056 誤
96	96	己酉……海金剿賊失利，死之。	議恤日期，金－全	778	9204 誤，「全」字正	10057 誤
97	97	丁巳，粵匪陷宜陽，尋復之。	諭令日期，粵－捻	778	9206 誤	10058 誤
98	98	戊午……鮑超軍復青陽。	三月戊戌	778	9206 誤	10058 誤
99	99	曾國荃軍復巢縣、含山、和州。	三月壬寅復巢縣、含山，甲辰復和州	778	9206 誤	10058 誤
100	100	己未……李世賢竄江西，沈葆楨赴廣信督辦防剿。	諭令日期	778	9207 誤	10058 誤

101	101	癸亥，賊陷漢中	諭令日期	778	9208 誤，有諭令內容	10059 誤
102	102	乙丑，川軍復青神	諭令日期	779	9209 誤	10059 誤
103	103	左宗棠解衢州、江山圍。	二月壬申，三月丁未	779	9208 誤	10059 誤
104	104	落刑	亦有寫為「樂行」、「洛行」	779	9209 落刑	10059 落刑
105	105	戊辰，曾貞幹復繁昌	諭令日期	779	9209 誤	10059 誤
106	106	鮑超復石埭、太平、涇縣。	諭令日期	779	9209 誤	10059 誤
107	107	上海軍會英、法軍平南翔賊壘，復嘉定	諭令日期	779	9209 誤	10059 誤
108	108	庚午，都興阿擊敗揚州竄匪。	諭令日期，史筆	779	9210 誤，有諭令內容	10060 誤
109	109	官軍復潁上。	諭令日期	779	9210 誤	10060 誤
110	110	粵匪陷孝義、鎮安。	諭令日期	779	9210 誤	10060 誤
111	111	豫軍復永寧。	諭令日期	779	9210 誤	10060 誤
112	112	克伯	伯克	779	9210 正	10060 誤
113	113	丙子，臺灣會匪陷彰化。	諭令日期	779	9211 誤	10060 誤
114	114	戊寅，多隆阿軍克廬州，匪首陳玉成遁至壽州境，苗沛霖誘擒之。命免沛霖罪。	丁卯復廬州，誘擒在己巳，己卯諭免罪	780	9212 誤	10061 誤
115	115	己卯，張運蘭軍復旌德。曾貞幹軍復南陵。	諭令日期	780	9212 誤	10061 誤
116	116	撤回圍攻巴燕戎格，沈兆霖援剿之。	諭令日期	780	9212 正，命沈兆霖援剿	10061 誤
117	117	上海官軍復青浦。	丙寅	780	9212 誤	10061 誤
118	118	壬午朔，官軍復寧波、鎮海。	諭令日期	780	9213 誤	10061 誤
119	119	癸未，鄭元善移軍汝寧。	此為奏將移日期，軍行未必在是日	780	9213	10061
120	120	粵匪陷陝西山陽。	日期有異說	780	9213	10061
121	121	丁亥，以……包立身練勇殺賊，諭左宗棠酌用之。	戊子	780	9214 誤	10062 誤
122	122	李世忠軍截剿江南援賊，大捷。	諭令日期，史筆	780	9215 誤	10062 誤

123	123	己丑，廣西官軍復太平，劉長祐赴潯州督剿。	諭令日期	780	9215 誤	10062 誤
124	124	粵匪陷渭南。	諭令日期	780	9215 誤	10062 誤
125	125	乙未，彭玉麟、曾國荃各軍復太平暨蕪湖城……各隘，賞李成謀黃馬褂。	諭令日期	781	9216 誤	10062 誤
126	126	官軍會英、法軍克南橋、柘林、奉賢各城。	諭令日期	781	9216 誤	10063 誤
127	127	丙申，粵匪竄陝州。	諭令日期	781	9216 誤	10063 誤
128	128	己亥，粵匪陷興義	諭令日期，粵匪–滇回	781	9217 誤	10063 誤
129	129	官軍復霍丘。	諭令日期	781	9217 誤	10063 誤
130	130	庚子，……李棠階疏請於師傅匡弼之餘，預杜左右近習之漸，並……，優詔答之。	己亥	781	無	10063 誤
131	131	辛丑，官軍復台州府仙居、黃巖等六縣。	諭令日期	781	9218 誤，有諭令內容	10064 誤
132	132	賊陷嘉定。	諭令日期，史筆	781	9218 誤	10064 誤
133	133	壬寅，官軍進攻雨花臺。	諭令日期	781	9218 誤	10064 誤
134	134	甲辰……命恒祺為辦理葡國通商全權大臣。	戊戌	782	9218 誤	10064 誤
135	135	乙巳，陳玉成解京師，詔於中途磔之。	奏報到京日期	782	9219 誤	10064 誤
136	136	……李瞻謀叛，官軍剿滅之。	諭令日期	782	9219 誤	10064 誤
137	137	丁未，官軍復陝西山陽。	奏報到京日期	782	9219 誤	10064 誤
138	138	戊申，踞山陽賊竄鄖西。	丁亥，史筆	782	9219 誤	10064 誤
139	139	川匪陷太平廳，竄擾陝西定遠。	太平縣城失陷在庚申，定遠失陷在五月庚寅	782	9219 誤	10065 誤
140	140	張芾撫叛回於臨潼縣，被執，死之。	壬辰被拘，甲午被害	782	9220 誤	10065 誤
141	141	辛亥，彭玉麟、曾國荃等軍克秣陵關諸隘，進逼金陵。	諭令日期	782	9220 誤	10065 誤
142	142	粵匪陷湖州，……趙景賢死之。	諭令日期	782	9220 誤	10065 誤

143	143	丙辰，僧格林沁等軍克金樓賊壘。	諭令日期	782	9221 誤	10065 誤
144	144	庚申，川匪陷西鄉。官軍復定遠。	諭令日期	782	9222 誤	10065 誤
145	145	李鴻章督程學啓等軍剿粵匪，大敗之。	諭令日期	783	9222 誤	10065 誤
146	146	壬戌，川軍復太平。	諭令日期	783	9222 誤	10066 誤
147	147	癸亥，粵匪陷郿西。	諭令日期	783	9222 誤	10066 誤
148	148	乙丑，直隸蝗。	諭令日期	783	無	10066 誤
149	149	丙寅，粵匪由伊、洛南竄，命勝保督剿之。	乙丑	783	9223 誤	10066 誤
150	150	庚午，賊匪陷天柱。	諭令日期	783	9224 誤	10066 誤
151	151	癸酉，……桂良卒，贈太傅。	壬申	783	9224 誤	10066 誤
152	152	克	勒	783	9224 誤	10067 誤
153	153	乙亥，嚴諭文煜等緝直隸馬賊。	丙子	783	9224 誤	10067 誤
154	154	丙子，官軍復青田。	奏報到京日期	783	9225 誤	10067 誤
155	155	己卯，石達開竄綦江，官軍大敗之，遂竄珙、高等縣。	諭令日期	783	9225 誤	10067 誤
156	156	壬午朔	當刪	784	9226 本有內容	10067 誤
157	157	浩罕亂，伯克邁里被殺。	諭令日期	784	9226 誤，有諭令內容	10067 誤
158	158	庚寅，李鴻章軍克金山衛。	諭令日期	784	9227 誤，有諭令內容	10068 誤
159	159	辛卯，甘肅撒回降。	諭令日期	784	9227 正，奏，諭	10068 誤
160	160	安集延賊遁出卡。	諭令日期	784	9227 誤	10068 誤
161	161	甲午，川匪陷洋縣。	諭令日期	784	9228 誤	10068 誤
162	162	戊戌，川軍復長寧。	諭令日期	784	9228 誤	10068 誤
163	163	擢知州秦聚奎大順廣道	直隸知州，署大順廣道	784	9228 正	10068 誤
164	164	庚子，沈兆霖督剿撒回，還至平番，山水暴發，卒。	諭令日期	784	9229 誤，說明予諡	10069，圈刪予諡

165	165	粵匪竄南陽	諭令日期	784	9229 誤，有諭令內容	10069 誤
166	166	甲辰，閩軍復宣平、松陽、瑞安。	諭令日期	785	9230 誤	10069 誤
167	167	福州	杭州	785	9230 誤	10069 誤
168	168	丙午，彗星見西北方。	乙巳	785	無	10069 誤
169	169	中、葡商約成。	批示日期	785	9231 正，奏	10069 誤
170	170	丁未，鮑超軍復寧國。	諭令日期	785	9231 誤	10069 誤
171	171	諭刑部清初，廣東恩平、陽春、新興等縣土、客理庶獄。戊申，……詔求直言。官軍復互鬥，九年未解。至是，諭勞崇光諭止之，豫籌善後。	版次錯置	786	9232 正	10070 正
172	172	雲南回匪陷永昌、龍陵、騰越。	諭令日期	786	9232 誤	10070 誤
173	173	壬子，李鴻章軍克青浦。	諭令日期	786	9232 誤	10070 誤
174	174	呼克圖克圖	呼圖克圖	786	9233 呼圖；9234 呼圖克圖	10070 誤
175	175	乙丑，陝回圍朝邑。	諭令日期	786	9235 誤	10071 誤
176	176	辛未，陝回西竄同州，朝邑路通。	九月丁丑、壬寅始通	786	9236 誤	10072 誤
177	177	逆酋洪容海詣鮑超軍降，率所部克廣德。	諭令日期，史筆	786	9237 誤，有諭令內容	10072 誤
178	178	壬申，北新涇圍解，滬防肅清。	諭令日期	786	9237 誤	10072 誤
179	179	癸酉，甘回竄鳳翔。	諭令日期	787	9237 誤，有諭令內容	10072 誤
180	180	粵、捻合犯淅川	諭令日期	787	9237 誤	10072 誤
181	181	陷竹谿、竹山	陝回，諭令日期	787	9237 誤	10072 誤
182	182	甲戌……鎮江設關徵洋稅。	咸豐十一年四月己未朔設，同治元年八月乙亥頒關防	787	9237 定……章程	10072 誤
183	183	丙子……擢雷正縮陝西提督。	甲戌	787	9238 誤	10072 誤
184	184	丁丑，臺灣軍解嘉義圍。	六月己未	787	9238 誤	10072 誤

185	185	復處州府及縉雲城	官軍~	787	9238 誤	10072 誤
186	186	戊寅……官軍復青谿。	諭令日期	787	9238 誤	10072 誤
187	187	己卯,山東軍剿捻匪大捷。	諭令日期	787	9238 誤,有諭令內容	10072 誤
188	188	復浙江餘姚	戊子	787	9239 誤	10073 誤
189	189	復……廣西陽朔	諭令日期	787	9239 誤	10073 誤
190	190	閏八月辛巳朔,慶端軍復縉雲。	七月二十二日癸卯	787	9239 誤	10073 誤
191	191	甲申,多隆阿軍克荊紫關。	諭令日期,《平粵方略》爲「荊子關」	787	9240 誤	10073 誤
192	192	乙酉,鄂軍復竹山、竹谿。	諭令日期	787	9240 誤	10073 誤
193	193	黔軍復天柱、邛水。	諭令日期	788	9240 誤	10073 誤
194	194	粵匪竄老河口。	諭令日期	788	9240 誤,有諭令內容	10073 誤
195	195	西安解嚴。	八月己卯奏解圍,此爲奏解嚴之後軍情	788	9240 誤,有諭令內容	10073 誤
196	196	丁亥,法庫門回民互鬥,玉明等解散之。	諭令日期	788	9240 正,以……諭	10073 誤
197	197	戊子,回匪復攻西安。	諭令日期	788	9241 誤,有諭令內容	10073 誤
198	198	滇匪由川竄溥坪。	奏報到京日期	788	9241 誤	10073 誤
199	199	己丑,洪容海降眾復叛,踞廣德。	日期有異說	788	9241 己丑	10073
200	200	辛卯,多隆阿軍剿捻匪大捷,解商南圍。	諭令日期	788	9241 誤	10073 誤
201	201	壬辰,諭韓超與提督江忠義商辦貴州軍務,堵截……入黔。	癸巳	788	9242 誤	10074 誤
202	202	命李棠階爲軍機大臣。	癸巳	788	9242 誤	10074 誤
203	203	以德勒克多爾濟等增兵巡河防。	癸巳	788	9242 誤	10074 誤
204	204	戊戌,多隆阿剿亳、潁西竄捻匪大捷	甲申至戊子間	788	9244 誤	10074 誤
205	205	粵匪復陷慈谿,官軍合英、法軍復之,華爾沒於陣。	諭令日期	788	9244 誤	10074 誤

206	206	乙巳，石達開竄綦江等處，官軍剿擊敗之。	諭令日期	789	9246 誤	10074 誤
207	207	回匪竄邠州、寶雞等處。	諭令日期	789	9246 誤，有諭令內容	10075 誤
208	208	丙午，河南捻匪李如英降。	諭令日期，姓名有異說	789	9246 正，奏～	10075 誤
209	209	戊申，石達開竄仁懷。	諭令日期	789	9247 誤	10076 誤
210	210	辛亥……豫捻竄內鄉、新野。	諭令日期	789	9247 誤	10076 誤
211	211	壬子，御史劉慶請以……課州縣治績，從之。	癸丑，沿東華錄誤	789	9248 誤	10076 誤
212	212	丙辰，……王守青等編造逆書，事發伏誅。	諭令日期	789	無	10077 誤
213	213	戊午，……黃金籠、李植槐等倡亂，官軍討平之。	諭令日期	790	9249 誤	10077 誤
214	214	川匪竄寧陝，官軍敗之於子午谷。	諭令日期	790	9250 誤	10077 誤
215	215	庚申，石達開竄桐梓。	當在三月，壬戌奏報到京	790	9250 誤	10077 誤
216	216	甲子，粵酋李秀成大舉援金陵。	閏八月庚子起激戰，史筆	790	9251 誤	10077 誤
217	217	陳得才陷應城、孝感，官軍復之。	諭令日期	790	9251 誤	10077 誤
218	218	安徽軍克湖溝賊巢。	諭令日期	790	9251 誤	10078 誤
219	219	丙寅，僧格林沁軍克亳州捻巢。	諭令日期	790	9251 誤	10078 誤
220	220	陝回圍鳳翔。	諭令日期	790	9251 誤	10078 誤
221	221	庚午，馮子材克湯岡賊巢。	諭令日期，史筆	790	9252 誤	10078 誤
222	222	靈州回亂。	乙卯	791	9252 誤	10078 誤
223	223	癸酉，浙軍復壽昌。	諭令日期	791	9252 誤	10078 誤
224	224	新疆	黑龍江	791	9253 誤	10078 誤
225	225	李鴻章軍合英、法軍復嘉定。	諭令日期	791	9253 誤	10078 誤
226	226	乙亥……粵匪竄黃陂、黃安。	諭令日期	791	9253 誤	10078 誤
227	227	丙子，豫軍克龍井賊巢。	諭令日期	791	9253 誤	10078 誤

228	228	丁丑……諭曾國藩等豫選將弁演習外國船礮。	戊寅	791	9254 誤	10079 誤
229	229	冬十月庚辰朔……李詠等伏誅	乙亥,「詠」有異說:「永和」、「泳和」	791	9254 誤	10079 誤
230	230	辛巳,粵匪大股圍南翔等處滬軍。	諭令日期	791	9254 誤	10079 誤
231	231	勝保赴潼關剿匪。	奏到日期	791	9254 誤,有諭令內容	10079 誤
232	232	癸未,湖南援軍會復修仁。	諭令日期	791	9255 誤	10079 誤
233	233	命勞崇光赴黔察辦田興恕殺教民案。	甲申	791	9255 誤	10079 誤
234	234	庚寅,豫軍剿捻勝之,解臨潁圍。	諭令日期	791	9256 誤	10080 誤
235	235	官軍復奉化。	諭令日期	792	9256 誤	10080 誤
236	236	辛卯……甘回竄逼花馬池。	壬辰	792	9257 正	10080 誤
237	237	癸巳,黔軍剿敗石達開,遵義圍解。石達開竄仁懷。	諭令日期	792	9257 誤	10080 誤
238	238	乙未……定嗣後外人領兵毋易服色例。	甲午	792	9257 誤	10080 誤
239	239	丙申……陝回竄清水。	奏報在乙未	792	9258 誤	10080 誤
240	240	己亥,江南軍擊退金柱關賊。	諭令日期	792	9258 誤	10081 誤
241	241	山東	國史及實錄為「陝西」	792	9261 山東	10081 山東
242	242	壬子……臺灣會匪陷斗六門。	諭令日期	792	9261 誤	10082 誤
243	243	丙辰,翁心存卒	乙卯	793	9262 誤,有諭令內容	10082 誤,有諭令內容
244	244	戊午,官軍合英、法軍復上虞、嵊、新昌。	諭令日期	793	9263 誤	10082 誤
245	245	己未,彭蘊章卒。	予諡日期	793	9263 誤,有諭令內容	10083 誤
246	246	庚申,金陵粵匪竄擾高資,馮子材軍擊退之。	諭令日期	793	9263 誤	10083 誤

247	247	癸亥，秦聚奎剿匪冠縣沒於陣。	諭令日期	793	9263 誤	10083 誤
248	248	九洑洲賊復陷和州、含山、巢縣。	諭令日期	793	9263 誤	10083 誤
249	249	丙寅……川匪復陷略陽。	諭令日期	793	9265 誤	10083 誤
250	250	己巳，粵匪竄陷祁門。	諭令日期	793	9265 誤	10083 誤
251	251	平羅回匪亂。	諭令日期	793	9265 誤，有諭令內容	10084 誤
252	252	乙亥，山東降眾叛，陷濮州。	諭令日期	793	9266 誤，有諭令內容	10084 誤
253	253	丙子，石達開陷筠連。	諭令日期	793	9266 誤	10084 誤
254	254	川匪陷兩當，旋復之。	諭令日期	794	9266 誤	10084 誤
255	255	庚辰，白齊文有罪褫頂帶，逮治之。	辛巳	794	9268 誤	10084 誤
256	256	辛巳，多隆阿破回匪於同州。	諭令日期	794	9268 誤	10084 誤
257	257	癸未，江南軍復績溪、祁門。	諭令日期	794	9269 誤	10085 誤
258	258	官軍復濮州。	諭令日期	794	9269 誤	10085 誤
259	259	乙酉，左宗棠軍復嚴州。	諭令日期	794	9269 誤	10085 誤
260	260	丁亥……廣西匪陷西寧。	諭令日期	794	9269 誤	10085 誤
261	261	戊子，回匪陷涇陽。	諭令日期	794	9269 誤	10085 誤
262	262	宋景詩叛於山西。	諭令日期	794	9270 誤，有諭令內容	10085 誤
263	263	申諭舉孝廉方正。	庚寅	794	9270 正	10086 誤框刪
264	264	粵匪竄平利。	庚子	794	9270 誤	10086 誤
265	265	河州回匪肆擾，恩麟剿之。	諭令日期	794	9271 正，諭	10086 誤
266	266	允普魯士換約。	辛卯	794	9271 正	10086 誤
267	267	滇匪陷景東。	壬辰	795	9271 正	10086 誤
268	268	諭江忠義節制援桂各軍。	壬辰	795	9271 正	10086 誤
269	269	山東竄匪擾冀州、棗強，諭文煜等合剿。	壬辰	795	9271 正	10086 誤
270	270	丙申，官軍復新寧，復霍丘。	諭令日期	795	9272 誤	10086 誤

271	271	石達開再陷高縣，旋復之。	諭令日期	795	9272 誤	10086 誤
272	272	戊戌，粵匪由鄖陽竄興安	十一月丁卯	795	9272 誤，有諭令內容	10086 誤，有諭令內容
273	273	庚子，賊目駱國忠等以常熟、昭文降。	丙子，史筆	795	9273 誤	10086 誤
274	274	壬寅……甘匪竄陷隴州，知州邵輔死之。	諭令日期	795	9273 誤	10087 誤
275	275	乙巳，祫祭太廟。	親詣行禮日期	795	無	10087 誤
276	276	丙午，粵匪復竄寧陝。	丁未	795	9274 誤	10089 誤
277	277	丁未，粵匪圍興安，分竄漢中。	諭令日期	795	9274 誤	10089 誤
278	278	甲寅……匪陷武邑，官軍旋復之。	諭令日期	796	9279 誤	10089 誤
279	279	廣西軍復蓮塘。	諭令日期	796	9279 誤	10089 誤
280	280	戊午，粵匪陷西安府、鎮兩城。	諭令日期，西-興	796	9280 誤，興字正	10089 誤
281	281	丙寅，鮑超等軍復青陽。	奏報到京日期	796	9281 誤	10090 誤
282	282	庚午，瞻對酋糾德爾格忒土司擾巴塘、裏塘。	諭令日期，同音異譯	796	9282 誤	10090 誤
283	283	辛未，畿南竄匪平。	諭令日期	796	9282 正，奏	10090 誤
284	284	丁丑朔，左宗棠軍復金華、湯溪、龍游、蘭谿。	諭令日期	796	9284 誤，有諭令內容	10090 誤
285	285	庚辰，李秀成等渡江北犯，官軍擊敗之。	諭令日期	797	9285 誤	10090 誤
286	286	川軍剿石達開，破之。	諭令日期	797	9285 誤	10091 誤
287	287	貴州回匪陷安南、興義。	諭令日期	797	9285 誤	10091 誤
288	288	辛巳……多隆阿剿回匪大捷，克羌白鎮等賊巢。	諭令日期	797	9286 誤	10091 誤
289	289	壬午，陝西團勇復興安。	諭令日期	797	9286 誤	10091 誤
290	290	粵匪竄漢陰、紫陽。	正月丙辰陷紫陽，辛酉攻漢陰廳	797	9286 誤	10091 誤
291	291	粵匪竄陷褒城，旋復之。	諭令日期	797	9286 誤	10091 誤
292	292	癸未，復永康、武義。	諭令日期	797	9286 誤	10091 誤
293	293	乙酉，譚廷襄赴東昌剿匪。	諭令日期	797	9287 誤	10091 誤

294	294	丁亥，左宗棠移軍蘭谿。東陽、義烏、浦江踞賊均遁。	諭令日期	797	9287 誤	10091 誤
295	295	己丑，僧格林沁軍克雉河集賊巢，捻首張洛行伏誅。	諭令日期	797	9288 誤，樂行，有諭令內容	10091 落刑，有諭令內容
296	296	庚寅，寧夏平羅回匪投誠。	先已降清，辛卯諭令	797	9288 奏～	10092 誤
297	297	癸巳……馮子材敗賊於鎮江。	諭令日期	798	9289 誤	10092 誤
298	298	乙未，左宗棠軍復紹興、桐廬。	諭令日期	798	9290 誤	10092 誤
299	299	丙申，滿慶等剿辦瞻對逆匪。	諭令日期	798	9290 丙寅，諭……	10092 誤
300	300	黃國瑞軍克郯城縣長城匪巢。	諭令日期	798	9290 丙寅，奏～	10092 誤
301	301	東匪竄曲周、平鄉。	諭令日期	798	9290 丙寅	10093 誤
302	302	癸卯，粵匪陷江浦。	諭令日期	798	9291 誤，有諭令內容	10093 誤
303	303	廣東匪踞信宜，昆壽剿之。	諭令日期	798	9292 正，諭	10093 誤
304	304	乙巳……馬化龍糾黨圍靈州，旋赴固原投誠。	諭令日期	798	9292 正，諭	10093 誤
305	305	石達開由滇竄敘永。	諭令日期	798	9292 誤	10093 誤
306	306	壬子……諭沈葆楨辦交涉當持平，毋令紳民生釁。	甲寅	799	9284 誤	10094 誤
307	307	乙卯……粵匪陷紫陽，旋復之。	諭令日期	799	9295 誤	10094 誤
308	308	……逆匪犯昆明，潘鐸死之。	諭令日期	799	9295 誤	10094 誤
309	309	丙辰，李鴻章軍克福山口。	諭令日期	799	9293 誤，福山	10094 誤
310	310	丁巳，捻匪陷麻城	未陷	799	無	10094 誤
311	311	庚申，丹國遣使……議立商約。	二月抵天津，三月己酉行文	799	9296 誤	10094 誤
312	312	回匪圍平涼。	二月癸卯、甲辰，諭令在三月癸亥	799	9297 正	10095 誤

313	313	以甘肅剿賊遷延，襯署提督定安職，逮問。	癸亥	799	9297 正	10095 誤
314	314	乙丑……粵匪竄東流、建德。	諭令日期	799	9297 正	10095 誤
315	315	丙寅，……賈文彬伏誅。	諭令日期	799	9298 誤	10095 誤
316	316	陝南粵匪陷沔縣。	諭令日期	799	9298 誤，有諭令內容	10095 誤
317	317	……羅孝連軍復定番、長寨、獨山、荔波。	諭令日期	799	9298 誤	10096 誤
318	318	庚午，苗沛霖復叛。	諭令日期	800	9299 誤	10096 誤
319	319	官文等截剿蘄州竄賊。	諭令日期	800	9299 正，諭	10096 誤
320	320	乙亥，李鴻章軍復太倉。	諭令日期	800	9300 誤	10096 誤
321	321	隆德回匪亂。	諭令日期	800	9300 誤	10096 誤
322	322	黃國瑞軍平沂州棍匪。	諭令日期	800	9300 誤	10096 誤
323	323	戊寅……苗沛霖陷懷遠。	諭令日期	800	9301 誤，有諭令內容	10096 誤
324	324	山東匪劉得培踞淄川。	諭令日期	800	9302 誤	10096 誤
325	325	己卯……張錫珠等竄高唐，尋伏誅。	二月癸卯伏誅	800	9302 誤	10096 誤
326	326	庚辰，粵、捻各匪竄擾廬江、桐、舒及黃州。	犯廬江在三月戊午至丙寅間，……	800	9302 誤	10097 誤
327	327	壬午，多隆阿軍克孝義匪巢。	諭令日期	801	9303 誤	10097 誤
328	328	免浙江被陷各地額糧。	癸未	801	9303 誤	10097 誤
329	329	甲申……粵匪踞太平、石埭，左宗棠、沈葆楨會防。	元年十一月辛亥陷太平，戊午陷石埭，諭令在四月癸未	801	9303 正，諭	10097 誤
330	330	多隆阿軍克倉頭匪巢，陝東肅清。	己卯	801	9304 誤	10097 誤
331	331	苗沛霖陷潁上	日期有異說	801	9304 甲申	10097 甲申
332	332	犯蒙城	諭令日期	801	9304 誤	10097 誤
333	333	乙酉，劉典軍復黟縣。	諭令日期	801	9304 誤	10097 誤
334	334	楊明嶺	名字有異說	801	9305	10097
335	335	甘肅回匪陷鹽茶，犯靜寧，馬德昭赴慶陽進剿。	諭令日期	801	9305 正，諭	10097 誤

336	336	壬辰，贛軍敗賊祁門，逆酋胡鼎文伏誅。	諭令日期，史筆	801	9305 誤	10098 誤
337	337	癸巳……李鴻章遣程學啓等軍薄昆山。	諭令日期	802	9306 誤	10098 誤
338	338	涇州軍擊回匪，勝之。	諭令日期	802	9306 誤	10098 誤
339	339	乙未……閻敬銘赴淄川督剿。	丙申，閻敬銘奏到將於甲午赴淄川督戰	802	9307 誤	10098 誤
340	340	捻匪回竄河南，總兵余際昌等死之，命張曜接統其軍。	乙酉陣亡，丙申命統其軍	802	9307 丙申正	10098 誤
341	341	丁酉……左宗棠軍復黟縣。	重書，易誤解	802	9308 同	10098
342	342	逮治田興恕以謝法人。	戊戌	802	9308 正	10099 誤
343	343	庚子，粵、捻各匪犯鳳台、定遠，官軍擊退之。	丙戌至己丑	802	9308 誤	10099 誤
344	344	癸卯……軍復昆山、新陽。	諭令日期	802	9309 誤	10099 誤
345	345	官軍敗賊酋李秀成於石澗埠。	諭令日期，史筆	802	9309 誤	10099 誤
346	346	乙巳，回匪復犯西安，擊退之。	諭令日期	802	9310 誤	10099 誤
347	347	五月戊申，苗沛霖圍蒙城。	諭令日期	803	9311 誤，有諭令內容	10099 誤
348	348	己酉，鮑超軍復巢縣。	諭令日期	803	9311 誤	10100 誤
349	349	庚戌，賞郎中李雲麟京卿，節制……援兵。	辛亥	803	9311 正	10100 誤
350	350	壬子，粵、捻合犯天長，官軍擊敗之。	諭令日期	803	9312 誤，有諭令內容	10100 誤
351	351	丁巳，鄒縣教匪平，獲匪首劉雙印。	諭令日期	803	9312 誤	10100 誤
352	352	粵匪陷古州。	非太平軍，諭令日期	803	9313 誤，有諭令內容	10100 誤
353	353	戊午，俄兵入科布多境，執台吉。	三月癸酉，五月己未諭令	803	9313 誤	10100 誤
354	354	癸亥，粵匪擾富陽，官軍擊退之，總兵熊建益等陣沒。	賜諡日期	803	9314 誤	10100 誤

355	355	官軍援平涼失利，趣多隆阿分軍速援。	四月戊戌	803	9314誤，有諭令內容	10100誤
356	356	乙丑，寧夏撫回再叛。	諭令日期	803	9315誤	10100誤
357	357	鮑超軍復克巢、和、含山。	諭令日期	803	9315誤	10100誤
358	358	召宴端書來京	丙寅，宴–晏	804	9315誤，「晏」字正	10100誤
359	359	以毛鴻賓爲兩廣總督，惲世臨爲湖南巡撫。	丙寅	804	9315誤	10101誤
360	360	予明臣方孝孺從祀文廟。	丁卯	804	9316正	10101誤刪
361	361	西寧回蒙勾結撒匪攻丹噶爾廳	「蒙」字當刪，三月乙亥攻，四月甲申解圍	804	9317誤	10101誤
362	362	惠遠回匪亂，官軍捕誅之。	諭令日期	804	9317誤，有諭令內容	10101誤
363	363	定丹國通商條約。	癸酉	804	9317誤	10101誤
364	364	壬申，彭玉麟等軍復江浦、浦口及九洑洲。	諭令日期	804	9317誤	10101誤
365	365	乙亥，廣西軍復潯州。	諭令日期	804	9318誤	10101誤
366	366	丙子朔，黔軍復普安、安南。	諭令日期	804	9318誤	10101誤
367	367	丁亥……晉駱秉章太子太保銜，擢總兵唐友耕提督。	諭令日期，正	804	9321	10102
368	368	辛卯……瓦亭回匪圍隆德，擊退之。	諭令日期	805	9322誤	10102誤
369	369	河決開州、考城、菏澤。	諭令日期	805	9322誤，有諭令內容	10102誤
370	370	甲午，苗沛霖陷壽州，知州毛維翼死之。	諭令日期	805	9323誤，有諭令內容	10102誤
371	371	乙未，陝軍復寧羌。	諭令日期	805	9323誤	10102誤
372	372	壬寅，官軍復淄川，獲劉得培等誅之。	諭令日期	805	9325誤	10103誤
373	373	甲辰，寶慶土匪平。	諭令日期	805	9325誤	10103誤
374	374	秋七月乙巳	~朔	805	9326誤	10103誤
375	375	苗沛霖逼臨淮，唐訓方擊之。	諭令日期	805	9326正，諭	10103誤

376	376	丙午，李鴻章軍復吳江、震澤。	諭令日期	805	9326 誤	10103 誤
377	377	豫軍克張岡匪巢。	諭令日期	805	9326 誤	10103 誤
378	378	戊午，黔軍復古州。	諭令日期	805	9328 誤	10103 誤
379	379	辛酉，袁甲三卒於軍。	諭令日期	806	9329 誤，有諭令內容	10104 誤
380	380	甲子，官軍克沙窩等處匪巢。	戊辰	806	9329 誤	10104 誤
381	381	丁卯，官軍擊退狼山苗眾，蒙城路通。	己酉	806	9330 誤	10104 誤
382	382	命崇厚爲全權大臣，辦理荷蘭通商條約。	戊辰	806	9330 誤	10104 誤
383	383	滇回陷平彝，岑毓英軍復之。	二月陷，四月復	806	9330 誤	10104 誤
384	384	癸酉……山東白蓮池教匪平。	當在丙寅後數日	806	9331 誤	10104 誤
385	385	文煜予釋。	甲戌	806	9332 誤	10104 誤
386	386	捻匪逼開封。	戊辰	806	9332 誤	10104 誤
387	387	丙子，程學啓等軍大破賊於太湖、楓涇等處，進逼蘇州。	諭令日期	806	9333 誤	10105 誤
388	388	丁丑，陝西曹克忠軍克附省等處賊巢。	諭令日期	806	9333 誤	10105 誤
389	389	戊寅，西寧、狄道、河州漢、回互鬥。	諭令日期	806	9333 誤，有諭令內容	10105 誤
390	390	哈薩克勾結俄兵擾伊犁。	諭令日期	807	9333 誤，有諭令內容	10105 誤
391	391	趣四川何勝必軍援甘。	諭以何勝必已派赴漢南，著另派大員前往	807	9333 誤	10105 誤
392	392	庚辰，皖軍克長淮衛。	諭令日期	807	9334 誤	10105 誤
393	393	辛巳……多隆阿軍抵西安	諭令日期	807	9334 誤	10105 誤
394	394	渭南肅清。	七月壬戌	807	9334 誤	10105 誤
395	395	命陳國瑞幫辦吳棠軍務。	甲申	807	9335 正	10105 誤刪
396	396	丙戌，蘇軍克江陰。	諭令日期	807	9335 誤	10105 誤
397	397	丁亥，成瑛棨新疆。	戊子	807	9336 誤	10105 誤

398	398	都興阿遣軍援臨淮。	諭令日期	807	9336 誤	10105 誤
399	399	辛卯，李鴻章赴江陰督剿。	戊寅	807	9337 誤	10105 誤
400	400	諭陳國瑞援蒙城。	壬辰	807	9337 誤	10106 誤
401	401	熙麟遣軍援平涼。	壬辰	807	9337 誤	10106 誤
402	402	乙未……宋景詩竄開州。	庚寅	807	9337 誤	10106 誤
403	403	丁酉，黔軍克桐梓賊巢。	諭令日期	807	9338 誤	10106 誤
404	404	普安陷，旋復之。	諭令日期	808	9338 誤	10106 誤
405	405	庚子，回匪陷平涼。	諭令日期	808	9340 誤，有諭令內容	10106 誤
406	406	辛丑，閻敬銘移軍東昌。	癸巳	808	9340 誤	10106 誤
407	407	定荷蘭換約。	戊戌	808	9340 誤	10106 誤
408	408	劉長祐赴景州督剿。	壬寅	808	9340 誤	10107 誤
409	409	乙巳朔……沈葆楨乞病，慰留給假。	丁未	808	9342 正	10107 誤刪
410	410	庚戌，浙軍克富陽。	諭令日期	808	9342 誤	10107 誤
411	411	辛亥，粵軍克廣海寨城。	諭令日期	808	9343 誤	10107 誤
412	412	甲寅，粵匪陷城固。	諭令日期	808	9343 誤	10107 誤
413	413	……張總愚等由汝州南竄。	諭令日期	808	9344 誤，有諭令內容	10107 誤
414	414	乙卯，多隆阿軍復高陵。	諭令日期	808	9344 誤	10107 誤
415	415	隆	實錄為「騰」	808	9344 隆	10107 誤
416	416	辛酉，多隆阿軍克蘇家溝、渭城賊巢。	諭令日期	808	9345 誤	10108 誤
417	417	甲子，粵匪陷會同、綏寧，旋復之。	諭令日期	809	9345 誤	10108 誤
418	418	陝西兵團復沔縣。	諭令日期	809	9346 誤	10108 誤
419	419	乙丑，李秀成援無錫，程學啓等擊退之。	諭令日期	809	9346 誤，有諭令內容	10108 誤
420	420	己巳，僧格林沁剿宋景詩股匪悉平。景詩遁。	諭令日期	809	9347 誤，有諭令內容	10108 誤
421	421	乙亥……官軍獲直、東股匪朱登峰等，悉誅之。	諭令日期	809	9349 誤，有諭令內容	10109 誤
422	422	丙子，捻首張總愚由魯山、南召南竄。	諭令日期	809	9349 誤，有諭令內容	10109 誤

423	423	冬十月……己卯，陶茂林軍解鳳翔圍	九月丁卯	809	9349 誤	10109 誤
424	424	辛巳，粵匪竄龍勝，總兵胡元昌死之。	諭令日期	809	9350 誤	10109 誤
425	425	丁亥，朝陽餘匪竄擾昌圖。	諭令日期	809	9351 誤，有諭令內容	10110 誤
426	426	戊子，李雲麟軍失利，粵匪陷陝西山陽。	己丑諭令	810	9352 誤	10110 誤
427	427	張總愚竄鄧州。	甲戌朔	810	9352 誤	10110 誤
428	428	賴、曹諸酋竄鳳縣、兩當。	諭令日期	810	9352 誤	10110 誤
429	429	庚寅，左宗棠軍擊敗杭州、餘杭踞賊。	諭令日期	810	9352 誤	10110 誤
430	430	壬辰，藍逆陷盩厔。	諭令日期	810	9353 誤	10110 誤
431	431	癸巳……逆酋古隆賢就撫，收復石埭、太平、旌德。	諭令日期	810	9354 誤，有諭令內容	10111 誤
432	432	曾國荃等軍復秣陵關。	諭令日期	810	9354 誤	10111 誤
433	433	丙申，桂軍復容縣。	諭令日期	810	9354 誤	10111 誤
434	434	丁酉，程學啓等軍攻克滸墅關。	諭令日期	810	9355 誤	10111 誤
435	435	癸卯，李秀成援蘇州，李鶴章等軍擊敗之。	諭令日期	810	9356 誤	10111 誤
436	436	十一月丙午，奉天匪竄吉林，玉明等會剿。	諭令日期	811	9357 正，諭	10111 誤
437	437	皖軍復懷遠及虷埠。	諭令日期	811	9357 誤	10112 誤
438	438	丁未，僧格林沁督諸軍攻剿苗沛霖，誅之。	諭令日期	811	9358 誤，有諭令內容	10112 誤
439	439	李鴻章督軍復蘇州，粵酋郜雲官等降。	諭令日期	811	9358 誤，有諭令內容	10112 誤
440	440	戊申，逆酋楊友清等以高淳、寧國、建平、溧水降。	諭令日期，史筆	811	9359 誤，有諭令內容	10112 誤
441	441	李雲麟等復山陽。	諭令日期	811	9359 誤	10112 誤
442	442	粵軍復信宜。	諭令日期	811	9359 誤	10112 誤
443	443	己酉，劉典等軍復昌化。	諭令日期	811	9359 誤	10112 誤
444	444	庚戌，藍逆竄商南。	九月辛未，諭令在己酉	811	9360 誤	10112 誤

445	445	癸丑，張總愚竄淅川。	諭令日期	811	9360 誤	10112 誤
446	446	甲寅，僧格林沁軍復下蔡、壽州。	諭令日期	811	9360 誤	10112 誤
447	447	丙辰，李鴻章誅郜雲官等，遣散降眾。	諭令日期	812	9361 誤	10112 誤
448	448	丁巳，李鶴章軍克無錫、金匱。	諭令日期	812	9361 誤	10112 誤
449	449	庚申，李續宜卒。	議卹日期	812	9361 誤，說明議卹	10112 誤，刪予諡
450	450	丘縣匪張本功等糾眾抗糧，捕誅之。	奏報到京日期	812	9361 誤	10113 誤
451	451	汧陽回眾降。	諭令日期	812	9362 誤	10113 誤
452	452	壬戌，官軍復潁上、正陽。	丁未	812	9662 誤	10113 誤
453	453	癸亥，馬化龍陷寧夏、靈州。	十月，諭令在壬戌	812	9662 誤	10113 誤
454	454	曾國荃軍克淳化等隘，進駐孝陵。	諭令日期	812	9662 誤	10113 誤
455	455	丙寅，官軍克嘉善、張涇匯。	諭令日期	812	9663 誤	10113 誤
456	456	丁卯，逆回圍寧夏滿城。	諭令日期	812	9664 誤，有諭令內容	10113 誤
457	457	庚午……賊目以乍浦、嘉善降。	諭令日期	812	9365 誤	10113 誤
458	458	丁丑，提督江忠義卒於江西軍次。	諭令日期	813	9367 誤	10114 誤
459	459	庚辰，蘇軍克平望。	諭令日期	813	9367 誤	10114 誤
460	460	癸巳，陝回、粵匪紛竄甘境。	諭令日期	813	9370 誤，有諭令內容	10115 誤
461	461	乙未……復彰化，臺灣兩路賊平。	奏報到京日期	813	9371 誤	10115 誤
462	462	甲辰，李鴻章軍擊常州援賊於奔牛鎮，大捷。	諭令日期	813	9376 誤	10115 誤
463	463	丙午……援陝川軍失利於青石關。	諭令日期	814	9377 誤	10116 誤
464	464	庚戌，河南捻匪竄隨州。	諭令日期	814	9377 誤	10116 誤
465	465	癸丑，豫軍剿張總愚於趙莊山口，失利。	二年十二月癸巳	814	9378 誤	10116 誤

466	466	己未，官軍復修文及冊亨。	諭令日期	814	9378 誤	10116 誤
467	467	甲子，李世賢竄績溪。	諭令日期	814	9379 誤，有諭令內容	10116 誤
468	468	己巳，浙軍復海寧。	諭令日期	814	9380 誤	10117 誤
469	469	彰化匪首戴萬生伏誅。	諭令日期	814	9380 誤	10117 誤
470	470	粵匪竄石泉、漢陰、寧陝。	諭令日期	814	9380 庚午，有諭令內容	10117 誤
471	471	二月壬申朔，官軍復漢中、留壩。	諭令日期	814	9382 誤	10117 誤
472	472	黔軍復龍里。	諭令日期	814	9382 誤	10117 誤
473	473	乙亥，粵匪竄廣信、建昌。	奏報到京日期	814	9382 誤，有諭令內容	10117 誤
474	474	庚辰，寧夏回匪犯中衛等處，熙麟分兵援之。	諭令日期	815	9383 正，諭	10117 誤
475	475	壬午，廣東三山土匪平。	諭令日期	815	9384 誤	10117 誤
476	476	癸未，粵匪陷鎮安，旋復之。	諭令日期	815	9384 誤	10117 誤
477	477	戊子，桂軍克蒼梧等縣。	諭令日期	815	9385 有諭令內容	10117 誤
478	478	庚寅，曾國荃等軍克鍾山石壘，合圍金陵。	諭令日期	815	9385 誤	10118 誤
479	479	蔣益澧軍復桐鄉。	庚戌	815	9385 誤	10118 誤
480	480	粵匪逼閩境，張運蘭軍援之。	二月辛卯諭令	815	9385 誤	10118 誤
481	481	壬辰，豫軍克息縣、光州賊寨。	奏報到京日期	815	9386 誤	10118 誤
482	482	甲午，粵匪竄廣豐、弋陽。	諭令日期	815	9386 有諭令內容	10118 誤
483	483	庚子，陝南匪竄內鄉。	諭令日期	815	9386 誤	10118 誤
484	484	三月壬寅，程學啓等軍克嘉興。	諭令日期	816	9387 誤	10118 誤
485	485	贛軍復金谿。	諭令日期	816	9387 誤	10118 誤
486	486	江南軍復溧陽。	諭令日期	816	9387 誤	10118 誤
487	487	陝軍克盩厔	乙未	816	9387 誤	10118 誤
488	488	雷正綰等軍進剿逆回。	諭令日期	816	9387 誤	10118 誤

489	489	川匪藍二順竄洵陽。	諭令日期	816	9387 誤	10118 誤
490	490	丙午，僧格林沁統全軍赴豫，進至許州。	諭令日期	816	9388 誤	10118 誤
491	491	江南軍復廣德。	諭令日期	816	9388 誤	10118 誤
492	492	嘉義匪首林贛晟伏誅。	起居注冊在二年十二月下旬，實錄奏報到京在庚申，爲「林晟」	816	9388 誤	10118 誤
493	493	己酉……岑毓英等軍克他郎、鎮沅。	諭令日期	816	9389 正，奏	10119 誤
494	494	壬子，蔣益灃各軍克復杭州及餘杭。	二月乙未	816	9390 誤	10119 誤
495	495	甲寅……川軍攻松潘匪，復疊溪營城。	諭令日期	816	9390 誤	10119 誤
496	496	丁巳，滇軍復景東、元謀及楚雄。	二年七月、八月，諭令在戊午	817	9391 誤	10119 誤
497	497	癸亥，贛匪竄福建。	諭令日期	817	9392 誤	10119 誤
498	498	乙丑，逆首藍大順伏誅。	諭令日期	817	9392 誤	10119 誤
499	499	丙寅，浙軍復武康、德清、石門。	諭令日期	817	9392 誤	10119 誤
500	500	諭左宗棠收養杭州難民。	諭令日期，正	817	無	10119
501	501	庚午，張總愚竄鎮平。	諭令日期	817	9394 誤	10120 誤
502	502	……馬三娃陷赤金堡，官軍剿平之。	諭令日期	817	9394 誤	10120 誤
503	503	壬申，鮑超軍復句容。	諭令日期	817	9395 誤	10120 誤
504	504	丁丑，李世賢等竄江西。	諭令日期，「李世賢」亦作「李侍賢」	817	9396 誤，有諭令內容	10120 誤
505	505	鮑超軍復金壇。	諭令日期	817	9396 誤	10120 誤
506	506	陝南匪竄河南，陷荊子關。	諭令日期，陷荊子關日期待考	817	9396 誤	10120 誤
507	507	戊寅，湘軍會復古州。	諭令日期	818	9396 誤	10120 誤
508	508	甲申，李鴻章督軍克常州。	諭令日期	818	9397 誤	10120 誤
509	509	馮子材等軍復丹陽。	諭令日期	818	9397 誤	10121 誤
510	510	丙戌……嚴樹森辦省城防守。	諭令日期	818	9398 正，命	10121 誤

511	511	庚寅，多隆阿卒於軍。	議恤日期	818	9399誤，說明議恤	10121誤
512	512	辛卯，贛軍解玉山圍。	三月庚午	818	9400誤	10121誤
513	513	辛卯，僧格林沁會楚軍剿粵、捻於隨州，大敗之。	四月甲戌、丙子等日	818	9400誤，癸巳	10121誤
514	514	戊戌，粵匪陷弋陽。	奏報到京日期	818	9401誤	10122誤
515	515	陝南粵逆竄德安府，僧格林沁軍追剿之。	諭令日期	818	9401誤	10122誤
516	516	庚子朔，黔匪陷長寨、定番、廣順，旋復之。	諭令日期	818	9402誤	10122誤
517	517	甲辰，粵匪竄天門、應城、德安、隨州。	諭令日期	818	9403誤，有諭令內容	10122誤
518	518	乙巳，粵匪陷寧化，旋復之。	諭令日期	819	9403誤	10122誤
519	519	己酉，李世賢犯撫州，官軍擊走之，復弋陽。	諭令日期	819	9404誤	10123誤
520	520	賞戈登黃馬褂、……，汰留常勝軍，撤遣外國兵官。	庚戌	819	9405誤	10123誤
521	521	辛亥，官軍復都江、上江等城。	諭令日期	819	9406誤	10123誤
522	522	粵匪竄逼西安。	諭令日期	819	9406誤，有諭令內容	10123誤
523	523	癸丑……黔匪竄秀山。	諭令日期	819	9406誤	10123誤
524	524	戊午……李世賢陷宜黃、崇仁，南昌戒嚴。	諭令日期	819	9407誤，有諭令內容	10123誤
525	525	庚申，回匪陷狄道，旋復之。	諭令日期	819	9407誤	10123誤
526	526	壬戌，粵匪竄黃陂，官文移軍孝感。	諭令日期	819	9407誤	10123誤
527	527	癸亥……粵匪再陷建寧、寧化，旋復之。	諭令日期	819	9408誤	10123誤
528	528	丁卯，雷正綰軍復平涼。	諭令日期	820	9409誤，有諭令內容	10124誤
529	529	己巳，桂軍克貴縣賊巢，潯州肅清。	諭令日期	820	9409誤，有諭令內容	10124誤
530	530	癸酉，粵匪竄麻城、黃岡。	諭令日期	820	9410誤，有諭令內容	10124誤

531	531	丁丑……蘇軍復長興。	諭令日期	820	9411 誤	10124 誤
532	532	黔軍復普安。	諭令日期	820	9411 誤	10124 誤
533	533	馬如龍、岑毓英各軍剿迤西回匪，復中甸……等賊巢。	諭令日期	820	9411 正，奏	10124 誤
534	534	戊寅，庫車漢、回亂，……文藝、回子郡王愛默特死之。	諭令日期	820	9412 誤，有諭令內容	10124 誤
535	535	戊子，贛軍克貴溪賊壘。	五月辛酉	820	9413 誤	10125 誤
536	536	曾國荃軍克金陵外城。	五月己巳	820	9414 誤，庚寅	10125 誤
537	537	辛卯……回匪陷布古爾、庫爾勒。	五月丁未、己酉，諭令在庚辰	820	9414 誤	10125 誤
538	538	諭撤訥欽等軍。	庚寅，同音異譯	820	9414 誤	10125 誤
539	539	癸巳，浙軍復孝豐。	癸酉	820	9414 誤	10125 誤
540	540	戊戌，官軍克復江寧……江南平。	奏報到京日期	821	9415 誤	10125 誤
541	541	回逆陷喀喇沙爾，辦事大臣依奇哩等均死之。	五月、六月，未陣亡	821	9416 誤	10126 誤
542	542	不入八分	入八分	821	9418 誤	10127 誤
543	543	辛丑……俄兵入科布多卡倫，執委員及扎薩克。	諭令日期	821	9420 誤，有諭令內容	10127 誤
544	544	甲辰……粵匪竄踞羅田。	諭令日期	821	9421 誤，有諭令內容	10128 誤
545	545	桂匪陷歸順。	諭令日期	821	9421 誤	10128 誤
546	546	辛亥，丹國換約成。	奏報到京日期	822	9423 誤	10128 誤
547	547	壬子，洪仁達、李秀成伏誅。	日期有兩說	822	9423 同	10128 同
548	548	汪海洋竄踞許灣。	諭令日期	822	9423 誤，有諭令內容	10128 誤
549	549	癸丑，洪福瑱入湖州。	諭令日期	822	9423 正，奏，諭	10128 誤
550	550	吐魯番屬托克遜漢、回亦變亂。	諭令日期	822	9424 誤，有諭令內容	10128 誤
551	551	丁巳……奇台漢、回作亂，古城、烏魯木齊同時不靖。	諭令日期	822	9425 誤，有諭令內容	10129 誤

552	552	文光等軍進援庫車，失利，覆於烏沙塔克拉，死之。	諭令日期	822	9425 誤，文永	10129 誤
553	553	庚申，狄、河回匪結撒回擾河州。	諭令日期	822	9425 誤，辛酉	10129 誤
554	554	贛軍復崇仁、東鄉。	諭令日期	822	9425 誤	10129 誤
555	555	辛酉，復金谿。	己酉	823	9425 誤	10129 誤
556	556	壬戌……官軍獲昌圖盜匪劉發好等，誅之。	諭令日期	823	9426 正，未誅	10129 誤
557	557	癸亥……贛軍復宜黃	奏報到京日期	823	9427 誤	10129 誤
558	558	甲子，克許灣。	諭令日期	823	9427 誤	10129 誤
559	559	乙丑，僧格林沁敗賊麻城。	諭令日期	823	9428 誤，有諭令內容	10130 誤
560	560	李臣典以傷卒於軍。	諭令日期	823	9428 誤	10130 誤
561	561	八月己巳朔……贛軍復南豐	諭令日期	823	9430 誤	10130 誤
562	562	庚午，烏魯木齊參將反，提督業普沖額死之。	諭令日期，同音異譯	823	9430 誤，有諭令內容	10130 誤
563	563	布	穆	823	9340 正	10130 誤
564	564	癸酉，蘇、浙官軍會克湖州及安吉。	七月乙丑及翌日，八月甲戌奏報到京	823	9432 誤	10130 誤
565	565	乙亥，贛軍復新城，陳炳文降。	七月庚申克復，七月三次請降，八月丙子諭令	824	9432 誤，有諭令內容	10131 誤
566	566	辛巳，官軍復廣德。	七月丁卯	824	9433 誤，有諭令內容	10131 誤
567	567	壬午，回匪陷古城漢城。	六月、八月、十一月、翌年二月……	824	9434 誤	10131 誤
568	568	癸未，雷正綰軍克張家川賊巢。	諭令日期	824	9434 誤	10131 誤
569	569	甲申，僧格林沁剿羅山竄賊失利，都統舒通額等死之。	諭令日期，同音異譯	824	9435 誤，有諭令內容	10131 誤
570	570	丁亥……賈洪詔以藉病規避，褫職。	戊子	824	9435 誤	10131 誤

571	571	壬辰，浙軍追賊於昌化、淳安，擒賊酋黃文金等誅之。	諭令日期	824	9436 誤，有諭令內容	10132 誤
572	572	癸巳……庫爾喀喇烏蘇等處回匪亂，官軍失利。	諭令日期	824	9436 正，以，諭	10132 誤
573	573	乙未，僧格林沁剿賊失利，總兵巴揚阿等死之。	壬午至甲申間，丙申諭令	824	9437 有諭令內容，誤	10132 誤
574	574	丙申，雷正綰攻蓮花城不利，回匪復陷固原。	壬申、乙酉	824	9437 誤	10132 誤
575	575	丁酉，河、狄回匪竄犯蘭州及金縣。	四月中旬，戊戌諭令	825	9438 誤	10132 誤
576	576	己亥朔，劉銘傳各軍擊敗寧國等處竄匪。	諭令日期	825	9438 誤，有諭令內容	10132 誤
577	577	庚子，贛軍復雩都。	諭令日期	825	9438 誤	10133 誤
578	578	以李雲麟乞病規避，褫職，撤所統隴軍。	辛丑	825	9439 正	10133 誤刪
579	579	甲辰……李世賢犯南安，官軍擊走之。	諭令日期	825	9440 誤，有諭令內容	10133 誤
580	580	乙巳，回匪陷葉爾羌，……奎棟死之、喀什噶爾、英吉沙爾武弁同叛。	諭令日期	825	9442 誤，有諭令內容	10133 誤
581	581	己酉，西寧回眾降。	諭令日期	825	9443 正，奏	10133 誤
582	582	庚戌，張家川回匪犯慶陽。	諭令日期	825	9443 誤，有諭令內容	10133 誤
583	583	辛亥，贛賊竄南雄。	諭令日期	825	9443 誤，有諭令內容	10133 誤
584	584	壬子，粵匪陷開化，竄江西。	諭令日期	826	9444 誤，有諭令內容	10133 誤
585	585	黃、麻匪竄商城。	諭令日期	826	9444 誤	10133 誤
586	586	乙卯，日斯巴尼亞換約。	此為立約日期，換約在六年四月庚寅	826	9444 誤	10134 誤
587	587	通	當	826	9444 誤	10134 誤
588	588	丁巳，西寧回匪復叛。	在二年十二月	826	9445 誤	10134 誤
589	589	戊午，粵匪蔡得榮等竄陷階州。	諭令日期	826	9445 誤，有諭令內容	10134 誤
590	590	甲子，捻匪竄蘄水，鄂軍失利，總兵石清吉死之。	諭令日期	826	9446 誤，有諭令內容	10134 誤

591	591	乙丑，俄兵闌入阿爾泰淖爾。	諭令日期，同音異譯	826	9447 誤，有諭令內容	10134 誤
592	592	武隆阿	同音異譯	826	9449	10135 誤
593	593	壬申，鮑超軍擊賊大捷，賞雙眼花翎。	癸酉	826	9449 誤	10135 誤
594	594	席寶田軍獲賊酋洪仁玕等。	諭令日期	826	9449 誤	10135 誤
595	595	皖南北肅清。	八月中旬、九月上旬	827	無	10135 誤
596	596	乙亥，回匪陷烏魯木齊滿城及綏來，都統平瑞等死之。	六月癸未，八月甲申，九月辛丑	827	9449 誤	10135 誤
597	597	哈密漢、回亂。	諭令日期	827	9449 誤，有諭令內容	10135 誤
598	598	戊寅，獲洪福瑱於石城，誅之。	諭令日期	827	9450 正，命	10135 誤
599	599	粵匪陷瑞金，旋復之。	諭令日期	827	9451 誤	10136 誤
600	600	庚辰，粵匪陷漳州、龍岩、南靖、武平，……張運蘭等死之。	諭令日期	827	9451 誤	10136 誤
601	601	劉蓉分軍守邠州等處。	諭令日期	827	9452 誤	10136 誤
602	602	乙酉，明誼與俄使換分界約，科布多城卡外蒙古，阿爾泰淖爾烏梁海均屬俄。	諭令日期	827	9453 誤	10136 誤
603	603	給鮑超假，所部……援閩，歸左宗棠節制。	丙戌	827	9453 誤	10136 誤
604	604	丁亥，雷正綰軍克蓮花城	癸酉	827	9543 誤	10136 誤
605	605	賊首馬融和以眾降。	諭令日期	827	9453 誤	10136 誤
606	606	己丑，四川援軍復仁懷。	諭令日期	828	9454 誤	10137 誤
607	607	庚寅，粵匪陷牛杣。	九月中旬	828	9454 誤	10137 誤
608	608	辛卯，陷嘉應、大埔。	諭令日期，實均未陷	828	9454 誤	10137 誤
609	609	丙寅	丙申，是月無丙寅	828	9455 正	10137 誤
610	610	壬寅，回匪陷河州。	諭令日期	828	9457 誤，有諭令內容	10137 誤

611	611	乙巳,文祺、伯錫爾剿平哈密回。	九月辛丑,諭令實錄在十一月丁未,國史在乙巳	828	9458誤,有諭令內容	10137誤
612	612	甲寅,粵軍復武平,命閩、浙、贛軍會剿,毋縱入海。	諭令日期	828	9460本身就是諭令	10137誤
613	613	回匪陷阿克蘇、烏什,……富珠哩、文興等死之。	乙卯	828	9460正	10137誤刪
614	614	癸亥,僧格林沁擊襄、棗竄匪不利,髮、捻各匪遂竄鄧州。	諭令日期	828	9463誤	10138誤
615	615	乙丑,雷正綰等軍剿敗固原回匪。	諭令日期	828	9463誤	10138誤
616	616	丙寅……回匪陷庫爾喀喇烏蘇,伊犁戒嚴。	諭令日期	828	9464誤,有諭令內容	10138誤
617	617	慶	布	829	9664誤	10138誤
618	618	戊辰朔,閩軍剿漳州匪失利,林文察等死之。	諭令日期	829	9465誤,有諭令內容	10139誤
619	619	庚午,肇慶客匪平。	諭令日期	829	9466誤	10139誤
620	620	都興阿等軍克清水堡。	諭令日期	829	9466誤,有諭令內容	10139誤
621	621	乙亥……曹克忠軍克鹽關。	諭令日期	829	9467誤	10139誤
622	622	戊寅,伊犁官軍敗績,領隊大臣托克托奈等死之。	諭令日期	829	9468誤	10139誤
623	623	己卯,濟木薩官軍失利。	諭令日期	829	9468誤	10139誤
624	624	乙酉,陶茂林軍復金縣。	諭令日期	829	9470誤	10139誤
625	625	己丑,僧格林沁移軍寶豐剿賊,勝之。	諭令日期	829	9471誤	10140誤
626	626	甲午,官軍剿回匪大捷,伊犁解圍,賞明緒黃馬褂。	十月壬辰	829	9472誤	10140誤
627	627	丁酉朔,官軍克靜寧賊巢。	諭令日期	830	9476誤	10141誤
628	628	回匪陷古城漢城。	諭令日期	830	9476誤,有諭令內容	10141誤
629	629	庚子,巴彥岱城被圍,官軍不利。	諭令日期,同音異譯	830	9476誤	10141誤

630	630	追予死事道員何桂楨、知州劉騰鴻、游擊畢金科。	~諡，楨–珍	830	9477 正，楨字誤	10141 有予諡
631	631	甲辰，烏魯木齊提督文祺卒於巴里坤。	諭令日期	830	9478 誤，有予恤內容	10141 誤
632	632	回匪陷木壘等處。	甲辰、癸亥奏到，陷期待考	830	9478 誤	10142 誤
633	633	丁未……平、固回匪竄擾靈臺及汧陽、隴州。	諭令日期	830	9478 誤，有諭令內容	10142 誤
634	634	辛亥，臺灣會匪平。	諭令日期	830	9479 誤	10142 誤
635	635	甲寅，粵匪陷永定、雲霄。	諭令口期	830	9479 誤，有諭令內容	10142 誤
636	636	丁巳，粵、捻並竄魯山，護軍統領恒齡等死之。	諭令日期	831	9480 誤	10142 誤
637	637	癸亥，回匪陷濟木薩。	諭令日期	831	9481 誤，有諭令內容	10142 誤
638	638	甲子，黔匪陷定番，旋復之，又陷黔西。	諭令日期	831	9481 誤	10142 誤
639	639	乙丑，回匪竄永昌。	諭令日期，鞏昌	831	9482 誤，鞏字正	10142 誤
640	640	壬申，陝軍敗回匪於醴泉	正月癸丑	831	9484 誤	10143 誤
641	641	己卯，允沈葆楨假歸省。	庚辰	831	9486 正	10143 誤
642	642	癸未……復克固原等處。	諭令日期	831	9487 誤	10143 誤
643	643	貴州參將曹元興謀逆，伏誅。	諭令日期	831	9487 誤	10143 誤
644	644	甲中，長陽土匪平。	諭令日期	831	9487 誤	10143 誤
645	645	丙戌，復永定、龍岩。	諭令日期	831	9487 誤	10143 誤
646	646	武隆額等軍援巴彥岱城，失利。	諭令日期	831	9487 誤	10143 誤
647	647	己丑……苗匪陷天柱、古州。	三年九月底，十一月癸丑，工辰諭令	831	9488 誤	10143 誤
648	648	以馬如龍、岑毓英肅清曲靖、尋甸、擒斬……等，獎敘有差。	壬辰	832	9488 正	10143 誤
649	649	癸巳，福建官軍剿李世賢、汪海洋各股於古田、漳州，大捷。	諭令日期	832	9489 誤	10144 誤

650	650	辛丑，陶茂林剿平郭家驛等處回匪。	諭令日期，郭家驛－郭城驛	832	9490 誤	10144 誤
651	651	壬寅……粵匪陷詔安	辛丑	832	9491 正，「壬寅」被圈刪	10144 誤
652	652	癸卯，涼州回眾叛，剿平之。	諭令日期	832	9491 誤	10144 誤
653	653	乙巳，塔城回亂。	正月丁酉朔	832	9492 誤	10144 誤
654	654	丁未，……色普詩新以兵援古城，遇賊，失利，死之。	正月壬戌，三月戊申予世職	832	9493 誤，有諭令內容	10145 誤
655	655	己酉，閩軍敗汀州、連城踞賊。	諭令日期	832	9493 誤	10145 誤
656	656	庚戌，甘軍擊退古浪、平番回匪。	諭令日期	832	9493 誤	10145 誤
657	657	辛酉，西寧回匪復叛，陷大通。	諭令日期	833	9496 誤	10145 誤
658	658	壬戌，桂軍復永淳。	諭令日期	833	9496 誤	10145 誤
659	659	乙丑朔……肅州回匪踞嘉峪關，圍州城，撫彝回匪亦起。	諭令日期	833	9497 誤	10146 誤
660	660	丁卯……留吳棠漕運總督任，辦清、淮防務。	戊辰	833	9498 誤	10146 誤
661	661	己巳，官軍復鹽茶廳	諭令日期	833	9498 誤	10146 誤
662	662	庚午，回匪陷古城，……惠慶等死之。	諭令日期	833	9499 誤	10146 誤
663	663	乙亥，臺灣肅清。	諭令日期	833	9500 誤	10146 誤
664	664	丁丑，黔軍復玉屏、天柱。	諭令日期	833	9500 誤	10146 誤
665	665	命恭親王仍直軍機，毋復議政。	戊寅，此沿國史誤	833	9500 誤	10146 誤
666	666	甘州回匪陷永固堡。	三月辛亥	833	9500 誤	10146 誤
667	667	壬午，粵匪再陷泗、宿。	諭令日期，粵－捻	833	9501 誤	10146 誤
668	668	霆軍十八營不願西征，潰於金口。	至金口不肯前進，四月辛未潰於咸寧	833	9501 誤	10147 誤
669	669	乙酉，寧夏官軍剿賊大捷。	諭令日期	834	9501 誤	10147 誤

670	670	壬辰，以……，命曾國藩出省督師	辛卯	834	9502 誤	10147 誤
671	671	癸巳，僧格林沁剿賊於菏澤南吳家店，失利，與……全順、總兵何建鰲等均死之。	戊子，菏澤西北	834	9503 誤	10147 誤
672	672	乙未朔……霆營叛勇由江西竄福建。	實則未入	834	9504 誤	10147 誤
673	673	粵、捻並竄開州、東明。	諭令日期	834	9505 誤，有諭令內容	10147 誤
674	674	丙申，陶茂林軍潰，回匪圍安定，蘭州戒嚴。	諭令日期	834	9505 誤，有諭令內容	10148 誤
675	675	戊戌……甘肅潰勇竄擾陝西。	諭令日期	834	9506 誤，有諭令內容	10148 誤
676	676	丁未，粵、捻並渡運河，東竄濟寧、兗、泰。	諭令日期	834	9509 誤	10148 誤
677	677	己酉……趣鮑超赴江西。	戊申	835	9510 誤	10148 誤
678	678	壬子，官軍克漳州、南靖。	諭令日期	835	9511 誤，有諭令內容	10148 誤
679	679	回匪陷肅州。	諭令日期	835	9511 誤，有諭令內容	10149 誤
680	680	粵、捻分竄豐、沛。	諭令日期	835	9511 誤，有諭令內容	10149 誤
681	681	竄陝潰勇平。	諭令日期	835	9511 誤	10149 誤
682	682	諭劉長祐駐直境，崇厚駐東昌，部署沿河防務。	癸丑	835	9511 誤	10149 誤
683	683	黔匪陷廣順，旋復之。	諭令日期	835	無	10149 誤
684	684	甲寅……粵匪圍永定。	日期有異說	835	9512 乙卯	10149 誤
685	685	乙卯，蘇軍復漳浦。	諭令日期	835	9512 誤	10149 誤
686	686	壬戌，奇台官軍復濟木薩。	諭令日期	835	9513 誤	10149 誤
687	687	癸亥，官軍復階州。	諭令日期	835	9513 誤，有諭令內容	10149 誤
688	688	甲子朔，起沈葆楨督辦江西防剿。	乙丑	836	9514，誤	10149 誤
689	689	乙丑，粵匪由福建竄嘉應。	諭令日期	836	9514 誤，有諭令內容	10150 誤

690	690	戊辰，粵軍復平和、詔安。	諭令日期	836	9515 誤	10150 誤
691	691	川軍復正安。	諭令日期	836	9515 誤	10150 誤
692	692	壬申，泗城匪平。	諭令日期	836	9517 誤	10150 誤
693	693	丁丑，汪海洋回竄永定，官軍失利……丁長勝等死之。	諭令日期	836	9518 誤	10150 誤
694	694	己卯，回匪踞阜康。	諭令日期	836	9518 誤，有諭令內容	10150 誤
695	695	粵匪陷廣東鎮平。	壬申，乙酉	836	9518 庚辰	10150 誤
696	696	丙戌，……蒙兵擊退花馬池回匪。	諭令日期	836	9519 丙寅諭令	10151 排版錯誤
697	697	黔匪陷綏陽。	諭令日期	836	9519 誤	10151 排版錯誤
698	698	溫蘇都	實錄爲「溫都蘇」	837	9520 正	10151 排版錯誤
699	699	己丑……曾國藩駐軍臨淮。	諭令日期	837	9520 正，請～，許之	10151 排版錯誤
700	700	癸巳，諭耆英獲咎，毋庸昭雪。禁肅順之子出仕。	戊子	837	9521 誤	10151 排版錯誤
701	701	丙申，甘肅民勇復嘉峪關。	三月辛亥，六月丁酉奏報到京	837	9522 奏，誤	10152 誤
702	702	壬寅，……回匪誘戕參贊錫霖等，圍城，爲喇嘛棍噶札拉參兵擊退。	諭令日期，同音異譯	837	9523 誤	10152 誤
703	703	己酉……黔匪復陷天柱，擾湖南會同，勞崇光、李瀚章合剿之。	諭令日期	837	9525 正，諭	10152 誤
704	704	黔軍復黔西，在獨山失利。	諭令日期	837	9525 誤	10153 誤
705	705	壬子，岷州回匪亂，戕知州增啓等，擾洮州。	諭令日期	837	9526 誤	10153 誤
706	706	乙卯，援黔川軍復正安。	諭令日期	837	9526 誤	10153 誤
707	707	丁巳，奇台、哈密陷	五月丁巳，辛酉	838	9526 誤	10153 誤
708	708	回子台吉陸布沁投誠。	四月乙丑朔，陸布沁阿喜爾	838	9527 誤，有諭令內容	10153 誤
709	709	甲子，回匪陷巴燕岱，伊犂領隊大臣穆克登額等死之。	日期有異說	838	9528	10153

710	710	襯助逆伯克都魯素等職。	丙寅，阿布都魯素	838	9528 誤	10153 誤
711	711	命布林和德署領隊大臣，援塔城。	四年春，七月丙寅	838	9529 誤	10154 誤
712	712	雷正綰各軍攻金積堡失利，退至韋州。	諭令日期	838	9529 誤	10154 誤
713	713	丁卯，武隆額剿禮拜寺回逆，平之。	諭令日期	838	9530 誤，有諭令內容	10154 誤
714	714	黔匪陷石阡，知府嚴謹陣沒，官軍旋復其城。	諭令日期	838	9530 誤	10154 誤
715	715	御史	降調編修	838	9532 未記官職	10154 誤，柯劭忞添
716	716	壬午……黔匪陷大定，旋復之。	諭令日期	838	9532 誤	10154 誤
717	717	己丑……換荷蘭約。	諭令日期	839	9533 誤	10155 誤
718	718	癸卯……文麟軍於奎蘇失利。	諭令日期	839	9536 誤	10155 誤
719	719	崇厚	崇實	839	9536 誤	10155 誤
720	720	癸酉，襯玉明職。	癸丑	839	9538 正	10156 誤
721	721	粵酋汪海洋殺李世賢。	七月乙丑夜	839	9538 誤	10156 誤
722	722	乙卯，粵匪陷廣東長樂。	諭令日期	839	9538 誤	10156 誤
723	723	英、法還大津海口礮臺。	諭令日期	839	9538 誤	10156 誤
724	724	辛酉，諭崇實等查辦西陽教案。	壬戌	839	9540 誤	10157 誤
725	725	甲子，上躬送定陵奉安	諭令日期	839	9540 正，諭	10157 誤
726	726	長樂賊以城降粵軍。	諭令日期	839	9541 誤	10157 誤
727	727	壬申，好水川回眾降。	諭令日期	840	9542 誤	10157 誤
728	728	官軍解南陽圍。	諭令日期	840	9542 誤	10157 誤
729	729	陶茂林軍再潰。	諭令日期	840	9542 誤	10157 誤
730	730	甲戌，官軍復鎮平。	八月壬寅	840	9542 誤	10157 誤
731	731	丙子……馬化龍與胡大貴等分竄陝境。	諭令日期	840	9543 誤	10158 誤
732	732	己卯……粵匪犯龍南，劉坤一赴贛州督剿。	諭令日期	840	9544 誤	10158 誤
733	733	乙酉……奇台知縣恒頤以民勇復奇台、濟木薩、古城三城。	諭令日期	840	9546 誤	10158 誤

734	734	戊子，文宗帝後升祔太廟，翼日頒詔覃恩有差。	庚寅	840	9546 誤	10158 誤
735	735	總兵	記名總兵，非實缺	840	9547 似不爲錯	10158
736	736	壬辰朔，藏兵克瞻對。	待考，實錄、東華錄未載	840	9547	10158
737	737	回匪犯慶陽，官軍擊退之。	諭令日期	840	9547 誤	10158 誤
738	738	癸巳，定比利時條約。	諭令日期	840	9548 誤	10159 誤
739	739	三品京堂	三品京堂候補	841	9548 正	10159 誤
740	740	壬寅，粵匪陷和平。	諭令日期	841	9548 誤	10159 誤
741	741	丁未，回匪圍鞏昌、寧遠。	八月癸丑、辛酉	841	9549 誤，有諭令內容	10159 誤
742	742	己酉，浙軍克南田賊壘。	諭令日期	841	9549 誤	10159 誤
743	743	親王	郡王	841	9551 誤	10159 誤
744	744	甲寅，馬賊逼奉天，官軍失利。	諭令日期	841	9551 誤	10159 誤
745	745	壬寅，奉軍剿馬賊失利。	是月無壬寅，諭令在壬申	841	9554 誤	10160 誤
746	746	李棠階卒。	諭令日期	841	9554 誤，有諭令內容	10160 誤
747	747	丙子，……徐點復叛於廣寧。	諭令日期，實錄爲「徐占一」	841	9555 誤，有諭令內容	10160 誤
748	748	庚辰，粵匪陷嘉應。	諭令日期	841	9555 誤，有諭令內容	10160 誤
749	749	鞏昌解圍。	諭令日期	841	9555 誤	10160 誤
750	750	丙戌，官軍失利於濟木薩，恒頤死之。	九月戊辰、己巳，諭令在十一月己丑	841	9556 誤	10160 誤
751	751	己丑，川軍剿松潘番賊，平之。	諭令日期	842	9556 誤	10161 誤
752	752	黔匪犯敘永、綦江。	諭令日期	842	9556 誤，有諭令內容	10161 誤
753	753	十二月壬辰朔，曾國藩移軍周家口。	曾國藩奏將於翌年正月進駐周家口日期	842	9556 誤	10161 誤
754	754	甲午，黔匪陷清鎮縣城，軍旋復之。	諭令日期，官軍旋復之	842	9557 誤	10161 誤

755	755	己亥，黎獻軍潰於肅州。	諭令日期	842	9558 誤	10161 誤
756	756	辛丑，馬賊回竄昌圖。	諭令日期	842	9559 誤	10161 誤
757	757	壬寅，熱河軍復朝陽。	不知所據，實錄、國史無	842	9559	10161
758	758	乙巳，……工布朗結等伏誅，三瞻均歸達賴管理。	諭令日期	842	9560 誤	10162 誤
759	759	乙卯……成大吉軍潰於麻城。	諭令日期	842	9561 誤	10162 誤
760	760	丙辰，粵軍會復越南寧海府城。	七月乙亥，寧海-海寧	842	9561 誤	10162 誤
761	761	接都統興阿	接統都興阿	843	9561 正	10162 誤
762	762	庚申……滇軍復麗江、鶴慶。	諭令日期	843	9562 誤	10162 誤
763	763	藩	潘	843	無	10162 誤
764	764	甲子，捻匪擾鄂，曾國藩檄劉銘傳援黃州。	諭令日期	843	9563 誤	10163 誤
765	765	馬化龍乞撫，獻寧夏漢城。	諭令日期，馬化龍-馬萬選	843	9563 誤	10163 誤
766	766	乙丑，桂軍復那檀。	諭令日期	843	9563 誤	10163 誤
767	767	庚午，雲南巡撫林鴻年赴昭通。	諭令在正月壬申，實則四年十月壬子已起程	843	9564 誤	10163 誤
768	768	己卯，黃岩總兵剛安泰巡洋，遇艇匪，死之。	諭令日期	843	9565 誤，有諭令內容	10164 誤
769	769	癸未……左宗棠督諸軍復嘉應，粵匪平。	甲寅	843	9565 誤	10164 誤
770	770	戊子，奉軍復八面城。	丁亥	844	9566 誤	10164 誤
771	771	辛卯朔……黔回陷永寧，旋復之。	諭令日期	844	9567 誤	10164 誤
772	772	壬辰，命兆琛赴鎮遠辦軍務。	癸巳	844	9567 誤	10164 誤
773	773	辛丑，官軍復黃陂。	正月戊子	844	9568 誤	10164 誤
774	774	戊申……伯彥訥謨祜剿馬賊於鄭家屯，大捷。	諭令日期	844	9569 誤	10165 誤
775	775	署	爲	844	9571 誤	10165 誤
776	776	己未，湖南軍擊退黔苗。	諭令日期	844	9571 誤	10165 誤

777	777	壬戌，曾國藩移軍濟寧，督剿張總愚。	諭令日期	844	9571 誤	10165 誤
778	778	乙丑，復阿勒楚喀、伯都訥、雙城堡三城。	諭令日期	844	9572 誤，有諭令內容	10165 誤
779	779	己巳，奉軍剿南北路馬賊，大敗之。	諭令日期	845	9572 誤	10165 誤
780	780	乙亥，賴文光等竄逼開封。	諭令日期	845	9573 誤，有諭令內容	10166 誤
781	781	己卯，馬賊竄擾熱河。	諭令日期	845	9574 誤，有諭令內容	10166 誤
782	782	乙酉，馬賊陷牛莊。	諭令日期	845	9575 誤，有諭令內容	10166 誤
783	783	丙戌，曹毓瑛卒。	諭令日期	845	9575 誤，有諭令內容	10166 誤
784	784	丁亥，閩軍復崇安、建陽。	諭令日期	845	9575 誤	10166 誤
785	785	在軍機學習	在軍機大臣上學習行走	845	9575 正	10166 誤
786	786	己丑朔……官軍復牛莊。	諭令在庚寅	845	9575 誤	10166 誤
787	787	粵、捻犯直隸河岸，擊退之。	三月己卯	845	9576 誤	10166 誤
788	788	朱	米	845	9576 正	10167 正
789	789	丙申，回目以洮州降曹克忠軍。	諭令日期	845	9576 誤	10167 誤
790	790	辛丑，訥爾濟復木壘、奇台、古城，招募民勇防守。	諭令日期	846	9577 誤	10167 誤
791	791	癸卯，官軍復綏陽。	諭令日期	846	9577 誤	10167 誤
792	792	甲辰，回匪陷靖遠。	三月癸酉，四月乙巳諭令	846	9577 誤	10167 誤
793	793	己酉，譚玉龍軍潰，命曹克忠兼統其軍。	四月壬辰潰，辛亥諭令	846	9578 正	10167 誤
794	794	壬子，回匪回竄慶陽。	諭令日期	846	9578 誤	10167 誤
795	795	甲寅，武緣匪平。	諭令日期	846	9578 誤	10167 誤
796	796	丙辰，粵、捻擾銅、沛及泗州、靈壁。	諭令日期	846	9579 誤	10167 誤
797	797	勞崇光進駐昆明。	二月乙巳	846	9579 誤，有諭令內容	10167 誤

798	798	杜文秀復陷麗江、鶴慶、劍川。	諭令日期	846	9579 誤	10167 誤
799	799	戊午，回匪犯蘭州……擊退之。	諭令日期	846	9579 誤	10168 誤
800	800	壬戌，黔匪復陷興義、貞豐、永寧。	諭令日期	846	9580 誤	10168 誤
801	801	四	五	847	9580 無人數	10168 誤
802	802	戊辰，馬朝清降，靈州復。	諭令日期	847	9581 奏，正	10168 誤
803	803	辛未，回匪霍三等回竄鳳、岐，官軍擊退之	諭令日期，霍－崔	847	9581 誤，崔字正	10168 誤
804	804	甲戌，回匪陷塔爾巴哈台，武隆額死之。	丙辰	847	9581 誤，說明予諡	10168 誤，予諡被點刪
805	805	乙亥，回匪陷伊犁	正月壬午	847	9582 誤	10169 誤
806	806	新疆	新疆北路	847	9582 誤	10169 誤
807	807	甲申，諭保舉盡心民事官吏。	乙酉	847	9584 誤	10169 誤
808	808	丁亥，官軍復荔波。	諭令日期	847	9584 誤	10169 誤
809	809	辛丑，成祿軍進圍肅州。	諭令日期	847	9586 誤	10170 誤
810	810	甲辰，靈山匪平。	諭令日期	847	9587 誤	10170 誤
811	811	戊申，……明誼病免。	己酉	847	9587 誤	10170 誤
812	812	庚戌，鹽、固回匪投誠。	諭令日期	847	9588 奏，正	10170 誤
813	813	辛亥，凌雲、陽萬土匪平。	諭令日期	847	9588 誤	10170 誤
814	814	圖爾庫	圖庫爾	848	9588 誤	10170 誤
815	815	壬戌，官軍復哈密。	諭令日期	848	9589 誤，有諭令內容	10170 誤
816	816	庚午，湘軍克思南賊巢。	諭令日期	848	9590 誤	10171 誤
817	817	丙子，崇厚會日斯巴尼亞使換約。	恭親王等奏報要求換約日期	848	9591 命，正	10171 誤
818	818	己卯，黔匪陷石阡，旋復之。	五月壬申，甲戌	848	9591 誤	10171 誤
819	819	乙酉，河南河決胡家屯。	諭令日期	848	9592 誤	10171 誤
820	820	己丑，濮州河決。	諭令日期	848	9593 誤	10171 誤
821	821	庚寅，潯、鬱匪平。	諭令日期	848	9593 誤	10171 誤
822	822	裁山海關監督	己亥	848	9594 正	10172 誤

823	823	辛丑，賞李雲麟……，幫辦新疆軍務。	庚子	848	9594 誤	10172 誤
824	824	甲辰，官軍克大孤山賊巢，徐宗禮伏誅。	諭令日期，宗-中	849	9595 誤	10172 誤
825	825	乙巳，官軍剿敗張、牛諸捻。	諭令日期	849	9595 誤	10172 誤
826	826	癸亥，福建興化土匪平。	諭令日期	849	9598 誤	10172 誤
827	827	甲子……回匪陷阜康。	六月丙辰，九月庚午諭令	849	9599 正	10173 誤
828	828	祁寯藻卒。	戊辰	849	9599 予諡	10173 誤
829	829	辛未，滇回陷安寧等州縣。	諭令日期	849	9600 誤	10173 誤
830	830	癸巳，張總愚由陝州竄平陸，官軍擊退之。	諭令日期	849	9602 誤	10174 誤
831	831	乙未……命劉典幫辦……軍務。	丙申	849	9602 正	10174 誤
832	832	己亥，張總愚西竄，陷華陰、渭南。	諭令日期，皆未陷	849	9603 誤	10174 誤
833	833	甘回竄宜君、三水。	諭令日期	849	9603 誤，有諭令內容	10174 誤
834	834	壬寅，黔回陷興義，旋復之，並復安平、鎮寧。	諭令日期	850	9604 誤	10174 誤
835	835	十一月丙辰	~朔	850	9606 誤	10175 誤
836	836	庚申，劉銘傳等剿任、賴各匪於金鄉，大捷。	十月丙午至辛亥等日，十一月辛酉諭令	850	9607 辛酉，誤	10175 誤
837	837	乙酉……諭庫克吉泰統吉、黑軍速進。	乙丑	850	9608 正	10175 誤
838	838	丁卯，川軍克桐梓賊巢。	諭令日期	850	9609 誤	10175 誤
839	839	丁酉，曾國荃劾官文……命撤任查辦。	丁丑	850	9609 正	10175 誤
840	840	十二	十二月	850	9610 正	10175 正
841	841	己丑，郭松林等大破任、賴諸匪於德安。	諭令日期	850	9611 誤	10176 誤
842	842	庚寅……甘回復陷哈密。	諭令日期	850	9612 誤	10176 誤
843	843	罷胡家玉軍機，褫職留任，以受官文賄也。	辛卯	851	9612 正	10176 誤

844	844	己亥，雷正綰軍復平涼。	諭令日期	851	9613 誤，有諭令內容	10176 誤
845	845	呼蘭匪平。	諭令日期	851	9614 誤	10176 誤
846	846	庚子，援黔湘軍剿苗匪於銅仁，大捷。	諭令日期	851	9614 誤	10176 誤
847	847	己酉，回匪圍慶陽，提督周顯承等力戰死之。	諭令日期	851	9615 誤	10177 誤
848	848	甲寅，陝軍剿張總愚，失利於灞橋，總兵蕭德陽等死之。	癸卯，乙卯諭令	851	9615 誤	10177 誤
849	1	六年丁卯春正月己未，任、賴諸匪竄孝感、德安，官軍失利，總兵張樹珊死之。	諭令日期，甲子名歲不合體例	853	9618 誤，說明予證，未用甲子名歲	10179 誤
850	2	壬戌，復靖遠。	諭令日期	853	9619 正	10179 誤
851	3	西安魚化鎮	雨化寨，有作「魚化寨」	853	9620 雨花寨	10180 誤
852	4	辛未，命左宗棠為……督辦陝、甘軍務，賞劉典三品卿銜，幫辦軍務。	癸卯	853	9618 誤	10180 誤
853	5	乙亥，哈密回匪竄巴里坤，官軍擊退之。	諭令日期	853	9620 誤	10180 誤
854	6	己卯，官軍復鎮雄。	丙子	854	9621 誤	10180 誤
855	7	乙酉朔，劉銘傳追剿任、賴於鍾祥，失利。鮑超進擊，大敗之。	諭令日期	854	9622 誤	10180 誤
856	8	壬辰，京師疫。	諭令日期	854	9623 誤	10181 誤
857	9	丁酉，陝回馬生彥等降。	諭令日期	854	9625 正	10181 誤
858	10	乙巳，桂軍復泗城。	諭令日期	854	9626 誤	10181 誤
859	11	辛亥，洮州復陷。	諭令日期	854	9626 誤	10181 誤
860	12	壬子，雲貴總督勞崇光卒	壬申	854	9627 誤	10181 誤
861	13	丁巳，鄂軍剿賊於蘄水，失利，道員彭毓橘等死之。	諭令日期	854	9628 誤	10181 誤
862	14	癸亥，總兵段步雲軍潰於酇州。	奏報到京日期，步一登	854	9628 誤	10181 誤
863	15	乙亥，命倭仁在總埋……衙門行走，辭，不允。	戊寅	854	9630 誤	10182 誤

864	16	辛巳，曹克忠軍復洮州。	諭令日期	854	9631 誤	10182 誤
865	17	壬午，回匪馬占鰲等犯西寧。	諭令日期	854	9632 誤，但說明諭令內容	10182 誤
866	18	戊子，何琯軍復哈密。	諭令日期	855	9633 誤，	10183 誤
867	19	己丑，周祖培卒。	議恤日期	855	9633 誤，但說明予諡	10183 誤
868	20	癸巳，吉林馬賊平。	不在是日，甲午諭令	855	9634 甲午，誤，但說明諭令內容	10183 誤
869	21	丙申，日斯巴尼亞使來換約。	庚寅	855	9634 誤	10183 誤
870	22	壬寅，劉松山大破捻、回於同州。	諭令日期	855	9635 誤，但說明賞珍物	10183 誤
871	23	丁未，瞻對番目大蓋折布伏誅。	不知所據	855	9636	10183 誤
872	24	庚戌，貴德回匪叛，陷廳城。	諭令日期	855	9336 誤	10184 誤
873	25	五月甲寅，哈密回匪竄玉門，官軍擊退之。	諭令日期	855	9337 誤	10184 誤
874	26	己未，郭寶昌、劉松山兩軍破張總愚於朝邑。	四月丙戌	855	9638 誤，但說明諭令內容	10184 誤
875	27	丁卯，桂軍復荔波、	諭令日期	855	9639 誤	10184 誤
876	28	義寧	該地並未陷	855	9639 正	10184 誤
877	29	庚午，賊竄長垣，官軍擊退之。	庚申	856	9639 誤	10185 誤
878	30	庚辰，董福祥陷陝西甘泉。	諭令日期	856	9641 誤，但說明諭令內容	10185 誤
879	31	乙未，官軍敗捻匪於即墨。	諭令日期	856	9643 誤	10186 誤
880	32	以畿內亢旱，撥……，浙、閩海關洋稅三十五萬備賑需。	壬寅	856	9645 誤	10186 誤
881	33	癸卯，甘回陷陝西華亭，旋復之。	諭令日期	856	9645 誤	10186 誤
882	34	己酉，自三月不雨以來，上頻祈雨。至是日雨。	諭令日期	856	9646 誤	10186 誤
883	35	陝軍復甘泉。	諭令日期	856	9647 誤	10186 誤
884	36	庚午，永定河決。	諭令日期	856	9648 誤	10187 誤

885	37	戊子，湖北匪首劉漢忠伏誅。	諭令日期	856	9650 誤	10187 誤
886	38	壬辰，奉軍剿平孤山、法庫等處賊匪。	不在是日，諭令在癸巳	857	9651 誤	10187 誤
887	39	辛卯，……趙德光剿賊於安平，死之。	七月丙辰	857	9651 誤，但說明予諡	10187 誤
888	40	丙申，穆隆阿等軍剿梟匪於文安，失利。	諭令日期，穆騰阿	857	9652 誤	10187 誤
889	41	濟陽土匪作亂，剿平之。	諭令日期	857	9652 誤	10187 誤
890	42	丁酉，迤西回犯姚州。	諭令日期	857	9652 誤	10188 誤
891	43	驛騷	騷擾	857	9654 正	10188 誤，「騷」字左上有點
892	44	庚戌，創建福建船塢。	諭令日期	857	9655 誤	10188 誤
893	45	丙辰，賴、任諸匪犯運河，牛師韓軍擊退之。	諭令日期	857	9655 誤，但說明諭令內容	10188 誤
894	46	丁巳，河、狄、西寧回眾投誠。	諭令日期	857	9656 正	10188 誤
895	47	甲子，總理……衙門言預籌修約事。諭曾國藩等各抒所見以聞。	乙丑	857	9657 誤	10189 誤
896	48	己巳，命丁口昌朴卜海辦理義國換約。	庚午，此沿國史誤	857	9658 誤	10189 誤
897	49	棍噶札勒參	同音異譯	858	9659 棍噶札拉參	10189
898	50	丙戌，陝軍復寧條梁及宜君。	諭令日期	858	9660 誤	10190 誤
899	51	壬辰，迤西回陷定遠、大姚。	諭令日期	858	9661 誤，但說明諭令內容	10190 誤
900	52	癸巳，汪元方卒。	贈官日期	858	9661 誤，但說明贈官	10190 誤
901	53	命祝桂芬仕軍機大臣上學習行走。	甲午	858	9661 誤	10190 誤
902	54	賑山東被水災民。	癸卯	858	9663 正	10190 正，「癸卯」刪又恢復
903	55	美使	美前使	859	9664 誤	10191 誤
904	56	己酉，回匪陷寶雞、正寧，旋復之。	諭令日期	859	9665 誤	10191 誤

905	57	壬子，劉銘傳等軍剿賊贛榆，大捷，任柱伏誅。	諭令日期	859	9666 誤，說明諭令內容	10191 誤
906	58	丙辰，陝軍剿捻洛川，遇回匪，失利，提督李祥和死之。	賜謚日期	859	9666 誤	10191 誤
907	59	癸亥，張總愚陷延川、綏德。	因此交部議處日期	859	9667 正	10192 誤
908	60	甲寅，劉銘傳軍剿賊於諸城，大捷。	十一月丙辰至庚申	859	9668 甲戌，誤	10192 誤
909	61	丁丑，陝軍復延川、綏德。	丁未，戊午	859	9669 誤	10192 誤
910	62	成祿剿回匪於肅州，失利，總兵黃祖淦死之。	議恤日期	859	9670 誤	10192 誤
911	63	左宗棠	丁寶楨	859	9670 正	10192 誤
912	64	劉銘傳等剿賊於壽光，大捷。	奏報日期	859	9670 誤	10192 誤
913	65	迤西回陷祿豐、廣通、元謀。	八月，十月	859	9671 誤	10192 誤
914	66	己丑，官軍復吉州。	諭令日期	859	9671 誤	10193 誤
915	67	壬辰，直隸梟匪平。	諭令日期	860	9672 誤	10193 誤
916	68	永定河堤工合龍。	諭令日期	860	無	10193 誤
917	69	丁酉，駱秉章卒。	議恤日期	860	9672 誤，說明予謚	10193 誤
918	70	劉松山等敗張總愚於洪洞。	癸未	860	9672 誤，但說明諭令	10193 誤
919	71	戊戌，淮軍剿賊高郵大捷，獲賴文光等，誅之。	諭令日期	860	9673 誤	10193 誤
920	72	己酉，命鄭敦謹……查辦事件。	丁酉	860	9675 誤	10194 誤
921	73	乙卯，回匪復陷正寧。	諭令日期	860	9677 誤	10194 誤
922	74	丙辰，喜昌等擊張總愚於河內，大捷。	諭令日期	860	9677 誤	10194 誤
923	75	西寧回陷北川。	諭令日期	860	9677 誤	10195 誤
924	76	辛酉，張總愚北竄定州	丁巳	861	9678 誤，說明諭令內容	10195 誤
925	77	陳國瑞、宋慶、張曜均以軍至保定。	辛酉及前一天	861	9679 誤	10195 誤
926	78	命賈楨等設團防總局。	癸亥	861	9679 誤	10195 誤

927	79	甲子，李鴻章遣周盛波等軍北援。	諭令日期	861	9680 誤	10195 誤
928	80	癸酉，張總愚陷饒陽，旋復之。	諭令日期	861	9681 誤	10196 誤
929	81	辛巳，官軍復渭源。	諭令日期	861	9682 誤	10196 誤
930	82	戊子，回匪復陷寧條梁。	諭令日期	861	9684 誤	10196 誤
931	83	己丑，回匪竄伊克巴沙爾，官軍擊退之。	諭令日期，伊克沙巴爾	861	9684 誤，但有諭令內容	10196 誤
932	84	褫趙長齡、陳湜職，遣戍。	庚寅	861	9684 誤	10196 誤
933	85	壬辰，陝軍復寶雞。	諭令日期	861	9684 誤，有諭令內容	10196 誤
934	86	癸巳，滇軍解鎮雄圍。迤西回陷楚雄。	諭令日期，鎮雄－鎮沅	861	9685 誤	10196 誤
935	87	乙未，豫、皖各軍敗張總愚於束鹿。	諭令日期	861	9685 誤，有諭令內容	10197 誤
936	88	庚子，左宗棠、李鴻章等軍剿賊，迭破之。	諭令日期	861	9685 誤	10197 誤
937	89	回匪陷懷遠、神木。	諭令日期	862	9685 誤，有諭令內容	10197 誤
938	90	壬寅，白泥坉苗匪降。	諭令日期	862	9686 誤	10197 誤
939	91	回匪陷鄜州，劉典駐三原督剿。	諭令日期	862	9688 誤	10197 誤
940	92	乙卯，陝軍復鄜州。	諭令日期	862	9688 誤	10198 誤
941	93	戊辰，張總愚竄延津、封丘，劉松山、郭寶昌擊敗之。	丁巳，戊午	862	9690 誤	10198 誤
942	94	丙子，迤西回陷易門。	諭令日期	862	9691 誤，有諭令內容	10198 誤
943	95	丁丑，張總愚竄滑縣，擊敗之。	諭令日期	862	9692 誤	10198 誤
944	96	己卯朔，哈密回陷五堡，官軍擊退之。	諭令日期	862	9692 誤	10198 誤
945	97	甲申，張總愚陷南皮。	諭令日期	862	9693 誤	10199 誤
946	98	己丑，苗匪何正觀降。	諭令日期	863	9694 正，奏	10199 誤
947	99	庚寅，陝軍剿回匪於邠州，失利，譚玉龍死之。	甲戌	863	9695 誤，說明予諡	10199 誤

948	100	己巳，永定河決。	是月無己巳，決在三月辛酉，諭令在四月甲午	863	9695 誤	10199 誤
949	101	戊戌，黎平苗犯晃、沅各境，官軍擊退之。	諭令日期	863	9695 誤，有諭令內容	10199 誤
950	102	辛丑，寧條梁回擾鄂爾多斯游牧，貝子札那格爾濟擊退之。	諭令日期，同音異譯	863	9696 誤，貝子扎那格爾第	10199 誤
951	103	回匪犯哈密，伊勒屯等會擊退之。	諭令日期	863	9696 誤，有諭令內容	10199 誤
952	104	戊申朔，迤西回竄陷昆陽、新興、晉寧、呈貢、嵩明。	諭令日期	863	9697 誤，有諭令內容	10200 誤
953	105	戊午，回匪復陷神木。	諭令日期	863	9699 誤	10200 誤
954	106	癸亥，陝軍復延長。	諭令日期	864	9700 誤	10200 誤
955	107	乙丑，回匪踞烏紳旗，分擾準噶爾旗，逼托克托城。	諭令日期，同音異譯	864	9700 誤，有諭令內容	10200 誤
956	108	丁卯，程文炳……等軍擊張總愚於高唐、茌平、博平，大捷。	戊午至辛酉	864	9701 誤	10200 誤
957	109	己巳，回匪再陷慶陽及寧州、合水，知縣楊炳華死之。	諭令日期	864	9701 誤，有諭令內容	10200 誤
958	110	戊寅，劉松山等軍剿張總愚於鹽山、海豐，大捷。	諭令日期	864	9703 誤	10201 誤
959	111	癸未，陝軍擊退竄邠、鳳回匪。	諭令日期	864	9704 誤，有諭令內容	10201 誤
960	112	壬辰，北山土匪犯延安，官軍失利，副將劉文華等陣沒。	諭令日期	864	9705 誤	10201 誤
961	113	庚子，滇軍復元謀、武定、祿勸、羅次。	諭令日期	864	9705 誤	10201 誤
962	114	六月己未，郭松林等剿捻於臨邑、濱州、陽信，大捷。	諭令日期	865	9708 誤，有諭令內容	10202 誤
963	115	辛酉，桂軍復歸順。	諭令日期	865	9708 誤	10202 誤
964	116	癸亥，金匪竄寧古塔界，官軍剿平之。	諭令日期	865	9709 誤	10202 誤
965	117	甲子，陝軍克宜川。	諭令日期	865	9709 誤	10202 誤

966	118	丙寅，張總愚犯運河岸，官軍擊敗之，捻眾多降。	諭令日期	865	9709 誤	10202 誤
967	119	戊辰，又擊之於商河，大捷。	諭令日期	865	9710 誤	10202 誤
968	120	浙江海塘工竣。	諭令日期	865	無	10202 誤
969	121	乙酉，張總愚赴水死，捻匪平。	奏報到京日期	865	9712 正，以	10203 誤
970	122	丁亥，滎澤河決。	諭令日期	866	9714 誤，有諭令內容	10203 誤
971	123	癸巳，武陟沁河堤決。	諭令日期	866	9715 誤	10203 誤
972	124	乙未……命彭玉麟赴江、皖會籌長江水師事宜。	丁酉	866	9716 正	10204 誤
973	125	庚子……援黔川軍復龍里、貴定。	諭令日期	866	9716 誤	10204 誤
974	126	川軍剿越嶲夷匪，勝之，俘其酋勒烏立。	諭令日期	866	9716 誤	10204 誤
975	127	辛丑，……變民竄烏隴古河。	諭令日期	866	9716 誤，有諭令內容	10204 誤
976	128	德勒克多爾濟卒。	予謚日期	866	9717 誤，有予謚內容	10204 誤
977	129	癸卯……甘回擾白水、郃陽，陝軍擊退之。	甲戌	866	9717 誤	10205 誤
978	130	甲辰，援黔湘軍復甕安。	諭令日期	866	9717 誤	10205 誤
979	131	永定河決。	諭令日期	866	9717 誤	10205 誤
980	132	壬子，延安土匪扈彰降。	諭令日期	867	9718 正，奏	10205 誤
981	133	癸亥，諭左宗棠兼顧山西軍務。	壬戌	867	9720 誤	10205 誤
982	134	九月壬午，官軍復慶陽。	諭令日期	867	9722 誤	10206 誤
983	135	甲申，肅州回攻敦煌，官軍擊退之。	諭令日期	867	9723 誤	10206 誤
984	136	乙酉，援黔川軍會復平越。	諭令日期	867	9723 誤	10206 誤
985	137	癸巳，滇軍復晉寧、呈貢。	八月戊午復呈貢，九月甲午復晉寧	867	9724 誤	10207 誤
986	138	丁未，回匪犯涇州、靈臺，擊退之。	諭令日期	868	9727 誤	10207 誤

987	139	丙辰，穆圖善克河州。	諭令日期	868	9727 誤	10207 誤
988	140	己巳，黔苗復陷興義，旋復之。	諭令日期	868	9729 誤	10207 誤
989	141	十一月甲戌	~朔	868	9729 正	10207 誤
990	142	援黔川軍復麻哈。	諭令日期	868	9729 誤	10208 誤
991	143	丁亥……諭定安等截剿。	戊子	868	9731 誤	10208 誤
992	144	己亥，黔軍克都勻	丁巳	868	9732 誤	10208 誤
993	145	庚子……諭總署詰辦，飭英桂等遴員交涉。	辛丑	868	9733 誤	10208 誤
994	146	壬寅，熱河匪平。	諭令日期	868	9733 誤	10208 誤
995	147	免吉林雙城堡被水屯田租賦。	丙子	868	9733 誤	10208 誤
996	148	甲辰朔，川軍剿西昌夷匪，連捷，各夷部降。	諭令日期	868	9734 誤	10208 誤
997	149	援黔湘軍復天柱。	諭令日期	868	9734 誤	10208 誤
998	150	丙午，回匪犯包頭，蒙軍失利。	諭令日期	868	9734 誤，有諭令內容	10208 誤
999	151	丁未，熱河匪首彌勒僧格伏誅。	諭令日期	868	9734 誤	10209 誤
1000	152	丁巳，滇軍復澂江。	諭令日期	869	9735 誤	10209 誤
1001	153	壬戌，黔苗竄擾河池，官軍擊退之。	諭令日期	869	9736 誤，有諭令內容	10209 誤
1002	154	乙丑……永定河工竣。	奏報到京日期	869	9737 誤	10209 誤
1003	155	庚午，劉松山剿賊大理川，大捷。	諭令日期	869	9738 誤，有諭令內容	10209 誤
1004	156	丁丑，川、湘、黔、桂各軍會剿苗匪，黔軍復長寨。	諭令日期	869	9741 正，諭	10210 誤
1005	157	戊寅，滇軍克富民。	諭令日期	869	9741 誤	10210 誤
1006	158	己丑，劉松山等軍擊土、回各匪，敗之於清澗。	七年十一月庚子、壬寅	869	9742 說明「屢捷」	10210 誤
1007	159	成祿克肅州，與楊占鰲並賞黃馬褂。	七年十二月丙午，八年正月庚寅	869	9742 奏，允，前正後誤	10210 誤
1008	160	甲午，滎工合龍。	諭令日期	869	9742，誤	10210 誤

1009	161	丙申，劉松山軍敗賊於靖邊，董侍有等以……降。	諭令日期	870	9742 誤，有諭令內容	10211 誤
1010	162	迤西回犯昆明，岑毓英等擊退之。	諭令日期	870	9742 誤	10211 誤
1011	163	辛丑，雷正綰克涇州董家堡。	諭令日期	870	9742 誤	10211 誤
1012	164	三月癸酉朔，林自清戕興義知縣，提督陳希祥誘誅之	五年九月壬申，八年正月甲午	870	9746 誤	10211 誤
1013	165	甲戌，援黔湘軍復鎮遠府、衛兩城。	諭令日期	870	9747 誤，說明予諡	10211 誤
1014	166	戊寅，……高連升部兵變，戕連升，部將周紹濂擊逆黨於同官，殄之。	二月壬戌兵變，甲子擊，諭令在三月己卯	870	9747 己卯，說明予諡	10212 誤
1015	167	庚寅，回匪陷磴口。	諭令日期	870	9749 誤，有諭令內容	10212 誤
1016	168	甲午，吐魯番回匪犯哈密，官軍迭敗之。	諭令日期	870	9749 誤	10212 誤
1017	169	乙未，桂軍克憑祥。	諭令日期	870	9750 誤	10212 誤
1018	170	夏四月癸卯朔，迤西回陷楊林營	二月壬子	871	9750 誤	10212 誤
1019	171	己酉，雷正綰、黃鼎軍復鎮原、慶陽。	諭令日期	871	9751 誤	10212 誤
1020	172	援黔川軍復甕安。	諭令日期	871	9751 誤	10213 誤
1021	173	己未，援黔湘軍會復清江。	諭令日期，清平	871	9752 誤	10213 誤
1022	174	庚辰，援黔湘軍復施秉，進攻黃飄賊壘，失利，……黃潤昌、道員鄧子垣、提督劉長槐死之。	諭令日期	871	9754 說明予諡	10213 誤
1023	175	壬午，回匪陷激江。	諭令日期	871	9755 誤，有諭令內容	10213 誤
1024	176	甲申，杜嘎爾等軍大破賊於杭錦旗。	諭令日期	871	9755 誤	10214 誤
1025	177	丙申，官軍剿匪於保安，大捷，匪首袁大魁等伏誅。	諭令日期	871	9756 誤，有諭令內容	10214 誤
1026	178	辛亥，援軍會克尋甸。	諭令日期	872	9758 誤	10214 誤
1027	179	甲寅，永定河決。	諭令日期	872	9758 誤	10214 誤

1028	180	辛酉，武英殿災。	諭令日期	872	9758 誤	10215 誤
1029	181	庚午，回匪犯阿拉善定遠營，蒙兵失利。	諭令日期	872	9760 誤，有諭令內容	10215 誤
1030	182	癸酉，張曜等軍敗回匪於察漢淖爾。	諭令日期	872	9761 誤	10215 誤
1031	183	甲戌，滇軍復嵩明，克白鹽井。	諭令日期	872	9761 誤	10215 誤
1032	184	甲申，桂軍會越南軍克九封、洛陽等隘。	諭令日期	872	9761 誤，有諭令內容	10215 誤
1033	185	壬辰，何琯軍敗賊於木壘河等處。	諭令日期	872	9762 誤	10215 誤
1034	186	黔匪復陷都勻。	諭令日期	872	9764 誤	10216 誤
1035	187	丙午，桂軍會復越南高平。	諭令日期	872	9765 誤，有諭令內容	10216 誤
1036	188	壬子，官軍剿平杭錦旗屬竄回。	諭令日期	873	9766 正，奏，諭	10216 誤
1037	189	癸丑，寧夏官軍剿賊失利，副將方大順陣亡。	諭令日期	873	9766 誤，有諭令內容	10216 誤
1038	190	戊午，棍噶札拉參軍復布倫托海	諭令日期	873	9766 誤	10216 誤
1039	191	己未，官軍剿達拉特旗竄匪，殄之。	諭令日期	873	9767 正，奏	10216 誤
1040	192	九月庚午，高臺勇潰，褫成祿職，留任。	正月丙戌	873	9768 誤	10217 誤
1041	193	甲戌，馬化龍復叛，襲陷靈州。	諭令日期	873	9768 誤，有諭令內容	10217 誤
1042	194	官軍復威戎堡、水洛城。	八月己酉，辛亥	873	9769 誤	10217 誤
1043	195	戊寅，滇軍復易門。	諭令日期	873	9769 誤	10217 誤
1044	196	庚寅，烏魯木齊匪竄哈密，何琯等擊敗之。	諭令日期	873	9770 誤	10217 誤
1045	197	額魯特	同音異譯	873	9771 額魯特	10217 額魯特
1046	198	庚子，劉松山敗回匪於吳忠堡等處。	諭令日期	874	9771 誤	10218 誤
1047	199	辛丑，金順又敗之於納家㟆。	諭令日期	874	9771 誤	10218 誤
1048	200	命楊占鰲署甘肅提督，辦肅州善後事宜。	庚子	874	9772 誤	10218 誤

1049	201	乙巳，雷正綰、黃鼎敗回匪於固原、鹽茶。	諭令日期	874	9772誤，有諭令內容	10218誤
1050	202	辛丑，命文碩等會勘布倫托海分界事宜，董恂辦理美國換約。	癸丑	874	9772誤	10218誤
1051	203	甲寅，滇軍復楚雄、南安、定遠。	八月辛丑至九月辛未	874	9773誤	10218誤
1052	204	劉岳昭移軍昆明。	諭令日期	874	9773誤	10218誤
1053	205	己未，哈密官軍剿西路回匪，大捷。	諭令日期	874	9773誤	10218誤
1054	206	甲子，鳳凰城匪首王慶等伏誅。	諭令日期	874	9775誤	10219誤
1055	207	乙丑，劉松山軍復靈州。	九月丁酉，十月甲子諭令	874	9775誤	10219誤
1056	208	丙子，茌平教匪孫上汶等謀逆，捕誅之。	諭令日期	875	無	10219誤
1057	209	甲申，滇軍復昆陽。	諭令日期	875	9777誤	10219誤
1058	210	丙戌，甘軍復靖遠。	諭令日期	875	9777誤	10219誤
1059	211	庚寅，永定河口合龍。	諭令日期	875	9778誤	10219誤
1060	212	庚子，援滇川軍克魯甸。	諭令日期	875	9778誤	10220誤
1061	213	乙巳，劉松山軍攻金積堡，總兵簡敬臨等死之。	諭令日期	875	9779誤	10220誤
1062	214	癸酉，滇軍復祿豐。	諭令日期	875	9782誤	10221誤
1063	215	甲戌，甘軍擊敗援賊於王家疃。	諭令日期	875	9782誤，說明受傷賜藥	10221誤
1064	216	己卯，回匪陷定邊。	諭令日期	876	9783誤	10221誤
1065	217	庚寅……陝軍復定邊。	諭令日期	876	9784誤	10221誤
1066	218	辛丑，劉松山督剿金積堡回匪，中礮卒。	諭令日期	876	9786誤，說明予諡	10221　予諡被刪
1067	219	乙巳，回匪分竄安邊、清澗，陝軍擊走之。	諭令日期	876	9787誤，有諭令內容	10222誤
1068	220	戊申，官軍擊敗米脂竄匪。	諭令日期	876	9787誤	10222誤
1069	221	甲寅，回匪竄同官、宜君，陝軍剿敗之。	諭令日期	876	9788誤	10222誤
1070	222	辛酉，寧夏各堡降回覆叛。	諭令日期	876	9789誤，有諭令內容	10222誤

1071	223	三月丁卯朔，回匪竄準噶爾旗，馬玉昆擊敗之。	二月壬子及翌日	876	9790 誤	10223 誤
1072	224	乙酉，滇軍復彌渡、賓川、麗川、緬寧。	八年九月……麗川–麗江	877	9792 誤	10223 誤
1073	225	辛卯，回匪分擾岐、鳳，李輝武擊敗之。	諭令日期	877	9792 誤	10223 誤
1074	226	夏四月甲辰，譚廷襄卒。	諭令日期	877	9794 誤，說明予諡	10224 誤
1075	227	甲戌，援黔川軍克黃飄、白堡等苗寨。	諭令日期	877	9797 誤	10224 誤
1076	228	庚寅，天津人與天主教啓釁，焚毀教堂，毆斃法領事。	五月壬子	877	9798 誤	10225 誤
1077	229	戊戌，奎昌赴塔爾巴哈臺，與俄使勘辦立界。	諭令日期	877	9800 誤	10225 誤
1078	230	壬寅，……蒙兵剿回匪失利。	諭令日期	877	9800 誤	10225 誤
1079	231	丁未，滇軍復威遠。	諭令日期	877	9801 誤	10226 誤
1080	232	庚戌，甘軍敗回匪於鞏昌。	諭令日期	877	9801 誤	10226 誤
1081	233	乙卯，永定河決。	諭令日期	877	9802 誤	10226 誤
1082	234	辛酉，滇軍復姚州。	諭令日期	878	9803 誤	10226 誤
1083	235	丙子，法使羅淑亞以曾國藩不允府、縣論抵，回京。	癸酉啓程，丁丑達	878	9804 癸亥……諭不允，9805 誤	10227 誤
1084	236	甲申，周盛傳等剿散北山餘匪。	諭令日期	878	9806 誤，說明諭令內容	10227 誤
1085	237	庚寅，南路甘軍復渭源、狄道。	諭令日期	878	9809 誤	10228 誤
1086	238	丁酉，……張汶祥刺殺馬新貽。	諭令日期，「祥」有作「詳」	878	9810 誤，被刺，予恤	10228 予諡被刪
1087	239	庚子，……李凡覺伏誅。	諭令日期	879	9811 誤	10228 誤
1088	240	壬寅，命張之萬會同魁玉訊張汶祥。	甲辰	879	9811 誤	10228 誤
1089	241	癸丑，桂軍剿平安邊、河陽賊匪，梁添錫伏誅。	四月庚申	879	9812 誤	10229 誤
1090	242	允越南進方物及馴象。	甲寅	879	9813 誤	10229 誤

1091	243	戊辰，滇軍復新興。	諭令日期	879	9814 誤	10229 誤
1092	244	甲辰，天津製造局成。	諭令日期	879	9819 誤	10230 誤
1093	245	陝回禹生彥等竄平番，官軍失利，提督張萬美等死之。	諭令日期	879	9821 誤	10231 誤
1094	246	劉錦棠各軍克漢伯等堡，合圍金積堡。	諭令日期	879	9822 誤	10231 誤
1095	247	庚午，湘潭會匪平。	諭令日期	880	9823 誤	10231 誤
1096	248	乙亥，滇軍復永北、鶴慶、鎮南、楚雄。	諭令日期	880	9824 誤	10231 誤
1097	249	回匪陷烏里雅蘇臺。	諭令日期	880	9824 誤	10231 誤
1098	250	丙子，永定河合龍。	諭令日期	880	9824 誤	10231 誤
1099	251	戊寅，越南吳亞終等伏誅。	諭令日期	880	9824 誤	10231 誤
1100	252	丁酉，回匪竄涼州，副將謝元興陣沒，王仁和擊退之。	諭令日期	880	9826 誤	10232 誤
1101	253	辛丑，援黔湘軍復臺拱。	諭令日期	880	9827 誤	10232 誤
1102	254	辛未，滇軍復鄧川、浪穹。	諭令日期	880	9830 誤	10232 誤
1103	255	同月馬源發戕提督丁賢發等，捕誅之。	九月初，源-添	880	9831 誤，「添」字正	10233 誤
1104	256	壬辰，官軍克河西王疃賊壘，	九年十二月甲戌，王家疃	881	9836 誤	10233 誤
1105	257	乙未，黔軍平貴定等處賊壘，克都勻，賞提督林從泰……黃馬褂。	九年十月至十一月，泰-太	881	9836 誤，泰	10233 誤
1106	258	己亥，諭馮子材赴太平進剿牧馬、諒山匪。	庚子	881	9837 誤	10233 誤
1107	259	壬寅，官文卒。	諭令日期	881	9837 誤，說明予諡	10233 予諡被刪
1108	260	二月壬戌，劉錦棠等軍克金積堡，匪首馬化龍等伏誅	正月壬寅	881	9839 誤	10234 誤
1109	261	前知靈州彭慶章坐爲賊主謀，處斬。	諭令日期	881	9840 誤	10234 誤
1110	262	壬午，獲叛將宋景詩，誅之。	諭令日期	881	9843 正，奏，諭	10235 誤

1111	263	命瑞常爲大學士，文祥協辦大學士。	戊子	881	9844 正	10235 誤
1112	264	癸巳，金順等軍克寧夏，匪首馬萬選伏誅。	諭令日期	882	9845 誤	10235 誤
1113	265	己丑，滇軍復澂江，克江那土城，匪首馬和等伏誅。	諭令日期	882	9845 誤	10235 誤
1114	266	丁未，以倭仁爲文華殿大學士，瑞常爲文淵閣大學士。	戊申	882	9847 誤	10235 誤
1115	267	丙寅，援黔湘軍復新城、岩明司等城，克高坡等苗寨。	諭令日期，岩門司	882	9848 誤	10236 誤
1116	268	己巳，寧夏納家腁回眾降。	諭令日期	882	9848 正，奏	10236 誤
1117	269	己卯，陝回竄擾平番、碾伯，官軍擊退之。	諭令日期	882	9849 誤	10236 誤
1118	270	辛巳，倭仁卒。	諭令日期	882	9849 誤，說明予諡	10236 誤
1119	271	耀	燿	882	9850 正	10236 誤
1120	272	丙戌，回匪復竄擾賽音諾顏部，焚掠固爾班賽汗等處。	諭令日期	882	9850 誤，有諭令內容	10237 誤
1121	273	戊戌，苗酋聞國興等降，八寨等城俱復。	諭令日期	882	9852 誤	10237 誤
1122	274	壬寅，回匪擾烏拉特，杜嘎爾、薩薩布軍合擊之。	諭令日期	883	9852 正，諭	10237 誤
1123	275	丙午，援黔湘軍復丹江、凱里等城，	三月庚子，四月壬戌	883	9852 誤	10237 誤
1124	276	己未，滇軍復雲龍。	諭令日期	883	9855 誤	10238 誤
1125	277	益陽等處會匪平。	諭令日期	883	9855 誤	10238 誤
1126	278	己巳，陝回白彥虎結西寧回眾擾河州。	諭令日期	883	9856 誤，有諭令內容	10238 誤
1127	279	庚午，黔軍克永寧、鎮寧、歸化苗寨，破郎岱、水城各峒寨。	諭令日期	883	9856 有諭令內容	10238 誤
1128	280	乙亥，命瑞麟爲大學士，仍留兩廣總督任。	丙子	883	9857 正	10239 誤

1129	281	己卯，阜陽匪擾沈丘、汝陽，官軍捕誅之。	諭令日期	883	9857 誤，有諭令內容	10239 誤
1130	282	德宗	建議改爲「載湉」	883	9858 德宗皇帝	10239 德宗
1131	283	己丑朔，桂軍剿越南竄匪，克長慶，斬匪首趙雄才。	諭令日期	884	9858 誤，有諭令內容	10239 誤
1132	284	壬辰，杜嘎爾軍剿賊於布拉特，勝之。	諭令日期	884	9859 誤	10239 誤
1133	285	甲午，永定河復決。	諭令日期	884	9859 誤	10239 誤
1134	286	丙申，穆圖善赴北山剿賊。	諭令日期	884	9859 誤	10239 誤
1135	287	金運昌軍剿烏拉特竄匪，勝之。	諭令日期	884	9859 誤	10239 誤
1136	288	丁未，河內沁河決。	諭令日期	884	9861 誤	10240 誤
1137	289	乙卯，昌圖賊匪竄擾，……剿平之。	諭令日期	884	9861 誤	10240 誤
1138	290	甲戌，桂軍克安世賊寨	諭令日期	884	9864 誤	10240 誤
1139	291	丁酉，甘軍克康家崖要隘。	諭令日期	884	9868 誤	10241 誤
1140	292	給劉銘傳假三月。	癸卯	884	9868 辛丑，誤	10241 誤
1141	293	命恩錫仕上海辦奧國換約。	甲辰	885	9869 正	10241 誤刪
1142	294	李鴻章	李瀚章	885	9871 正	10242 誤
1143	295	壬辰，命景廉爲烏魯木齊都統。	壬申	885	9872 正	10242 誤
1144	296	癸巳，甘軍克河州，禹得彥等降。	諭令日期	885	9875 誤，有諭令內容	10243 誤
1145	297	丁未，西寧回匪竄烏拉特及中衛，張曜軍擊退之。	諭令日期	885	9877 誤	10243 誤
1146	298	乙卯，肅州回匪復犯敦煌，文麟援剿之。	諭令日期	885	9878 誤，有諭令內容	10243 誤
1147	299	辛未，予先儒張履祥從祀文廟。	壬申，此沿東華錄誤	885	9879 誤	10243 誤
1148	300	丁丑，番山匪徒曾大鵝幅等作亂，捕誅之。	諭令日期，番-香	885	9880 誤	10244 誤
1149	301	己丑……文碩以乞病褫職。	庚寅	886	9881 正	10244 誤刪

1150	302	辛卯，桂軍復越南從化，克銀山。	諭令日期	886	9881 誤，有諭令內容	10244 誤
1151	303	癸巳，甘軍連破甘坪、大貝坪等處賊壘，進攻太子寺。	諭令日期，「太」亦作「泰」	886	無	10244 誤
1152	304	庚子，黔軍克清平、黃平、重安。	諭令日期	886	9882 誤	10244 誤
1153	305	辛丑，援黔湘軍克黃飄、白堡苗寨。	諭令日期	886	9882 誤	10244 誤
1154	306	丙寅，曾國藩卒，贈太傅。	二月戊午	886	9886 誤，說明予諡	10245 誤
1155	307	戊辰，褫劉銘傳職，以前功仍留一等男爵。	丙寅	886	9886 誤	10245 誤
1156	308	甲申，侯家林決口合龍。	諭令日期	886	9888 誤	10245 誤
1157	309	越南匪首蘇國漢等伏誅。	諭令日期	886	9888 誤	10245 誤
1158	310	乙酉朔，黔軍復貞豐。	諭令日期	887	9888 誤	10245 誤
1159	311	丙戌，甘軍剿太子寺回匪失利，提督傅先榮、徐文秀死之。	正月辛卯，丙申，榮–宗	887	9888 誤，「宗」字正	10245 誤
1160	312	辛丑，瑞常卒。	諭令日期	887	9890 誤，說明予諡	10246 誤
1161	313	丙辰，回匪竄定邊、靖邊，陝軍擊退之。	諭令日期	887	9891 誤，有諭令內容	10246 誤
1162	314	己未，……馬占鰲、陝回崔三、米拉溝回目治成林等，先後乞降。	諭令日期，治–冶	887	9892 有諭令內容，「治」字誤	10246 誤
1163	315	丙寅……諭內務府力求撙節。	戊寅	887	9894 正	10247 誤
1164	316	癸巳，徐占彪軍剿肅回屢捷。	諭令日期	887	9897 誤	10247 誤
1165	317	丙申，陝回宋全德等降。	諭令日期	887	9898 誤	10248 誤
1166	318	乙巳，滇軍克永平及雲南。	諭令日期	888	9899 誤	10248 誤
1167	319	六月甲午，朱鳳標致仕。	甲子	888	9901 誤	10248 誤
1168	320	癸未朔，滇軍會克興義。	諭令日期	888	9902 誤	10249 誤
1169	321	戊戌，回匪竄擾寧夏西路……，官軍擊退之。	諭令日期	888	9905 誤	10249 誤

1170	322	庚子，永定河北下汛溢。	諭令日期	888	9907 誤	10250 誤
1171	323	長	常	888	9910 誤	10250 誤
1172	324	辛巳，以單懋謙爲大學士。	八月庚申，此爲定「文淵閣」名日期	888	9908 正	10250 誤
1173	325	九月癸未，滇軍克趙州、蒙化並大理上下關	五月丙戌	888	9911 誤，有諭令內容	10250 誤
1174	326	乙未，冊立皇后阿魯特氏……，頒詔天下，覃恩有差。	己亥	889	9912 誤	10250 誤
1175	327	永定河工合龍。	諭令日期	889	9916 誤	10250 誤
1176	328	慶符	實錄爲「瑞福」	889	9918 慶符	10251 慶符
1177	329	丁巳，甘肅潰勇首犯馮高等伏誅。	冬十月，此爲諭令日期，馮高山	889	9920 誤	10251 誤
1178	330	戊辰，廣西隆安、岑溪土匪，西隆苗匪平。	諭令日期	889	9921 誤	10251 誤
1179	331	壬寅，諭……，治騷擾逾限者罪。	壬申	889	9921 正	10251 誤
1180	332	允恭親王請，復軍機處舊制。	甲戌	889	9922 正	10251 誤
1181	333	回匪擾哈密東山，官軍剿勝之。	諭令日期	889	9924 誤	10251 誤
1182	334	己卯，瓊州土匪平，誅匪首何亞萬等。	諭令日期	889	9924 誤	10251 誤
1183	335	辛卯，滇軍剿館驛等踞匪，迤東、迤南肅清。	諭令日期	889	9924 正，奏	10251 誤
1184	336	乙未，肅回竄扎薩克汗各旗，官軍擊走之。	諭令日期	890	9925 正，以……諭	10252 誤
1185	337	黔軍會克新城。	諭令日期	890	9925 誤	10252 誤
1186	338	下江苗匪亂，張文德軍剿除之，全黔底定。	諭令日期	890	9925 誤，有諭令內容	10252 誤
1187	339	丙申，撚匪竄擾太湖，水師剿平之。	諭令日期，撚－槍	890	9925 原稿正，飭~，「槍」被改爲「撚」	10252 誤
1188	340	辛丑，劉錦棠等軍剿回匪，大捷。	諭令日期	890	9927 誤，有賞珍物內容	10252 誤
1189	341	丁未，陝軍剿陝北……竄匪，殄之。	諭令日期	890	9927 誤	10252 誤

1190	342	己未，駐藏幫辦德泰坐事襯職回旗。	癸亥	890	9929 正	10252 誤
1191	343	丙辰，諭吏部、……，親政後，各署有……，均用漢文。	丙寅	890	9930 正	10252 誤
1192	344	十二年癸酉春正月辛巳朔，官軍擊回匪於……，敗之。	十一年十一月壬辰	890	9935 誤	10253 誤
1193	345	辛酉，成祿以苛捐誣叛，襯職逮問，趣金順接統其軍。	辛丑	891	9937 正	10254 誤
1194	346	甲辰，滇軍克大理，目酋杜文秀、楊榮、蔡廷棟等伏誅	十一年十一月丁未，目─回	891	9938 逆酋	10254 誤
1195	347	戊午……，翌日……劉錦棠軍克大通向陽堡。	諭令日期	891	9941 誤	10255 誤
1196	348	乙亥，金順軍抵肅州剿回匪，敗之。	諭令日期	891	9943 有諭令，似無關	10255 誤
1197	349	三月癸未，上奉兩宮皇太后謁東陵。	~啓鑾	891	9944 正	10256 刪誤
1198	350	丁亥……免蹕路經過本年額賦。	癸未，免十分之三	891	9945 誤	10256 誤
1199	351	西寧匪首馬桂源等伏誅。	諭令日期	891	9945 誤	10256 誤
1200	352	丙申，回匪白彥虎等竄甘州。	二月己未	891	9945 誤，有諭令內容	10256 誤
1201	353	庚子，以英廉爲塔爾巴哈台參贊大臣。	己亥	892	9946 正	10256 誤
1202	354	丁未，滇軍克順寧。	諭令日期	892	9947 誤	10257 誤
1203	355	丙辰，日本換約成。	壬子	892	9949 誤	10257 誤
1204	356	己巳，官軍克肅州塔爾灣賊巢。	諭令日期	892	9950 誤	10257 誤
1205	357	庚寅，滇軍克雲州。	諭令日期	892	9952 誤	10258 誤
1206	358	癸卯，成祿交刑部治罪。	辛丑	892	9953 誤	10258 誤
1207	359	艮	良	892	9954 誤	10258 誤
1208	360	俄使……熱福哩	法使熱福哩	892	9954 正	10258 誤
1209	361	丁卯，甘軍復循化	諭令日期	892	9955 誤	10258 誤
1210	362	丙戌，朱鳳標卒。	諭令日期	893	9957 誤，說明予諡	10259 誤

1211	363	滇軍克騰越	五月辛巳	893	9957 誤	10260 誤
1212	364	庚子，甘軍剿白彥虎等於敦煌，失利，副將李天和等死之。	辛丑諭令	893	9959 辛丑，有諭令內容	10259 誤
1213	365	永定河決。	六月壬戌	893	9960 誤	10260 誤
1214	366	辛亥，桂軍剿西寧、西隆匪，平之。	諭令日期，西寧–西林	893	9960 西林	10260 誤
1215	367	辛巳，直隸運河堤決。	諭令日期	893	9964 誤，有諭令內容	10260 誤
1216	368	榮全復以病乞免，不許。	壬午	893	9964 正	10261 誤
1217	369	富和有罪，褫職。	壬午	893	9964 正	10261 誤
1218	370	戊子，白彥虎等陷馬蓮井營堡。	諭令日期	893	9965 誤，有諭令內容	10261 誤
1219	371	壬辰，白彥虎等圍哈密，犯巴里坤，官軍失利。	諭令日期	893	9966 誤，有諭令內容	10261 誤
1220	372	調錫綸為烏魯木齊領隊大臣，以明春為哈密幫辦大臣。	丙申	893	9966 誤	10261 誤
1221	373	癸酉，永定河合龍。	諭令日期	894	9969 誤	10262 誤
1222	374	諭令內務府僅治安祐宮為駐蹕殿宇，餘免興修。	丁丑	894	9969 正	10262 誤
1223	375	己亥，官軍克肅州，匪逆馬文祿伏誅	戊辰	894	9972 有「上詣兩宮皇太后前賀捷」	10262 誤
1224	376	庚子……予徐占彪、穆圖善雲騎尉。	己亥，穆圖善未見記載	894	9972 正	10262 誤
1225	377	河陽	實錄為「河楊」	894	9975 河陽	10263 河陽
1226	378	省	省城	894	9975 正	10263 誤
1227	379	甲申，回匪竄擾烏梁海等部，錫綸軍追剿，敗之。	諭令日期	894	9980 誤，有諭令內容	10264 誤
1228	380	甲寅，湘軍剿古州苗匪，平之。	諭令日期	895	9985 誤	10265 誤
1229	381	己巳，官軍援沙山子擊回匪，勝之，	十二年十一月乙丑、壬申、十二月丙子等日	895	9988 誤，有諭令內容	10265 誤
1230	382	戊寅，回匪擾巴里坤境，明春等會剿之。	二月己卯	895	9988 誤，有諭令內容	10266 誤

1231	383	丁酉，上奉兩宮謁西陵。	~啓鑾	895	9990 正	10266 刪誤
1232	384	辛未，日本兵艦泊廈門，諭沈葆楨統兵輪往，相機籌辦。	諭令日期，前往	895	9993 正，以……諭……	10267 誤
1233	385	覲見俄使布策等於紫光閣。	語意不通	895	9994 正	10267 誤
1234	386	癸未，……回匪犯奎屯等處，官軍進剿失利，景廉兵援之。	諭令日期	895	9995 誤，有諭令內容	10267 誤
1235	387	丙戌，日本兵船抵臺灣登岸，與生番尋釁。	二月癸未	896	9996 誤	10267 誤
1236	388	辛卯，常順緣事褫職，命額勒和布爲……，慶春爲察哈爾都統，托倫布爲科布多參贊大臣。	壬辰	896	9996 誤	10268 誤
1237	389	日本攻臺灣番社。	諭令日期	896	9999 誤，有諭令內容	10268 誤
1238	390	丙辰，允沈葆楨請，建臺灣海口礮臺，撫番社，撤疲兵。	諭令在丙寅	896	10001 誤	10269 誤
1239	391	戊辰，日本師船遊弋福建各海口。	諭令日期	896	10002 誤，有諭令內容	10269 誤
1240	392	柳原光前	柳原前光	896	10002 正	10269 誤
1241	393	乙亥，諭飭總兵孫開華接辦廈門防務。	丙子	896	10003 誤	10269 誤
1242	394	壬午，烏索寨降眾復叛，滇軍剿平之。	諭令日期	896	10003 誤	10269 誤
1243	395	庚戌，瑪納斯回匪犯西湖，官軍擊退之。	諭令在辛亥	897	10007 誤	10270 誤
1244	396	庚申，覲見比使謝恩施等於紫光閣。	語意不通，恩－惠	897	10008 正	10271 誤
1245	397	乙丑，馬賊陷寧古塔，旋復之。	諭令日期	897	10009 誤	10271 誤
1246	398	白彥虎等犯濟木薩，官軍擊敗之。	諭令日期	897	10010 誤	10271 誤
1247	399	撤	撤	897	10014 正	10272 誤
1248	400	丁未，瑞麟卒	諭令日期	897	10015 誤，說明贈官	10272 誤

1249	401	庚戌，日本續遣大久保利通來，與總署……論臺灣番社兵事。	諭令日期	897	10016 誤	10272 誤
1250	402	丙辰，寧古塔匪首王文拴伏誅。	諭令日期	898	10017 誤，有諭令內容	10273 誤
1251	403	辛酉，王大臣與日使成議，退兵回國，給日本……五十萬。	諭令日期	898	10018 誤	10273 誤
1252	404	乙丑，賈楨卒。	諭令日期	898	10018 誤，說明予諡	10273 誤
1253	405	壬子，日本退兵。	諭令日期	898	10025 誤，有諭令內容	10274 誤
1254	406	李經羲	李宗羲	898	10028 正	10274 誤

附表 11：《清史稿校註》所指出《德宗本紀》問題一覽表

序號	《校註》序號	問　題	說　明	《校註》頁碼	432 稿本頁碼及情況	435 稿本頁碼及情況	503 稿本頁碼及情況
1	1	同治十年六月，誕於太平湖邸第。	丁亥	900	10279 二十八日子時，未寫丁亥	10584 框刪「二十八日子時」	11579 誤
2	2	十二月癸酉，穆宗崩，無嗣。	甲戌	900	10280 正	10585 誤	11579 誤
3	3	丙子……詔停三海工程。	丁丑	900	10283 正	10588 誤	11580 誤
4	4	乙卯，停各省貢方物。	己卯	900	10283 誤	10588 誤	11580 誤
5	5	甲辰，詔以明年為光緒元年。	甲申	901	10285 正	10591 正	11581 誤
6	6	丁亥，上大行皇帝尊諡曰繼天開運受中居正保大定功聖智誠孝信敏恭寬毅皇帝，廟號曰穆宗。	是日僅上穆宗毅皇帝	901	10286 誤	10591 誤	11581 誤
7	7	光緒元年乙亥	元年至二十年甲子名歲，不合體例	901	10290 誤	10594 誤	11582 誤
8	8	戊戌朔	己亥朔	901	10290 誤	10594 誤	11582 誤
9	9	己亥	當刪	901	無	10594	11582

10	10	清江	亦作「清江浦」	901	無	10594	11582
11	11	辛亥……內閣侍讀學士廣安疏請……繼嗣頒鐵券，斥之。	乙卯，閼－閣	901	10292 正	10595 正	11582 誤，字正
12	12	丙辰，越南匪黨竄滇邊……岑毓英剿平之。	諭令日期	901	無	10595 誤，語句不同	11582 誤
13	13	戊午……頒赦詔，開恩科。	己未	901	10293 正，翼日	10595 正，「翼日」的「日」字被框	11582 誤
14	14	壬午……馬嘉禮被戕於雲南。	諭令日期	902	10295 有諭令內容	10598 諭令被框刪	11583 誤
15	15	劉錦棠等復河州。	諭令日期	902	無	10598 諭令被框刪	11583 誤
16	16	甲申，臺灣生番亂，提督唐定奎剿之。	諭令日期	902	10296 有諭令內容	10599 諭令被框刪	11583 誤
17	17	壬子，山東賈莊河工合龍。	諭令日期	902	10301 未述優敘，述從丁寶楨請加河神封號等	10600「從丁寶楨……」被框刪	11583 誤
18	18	丙辰……蘇亞鄧等伏誅。	諭令日期	902	無	10601 誤	11583 誤
19	19	己卯，唐定奎克臺灣南路番社。	諭令日期	902	10303 有諭令內容	10602 諭令被框刪	11583 誤
20	20	劉岳昭督攻越南，復同文土州等城。	二月癸酉，劉長祐	902	無	無	11584 誤
21	21	辛亥，工部神庫火。	神庫－門神庫，諭令日期	903	無	10605 誤	11584 誤
22	22	壬子，刑部科房火。	諭令日期	903	無	10605 誤	11584 誤
23	23	庚午，奉天匪據大東溝作亂，崇實討平之。	諭令日期	903	10307 有諭令內容，語句不同	10607 原文與貼簽俱誤	11584 誤
24	24	甲午	甲戌	903	10307 正	10607 誤	11585 誤
25	25	懿旨：命……舉各署諸綠營、勇營紀律，及侍衛可任統兵者。	辛巳	903	10308 誤在戊寅	10607 誤在戊寅	11585 誤
26	26	癸巳	萬壽節……	903	10309 正	10608 正，下文「秋七月」誤爲「七月」	11585 誤

27	27	庚子，永定河決。	諭令日期	903	無	10609 誤	11585 誤
28	28	甲辰，祕魯換約成。	諭令日期	903	10310 有諭令內容	10610 有諭令內容	11585 誤
29	29	庚寅，命丁日昌督福建船政。	辛卯	903	10314 誤	10613 誤	11586 誤
30	30	吳棠督剿敘永廳竄匪。	諭令日期	904	10315 正	10614 諭字被刪	11586 誤
31	31	免梓宮經過大興等州縣額賦十之五，遵化十之七……。	全免	904	10316 誤	10615 誤	11586 誤
32	32	普	菩	904	10316 誤	10615 誤	11586 誤
33	33	丁巳，奉兩宮皇太后還宮。	回鑾日期，庚申還至宮	904	10317 正	10615 誤	11587 誤
34	34	癸亥，劉長祐剿敗越南匪，匪首黃崇英、周建新伏誅。	諭令日期，別事	904	10317 誤在癸酉	10616 誤	11587 誤
35	35	庚辰……敘永匪李增元等為亂，提督李有恒剿平之。	諭令日期，李增元-易增元	904	10319 誤，語句不同	10617 誤，字正	11587 誤
36	36	癸未……新化、衡、永匪亂，總兵謝晉鈞、提督趙聯升剿平之。	當在七月，十月甲申諭令	904	10319 誤在甲申，語句不同		11587 誤
37	37	散秩大臣吉和	實錄為「前盛京戶部侍郎志和」，東華錄作「吉和」	904	10320 未寫官職	10618 散秩大臣	11587 誤
38	38	戊戌，岑毓英克鎮雄大寨，匪首鞠占能伏誅。	諭令日期	905	10320 誤	10619 誤	11588 誤
39	39	乙卯，奉天大通溝匪平。	諭令日期	905	10321 有諭令內容	10619 誤	11588 誤
40	40	甲戌……文祥請解機務，慰留之。	乙亥	905	10323 誤	10620 誤	11588 誤
41	41	二年丙子春正月癸巳朔，免朝賀。	未免	905	10326 誤	10623 誤	11589 誤
42	42	癸丑，黔匪陷下江，尋復之。	諭令日期	905	10328 誤	10624 誤	11589 誤
43	43	辛酉，四川蠻匪平。	諭令日期	905	10328 誤，語句不同	10624 誤	11589 誤

44	44	壬午，鄧川匪首羅洪昌、項和伏誅。	壬辰	906	無	10626 誤	11589 誤
45	45	免浙江逋賦。	乙酉	906	10330 是月	10626 正	11589 誤
46	46	庚寅，……岑潤清作亂，嚴樹森剿平之。	諭令日期，清－青	906	10330 正，未寫姓名	10627 誤，且爲「岑毓青」	11590 誤
47	47	壬辰，東鄉匪聚眾抗官。	諭令日期	906	10330 有諭令內容	10627 語句不同，刪「遣軍會剿」致誤	11590 誤
48	48	三品京堂	～候補	906	10331 正	10627 正	11590 誤
49	49	甲寅，……陳國瑞遣戍黑龍江。	甲辰	906	無	10628 正	11590 誤
50	50	丁未……貴州四腳牛賊巢及六峒匪平。	諭令日期，峒－硐	906	10332 誤，語句不同	10628 誤	11590 誤
51	51	五月乙未，文祥卒。	諭令日期	906	10336 誤	10631 贈官等被框刪	11591 誤
52	52	甲申，階州齋匪平。	諭令日期	907	10340 誤	10634 誤	11592 誤
53	53	壬辰，騰越練軍踞城作亂，並陷順寧、雲州。	諭令日期	907	10341 有諭令內容	10635 諭令被框刪	11592 誤
54	54	庚子，安徽蝗。	諭令日期	907	10341 有諭令內容	10635 諭令被框刪	11592 誤
55	55	丁巳，總兵孔才進攻瑪納斯，斬……等。	諭令日期	907	無	10637 誤	11593 誤
56	56	甲戌，東鄉匪首袁廷蛟伏誅。	諭令日期	907	10344 正	10639 正，語句不同	11593 誤
57	57	辛巳，劉長祐、潘鼎新復騰越各城，匪首蘇開先伏誅。	諭令日期	907	10344 有諭令內容	10639 誤	11593 誤
58	58	辛卯，劉錦棠、金順擊敗回酋白彥虎，復烏魯木齊、迪化城，尋復昌吉、……各城。	諭令日期	907	10345 誤，語句不同	10640 誤	11593 誤
59	59	辛亥……孔才等復瑪納斯北城。	六月戊午	908	無	10642 誤	11594 誤
60	60	丙午……命景廉、李鴻藻在總理各國事務衙門行走。	癸丑	908	10349 正	10644 正	11594 誤

61	61	甲寅，召榮全來京，以金順爲伊犁將軍。	乙卯	908	10349 誤	10644 誤	11594 誤
62	62	賑口北、山東、安徽、江北饑。	「口北」爲衍文	908	10350 正，語句不同	10645 誤	11594 誤
63	63	丁卯，金順、錫綸克瑪納斯南城，匪首何磑、馬有財伏誅。	諭令日期	908	10350 有諭令內容	10645 諭令被框刪	11595 誤
64	64	都御史	左都御史	908	10356 正	10649 正	11595 正
65	65	戊午……命前藏濟嚨呼圖克圖於達賴未出世以前掌商上事務，給「達善」名號。	庚申，同音異譯	909	無	10649 誤	11596 誤
66	66	癸亥，以英桂爲體仁閣大學士	二月乙巳定名	909	10356 正	10649 誤	11596 誤
67	67	免洪澤湖灘欠租。	丙寅	909	10358 是月	10650 正	11596 誤
68	68	二月戊子，穆坪夷匪伏誅。	諭令日期	909	10358 有諭令內容	10651 諭令被框刪	11596 誤
69	69	己丑……賑直隸、山東、山西、河南、安徽、江西、福建還籍饑民。	庚寅	909	10361 誤，語句不同	10651 誤	11596 誤
70	70	三月丁巳朔……以山陵未安，仍禁宮中宴會演劇。	戊午	909	10363 誤，語句不同	10653 誤	11597 誤
71	71	癸酉……賑沘陽災民。	辛未	909	10364 誤	10655 誤	11597 誤
72	72	甲午，馬邊猓夷結野番、黑夷出擾，魁玉等勦之。	諭令日期	909	10366 正，以……諭……，語句不同	10657 正，以……命……	11598 誤
73	73	戊戌，劉錦棠等克七克騰木、闢展，復吐魯番滿、漢兩城。	諭令日期	909	10366 誤，語句不同	10658 誤，語句不同	11598 誤
74	74	尋攻克達阪及託克遜賊壘，安集延酋帕夏自殺。	三月癸亥、己巳，四月乙未前後，託克遜爲同音異譯	910	無	無	11598 誤
75	75	己亥，總兵張其光攻臺灣率芒番社，克之。	諭令日期	910	10366 正，以……，語句不同	10658 誤，語句不同	11598 誤

76	76	辛丑，賑貴陽地震災。	諭令日期，雷災	910	無	10658 誤，語句不同	11598 誤
77	77	壬寅，昭通、廣南匪作亂，官軍討平之。	諭令日期	910	10366 誤，語句不同	10658 誤，語句不同	11598 誤
78	78	甲戌，監利會匪王漢漳等作亂，伏誅。	諭令日期	910	10369 誤，語句不同	10662 誤	11599 誤
79	79	丁亥，諭各省修農田水利。	八月丁亥	911	10374 誤	10667 正	11601 誤
80	80	戊申，撥銀四十萬賑山西、河南災，並留江安漕糧輸山西、河南各四萬石備賑。	實錄無輸河南事，此疑誤	911	10375 正，《校註》未注此稿	10668「十四」被點兩點，10669 貼籤「尋復撥四萬石備河南賑濟」	11601 誤
81	81	九月甲寅，羅田匪首陳子鰲伏誅。	諭令日期	911	無	無	11602 誤
82	82	甲辰，免三姓被災銀穀。（《校註》漏此句號）加賑陽曲等縣災民口糧。	乙巳	911	無	10672 誤	11602 誤
83	83	庚戌，劉錦棠進復喀喇沙爾、庫車兩城，尋復阿克蘇及烏什城。	諭令日期	911	10379 誤，語句不同	10673 誤	11603 誤
84	84	辛卯，綏赫哲貢貂。	壬辰	912	無	10676 誤	11603 誤
85	85	辛未……西軍復葉爾羌、喀什噶爾，和闐回眾降。	諭令日期	912	10384 誤，語句不同	10679 誤，語句不同官軍	11604 誤官軍
86	86	辛巳朔，修成都都江堰。	諭令日期	912	無	10680 誤	11604 誤
87	87	命載齡爲體仁閣大學士	六月甲申定名	912	10399 正	10689 誤	11605 誤
88	88	乙卯，雲南官軍復耿馬土城。	諭令日期	913	10401 誤爲七月，10401 誤，語句不同	10692 誤，語句不同	11605 誤
89	89	右	左	913	10402 誤	10692 誤	11605 誤
90	90	甲戌，以曾紀澤爲出使英法大臣。	乙亥	913	無	10693 誤	11606 誤
91	91	八月己卯，永定河決。	諭令日期	913	10403 有諭令內容	10693 有諭令內容	11606 誤

92	92	丙戌，沁河決。	諭令日期	913	10403 有諭令內容	10694 有諭令內容	11606 誤
93	93	壬午……免通、海各處，淮安四衛連賦並雜課。	甲申	913	10409 是月	10696 正	11607 誤
94	94	癸巳，沁河復決。	諭令日期	913	無	10697 誤，溢	11607 誤
95	95	乙未，北新倉火。	諭令日期	913	無	10697 誤	11607 誤
96	96	戊戌，臺灣後山加禮宛等社就撫，縛獻番目，誅之。	諭令日期	913	10409 誤，語句不同	10697 誤	11607 誤
97	97	辛酉，白彥虎寇邊，劉錦棠擊敗之。	諭令日期	914	10411 誤，語句不同	10699 誤，語句不同	11607 誤
98	98	癸亥，李揚才踞越南長慶，楊重雅剿之。	諭令日期	914	10412 諭令日期	10699 諭令日期	11607 誤
99	99	壬午，吉州知州段鼎耀以吞賑處斬。	諭令日期，實錄、清史館稿爲「燿」	914	10420 正，以……置諸法	10705 正，奏誅……	11608 誤
100	100	丙午，賊目鍾萬新與李揚才合犯宣光，馮子材會師越南擊之。	諭令日期	914	10422 諭令日期	10707 諭令日期	11609 誤
101	101	布魯特回酋合安集延賊酋寇邊，劉錦棠敗之。	諭令日期	914	10425 諭令日期	10708 諭令日期	11609 誤
102	102	丁亥，李揚才踞者岩。	諭令日期	915	10427 有諭令內容	10710 諭令被點刪	11610 誤
103	103	庚寅，……吳可讀於柬陵仰藥自盡	戊寅	915	10427 正，以……	10710 吏部奏……	11610 誤
104	104	夏四月戊申，修通州北運河。	諭令日期	915	10429 誤，且誤爲「四月」	10712 誤	11610 誤
105	105	己亥，官軍剿平者岩賊。	諭令日期	915	10435 有諭令內容	10716 有諭令內容	11611 誤
106	106	尋文格、丁寶楨並坐奪職。	甲子	915	10446 正，語句不同	10723 正	11611 誤
107	107	烏拉特	實錄爲「烏拉特西公」	915	無	無	11611 誤
108	108	戊子……免絳、蒲、陽城被災夏課鹽稅。	庚寅	915	10450 是月，語句不同	10725 誤	11612 誤

109	109	戊申……詔各省舉文武堪備任使者。	己酉	916	10450 誤	10726 誤	11612 誤
110	110	壬子，致仕學大士單懋謙卒。	諭令日期，大學士	916	10451 誤，字正	10726 框刪贈官，字正	11612 誤
111	111	壬辰，加上文宗、穆宗尊諡。	不知所據	916	無	10728 更詳	11612 誤
112	112	己巳，英桂卒。	諭令日期	916	10457 誤	10733 框刪贈官等	11613
113	113	免齊齊哈爾、黑龍江、墨爾根屯糧，並原貸籽種。	丙午	916	10457 是月，黑字空	10733 誤	11613 誤
114	114	乙亥，李揚才伏誅。	諭令日期	916	10458 誤	10734 誤	11613 誤
115	115	壬午，沈葆楨卒。	癸未	916	10459 誤	10734 框刪贈官等	11613 誤
116	116	己酉，懿旨，廷議俄約覆奏，……，醇親王並預議以聞。	十二月己酉	916	10461 有十二月	10735 有十二月	11613 誤
117	117	己未，免永濟等州縣秋糧。	敘事失次，當在辛酉前	917	10463 是月	10737 誤	11614 誤
118	118	乙亥，西林苗匪平。	諭令日期	917	10467 有諭令內容	10738 改誤	11614 誤
119	119	壬午，尋甸匪亂，官軍討平之。	諭令日期	917	10468 誤	10738 誤	11614 誤
120	120	乙亥，左宗棠出屯哈密，金順扼精河，張曜、劉錦棠分進伊犁。	諭令日期	917	10472 正，請……擬……諭……	10742 框刪誤	11615 誤
121	121	庚子，祀天於圜丘。	夏四月~	917	10474 有「夏四月」	10744 有	11615 誤
122	122	甲寅，階州番匪哈力等作亂，伏誅。	諭令日期	917	無	10745 誤	11615 誤
123	123	三百三十三人	三百三十人	917	10479 誤	10745 誤	11616 無人數
124	124	乙酉，調李長樂爲直隸提督，統……，鮑超爲湖南提督，召來京。	乙丑	918	10479 正	10746 正	11616 誤
125	125	乙酉，階州番匪古巴旦等伏誅。	諭令日期，古旦巴	918	10481 誤，字正	10747 誤，字正	11616 誤

126	126	癸卯，畀李鴻章全權大臣，與巴西議約。	甲辰	918	無	10749 誤，語句不同	11616 誤
127	127	丁巳，免交城等縣荒地缺課。	戊午	918	10487 是月	10751 誤	11616 誤
128	128	命曾國荃督辦山海關防務。	庚申	918	10487 誤	10751 誤	11616 誤
129	129	秋七月壬申，召左宗棠來京，督辦關外事宜。	命保舉，非督辦	918	10488 正	10753 誤爲「七月」，本有「督辦」有「保薦」，框刪「保薦」	11616 誤
130	130	己亥，巴西商約成。	諭令日期	918	無	10758 誤	11617 誤
131	131	庚戌，南北洋初置電線。	諭令日期	918	10495 誤	10760 誤	11617 誤
132	132	己酉，東明河決。	諭令日期	919	無	10765 誤	11618 誤
133	133	己巳，以全慶爲體仁閣大學士	二月丙戌	919	10505 正	10767 添誤，體仁閣爲後添	11618 誤
134	134	丙戌，江華瑤匪平。	諭令日期	919	10507 有諭令內容	10769 諭令被框刪	11618 誤
135	135	七年辛巳春正月甲子朔……沈桂芬卒。	六年十二月癸亥	919	10512 誤	10774 贈官等被框刪	11619 誤
136	136	丁卯，改築焦山（《校註》誤加「、」）都天廟礮臺。	批示日期	920	10519 誤，語句不同	10781 誤	11620 誤
137	137	癸巳，雷波夷匪平。	諭令日期	920	10521 誤	10783 誤	11620 誤
138	138	壬戌朔……官軍擊散越南積匪。	諭令日期	920	10524 誤	10785 誤	11621 誤
139	139	三品卿	三品卿銜	920	10526 三品銜	10786 正	11621 正
140	140	癸亥	秋七月~	920	10528 有	10788 誤刪	11622 誤
141	141	乙巳，初置呼倫貝爾副都統。	丁卯	921	10529「閏七月」誤爲「閏月」，10530 誤	10790 誤	11623 誤
142	142	丙戌……全慶致仕。	丁亥	921	10533 誤	10792 誤	11623 誤
143	143	丁未，汝寧、光州捻匪平。	優恤日期	921	10535 誤，語句不同	10794 誤	11624 誤

144	144	己酉……賞附居青海番眾八族青稞歲八百餘石。	庚戌	921	10535 正，語句不同	10794 正	11624 誤
145	145	辛未，孝貞顯皇后神牌祔太廟。	辛亥	921	10535 正，語句不同	10794 誤	11624 誤
146	146	庚午，昭通匪陸松山等作亂，官軍討斬之。	諭令日期	921	10536 誤，語句不同	10795 誤	11624 誤
147	147	癸酉，以靈桂爲體仁閣大學士	是日爲大學士，十一月甲午定「體仁閣」名	921	10536 正	10795 誤	11624 誤
148	148	丙申，施南會匪楊登峻伏誅。	諭令日期	922	10538 誤，語句不同	10797 誤	11625 誤
149	149	丁酉，瀋吳淞淞沙。	諭令日期	922	10538 誤	10797 誤	11625 誤
150	150	戊戌，廣西果化土州匪首趙蘇奇伏誅。	諭令日期，未言處死事	922	10538 誤，語句不同	10797 誤	11625 誤
151	151	己亥，雪。	據翁同龢日記，前兩日雪，該日似未雪	922	10544 雨雪	10801 雪	11627 雪
152	152	二月己未，江蘇文廟火。	諭令日期	922	無	10803 誤	11627 誤
153	153	癸丑，申嚴門禁，更定稽察守衛章程。	癸亥	922	10547 誤，語句不同	10803 誤	11627 誤
154	154	乙未，命……陳蘭彬在總理……衙門行走。	壬子	923	10549 誤	10805 誤	11628 誤
155	155	己巳，法人入越南東京。	諭令日期	923	10553 正，奏……諭……	10808 「奏」、「諭」被框刪	11629 誤
156	156	甲戌，全慶卒。	議恤日期	923	10554 誤	10809 贈官等被框刪	11629 誤
157	157	癸未，朝鮮焚日本使館。	癸亥	923	10562 正，以……	10815 「以」被刪	11630 誤
158	158	乙酉朔，三岩野番就撫。	諭令日期	923	10562 奏……	10815 誤	11630 誤
159	159	丁未，吳長慶軍入朝鮮，執其大院君李昰應。	諭令日期	924	10565 有諭令內容，語句不同	10817 有諭令內容，同前	11630 誤
160	160	癸丑，朝鮮亂平。	諭令日期	924	10565 有諭令內容	10817 諭令被框刪	11631 誤

161	161	乙酉，河決山東惠民、商河、濱州。	丙戌	924	無	10820 誤，溢	11631 誤
162	162	癸巳，鬱林匪亂，官軍剿平之。	諭令日期	924	10569 誤	10820 誤	11632 誤
163	163	壬戌，河決歷城。	諭令日期	924	10573 有諭令內容	10823 誤	11632 誤
164	164	王金滿	金滿	924	10575 正	10825 王字爲後補	11632 誤
165	165	乙未，允朝鮮互市。	丙申	924	10576 誤，朝鮮允其互市……	10825 誤	11632 誤
166	166	戊午，山東河決歷城，齊河諸縣民墊壞，命游百川等賑撫災民。	丙申、戊戌、壬寅	925	卷三至光緒八年終	10834 誤，語句不同	11635 誤
167	167	己未……禁各省酷吏非刑。	丙寅	925		10834 誤	11635 誤
168	168	己未……命廣西布政使徐延旭出關籌防。	丙寅	925		10834 誤	11635 誤
169	169	癸酉，高州都司莫毓林聚亂，伏誅。	諭令日期	925		10835 誤	11635 誤
170	170	戊辰，鎮國公溥泰收受禁墾淀地，坐削爵，圈禁一年。	三月戊子	926		10836 正	11636 誤
171	171	南寧	南定	926		10836 誤	11636 誤
172	172	夏四月己未，俄撤伊犁駐兵。	諭令日期	926		10838 有諭令內容	11636 誤
173	173	丁亥，湖南會匪方雪敷倡亂，擒斬之。	諭令日期	926		10840 誤	11636 誤
174	174	庚戌，山東河決，壞歷城、齊東、利津民埝，諭堵塞賑撫並行。	丁酉，庚子	926		10842 誤，語句不同	11637 誤
175	175	越將劉永福及法兵戰於河內，敗之。	癸亥	927		10842 誤	11637 誤
176	176	托古利	托利古	927		10843 誤	11638 誤
177	177	王永和	王來和	927		10843 誤	11638 誤
178	178	己卯	~朔	927		10846「朔」被誤框刪	11638 誤

179	179	八月，法人破順化河岸礮臺，越人停戰議和。	未繫干支，乙未破礮臺，翌日議和，庚戌諭令	927		10849 正，庚戌，以…諭…	11639 誤
180	180	壬子，永定河決。	諭令日期	927		10850 誤	11639 誤
181	181	辛巳，法、越議和，立新約。	諭令日期	927		10853 奏……	11639 誤
182	182	辛未，河決齊東、蒲臺、利津。	諭令日期	928		10856 誤	11640 誤
183	183	丙子，詔李鴻章舉將才。	詔各省，不只李鴻章	928		10856 誤	11640 誤
184	184	壬辰，越南民變，殺嗣王阮福時，命張樹聲戡定之	乙未	928		10858 誤	11641 誤
185	185	湖北三萬	實錄爲「四萬」，此同東華錄	928		10859 三萬	11641
186	186	壬寅，法人陷山西，劉永福退走。	諭令日期	928		10859 有諭令內容	11461 誤
187	187	癸卯……林肇元坐庫儲空虛奪職。	乙巳	928		10860 誤	11461 誤
188	188	庚戌，法人進攻北寧，圖犯瓊州。	諭令日期	928		10860 有諭令內容	11461 誤
189	189	官軍大敗法人於諒山。	諭令日期，且原折十月中旬諒山並無戰事。	928		10861 誤	11461 誤
190	190	丁丑，追復故總兵陳國瑞世職。	戊辰	929		10863 正	11462 誤
191	191	庚寅，岑毓英出鎮南關赴興化，節制邊外諸軍。	辛酉抵興化，未經鎮南關	929		10867 誤，語句不同	11462 誤
192	192	丁未朔，法人攻興化，官軍擊卻之。	丙寅攻，旋被擊退	929		10869 誤	11462 誤
193	193	丁丑，法人陷北寧，官軍退守太原。	辛酉	929		10871 誤	11463 誤
194	194	戊辰，命湖南巡撫潘鼎新赴廣西籌防。	丁卯	929		10871 誤	11463 誤
195	195	庚子，法人進據興化。	諭令日期	930		10876 誤	11465 誤
196	196	丙午……以侍講許景澄充出使法德義和奧大臣。	戊申	930		10877 正	11465 誤

197	197	辛亥,利津等決口合龍。	諭令日期	930		10878 誤	11465 誤
198	198	丁亥,授文煜武英殿大學士。	是日為大學士,閏五月甲辰朔定「武英殿」名	930		10884 誤	11467 誤
199	199	賞徽寧太廣道張廕桓三品卿	徽寧池太廣道,三品卿銜	930		10885 前誤後正	11468 誤
200	200	戊戌……免武昌、黃州二衛額糧。	己亥	931		10887 誤	11468 誤
201	201	戊戌,命太常卿徐樹銘勘獻縣新開橫河。	庚戌	931		10889 正	11468 誤
202	202	法人犯觀音橋,潘鼎新擊敗之。	諭令日期	931		10889 有諭令內容	11649 誤
203	203	辛亥,山東河堤工成。	諭令日期	931		10889 誤	11649 誤
204	204	庚申,思恩匪首莫夢弼伏誅。	諭令日期	931		10890 誤	11649 誤
205	205	丙寅,法艦犯閩海。	諭令日期	931		10891 誤,窺閩海	11649 誤
206	206	甲戌,河決歷城等縣。	諭令日期	931		10983 有諭令內容	11650 誤
207	207	丙子,建昌、多倫匪首楊長春伏誅。	諭令日期,楊長清	931		10894 誤	11650 誤
208	208	丁丑,吳長慶卒	閏五月甲子	932		10894 有諭令內容	11650 誤
209	209	壬辰,法人陷基隆。	丁亥	932		10896 誤	11650 誤
210	210	乙未,劉銘傳復基隆。	戊子	932		10896 誤	11650 誤
211	211	丙午,法人襲馬尾礮臺及船廠,陸軍擊退之。	諭令日期	932		10899 誤	11651 誤
212	212	戊申,詔與法人宣戰	「戊申」當刪	932		10900 誤	11651 誤
213	213	癸丑,法人毀長門礮臺。	諭令日期	932		10900 誤	11651 誤
214	214	丁巳,諭穆圖善、張佩綸毋退駐省城。	庚申	932		10901 誤	11651 誤
215	215	授曾國荃兩江總督,兼南洋大臣。	庚申	932		10902 正	11652 誤

216	216	戊辰，以楊昌濬爲閩浙總督。	己巳	932		10904 誤	11652 誤
217	217	普賑歷城等縣災民。	庚午	932		10904 誤	11652 誤
218	218	八月壬申	～朔	933		10904 誤	11652 誤
219	219	壬申……建、邵匪首張廷源等伏誅。	諭令日期，未言處死事	933		10905 誤	11652 誤
220	220	甲戌，河決東明。	諭令日期	933		10905 誤	11652 誤
221	221	丁亥，法人復陷基隆。	諭令日期	933		10907 諭令被框刪	11653 誤
222	222	癸巳，蘇元春及法人戰於陸岸，敗之。	諭令日期	933		10907 誤	11653 誤
223	223	戊戌，法人犯滬尾，提督孫開華擊敗之。	諭令日期	933		10908 誤	11653 誤
224	224	壬子，劉銘傳爲福建巡撫，……，蘇元春幫辦潘鼎新軍務，楊昌濬等分防澎湖	癸丑	933		10909 誤	11653 誤
225	225	詔免雲南田稅，暫荒緩三年	癸丑	933		10909 誤	11653 誤
226	226	庚申……授額勒和布體仁閣大學士。	甲子爲大學士，十月癸未定「體仁閣」名	934		10911 誤	11654 誤
227	227	庚午，官軍及法人戰於陸岸，又敗之，予蘇元春世職。	諭令日期	934		10911 誤	11654 誤
228	228	戊寅，賑江北廳等處水災雹災。	丙子	934		10914 誤	11654 誤
229	229	甲午，張樹聲卒。	議恤日期	934		10916 誤	11655 誤
230	230	乙未……文煜卒。	疑卒於戊子	934		10916 贈官被框刪	11655 誤
231	231	庚子，劉永福及法人戰於宣光，敗績。	諭令日期	934		10916 誤	11655 誤
232	232	癸丑，普洱地震。	諭令日期	934		10917 誤	11655 誤
233	233	丁巳，東明決口合龍。	諭令日期	934		10918 誤	11655 誤
234	234	戊午，李秉衡赴龍州部署防運。	防運-防軍，諭令日期	934		10918 命……防運	11655 誤

235	235	己未……雲南巴蠻降。	諭令日期	935		10918 誤	11655 誤
236	236	戊辰，諭各省積穀。	己巳	935		10918 誤	11655 誤
237	237	戊寅，官軍敗法人於紙作社。	諭令日期	935		10919 誤	11656 誤
238	238	乙酉，官軍復宣光、興化、山西三省，安平府暨二州五縣。	諭令日期	935		10921 誤	11656 誤
239	239	壬辰，祿勸夷匪平。	諭令日期	935		10922 誤	11656 誤
240	240	丙申……張佩綸、何如璋並褫職遣戍。	丁酉	935		10922 誤	11656 誤
241	241	乙巳，法人陷諒山。	諭令日期	935		10925 誤	11660 誤
242	242	丙午，官軍圍宣光，復美良城。	諭令日期	935		10925 誤	11660 誤
243	243	甲寅，法人犯鎮南關，總兵楊玉科死之。	諭令日期	935		10926 誤	11660 誤
244	244	甲子……左宗棠等兵援浙江。	諭令日期	936		10926 諭被誤框刪	11660 誤
245	245	甲戌，……歐陽利見敗法人於鎮海口。	諭令日期	936		10927 誤	11660 誤
246	246	署	暫護	936		10927 誤	11660 誤
247	247	辛巳，秦州地震。	諭令日期	936		10928 誤	11660 誤
248	248	癸未，馮子材……大敗法人於鎮南關外	諭令日期	936		10928 誤	11660 誤
249	249	予楊玉科等世職。	在五月	936		10928 被框刪	11661 誤
250	250	壬辰……緬匪平。	諭令日期	936		10929 誤	11661 誤
251	251	乙巳	三月乙巳	936		10930 有三月	11661 誤
252	252	庚戌，岑毓英復緬旺……諸寨，獲越南叛臣黃協等誅之。	諭令日期，黃相協	936		10931 誤	11661 誤
253	253	乙丑，免陝西咸寧等處前歲逋糧。	癸亥	936		10932 誤	11662 誤
254	254	辛卯，諭除江西丁漕積弊。	壬辰	937		10934 誤	11662 誤

255	255	壬辰……天津會訂中法新約成。	乙未	937		10934 誤	11662 誤
256	256	癸未……法兵去澎湖。	戊寅	937		10941 有諭令內容	11664 誤
257	257	壬戌，河決山東長清。	戊戌	937		10944 誤	11665 誤
258	258	己巳，截漕糧十萬石充順直賑需。	庚午	938		10945 正	11665 誤
259	259	辛巳……賑襄城水災。	癸未	938		10946 誤	11666 誤
260	260	乙酉，左宗棠卒，贈太傅。	議恤日期	938		10946 有諭令內容	11666 誤
261	261	壬寅，靈桂卒。	議恤日期	938		10948 有諭令內容	11666 誤
262	262	思	恩	938		10949 誤	11666 誤
263	263	乙巳，雲南地震。	十月壬午起	938		10952 誤	11667 誤
264	264	授恩承體仁閣大學士，閻敬銘東閣大學士	是日僅為大學士，十二月戊寅定名	939		10954 誤	11668 誤
265	265	己卯，趙莊決口合龍。	諭令日期	939		10956 誤	11668 誤
266	266	辛丑，山東漳溝決口合龍。	諭令日期	939		10958 誤	11669 誤
267	267	特爾慶阿	同音異譯	939		10959 特爾慶額	11669 特爾慶額
268	268	二月乙丑朔，山東黃河南岸決。	諭令日期	939		10959 誤	11669 誤
269	269	辛卯，上奉皇太后謁東陵	~啓鑾	939		10961 有諭令內容	11670 誤
270	270	乙丑戊子，賜趙以炯等三百三十九人進士及第出身有差。	「乙丑」應刪，三百一十九人	939		10964 正，「三百一十九人」被框刪	11670 誤，無人數
271	271	庚子，臺灣生番歸化四百餘社，七萬餘人。	諭令日期	940		10965 誤	11670 誤
272	272	甲戌，修復海鹽石塘。	批示日期	940		10966 誤	11671 誤

273	273	丁酉，金順卒。	卒於六月癸酉，議恤在七月戊戌	940		10968　戊戌，有諭令內容	11671 誤
274	274	五萬石	實錄爲「五萬二千餘石」	940		10969 「二千」被框刪，「餘」字尚存，正	11671 誤
275	275	庚子，鮑超卒。	議恤日期	940		10974 贈官等內容被框刪	11673 誤
276	276	丙午，劉銘傳剿蘇魯、馬那邦叛番。	諭令日期	941		10974 本正，「命」字被框刪致誤	11673 誤
277	277	甲寅，賑上饒等縣水災。	乙卯	941		10974 誤	11673 誤
278	278	庚寅朔，壽張決口合龍。	戊戌	941		無	11673 誤
279	279	隆科多城	隆科城	941		10978 誤	11673 誤
280	280	辛丑，以親政遣官告天地、宗廟、社稷	癸卯	941		10984 誤	11675 誤
281	281	壬子……懿旨……天津鼓鑄，一文以一錢爲率……毋得參差。	乙卯	941		10985 正	11675 誤
282	282	壬戌，雨雪。	敘事失次	942		10986 誤	11675 誤
283	283	辛酉……川、滇接修電線成。	乙丑	942		10986 正	11675 誤
284	284	辛巳，祀先農，……，三推畢，加一推	辛亥	942		10989 誤	11676 誤
285	285	丁卯，命……林維源督辦臺灣鐵路及商務。	當在稍後幾日	942		10991 誤	11676 誤
286	286	賑昆明等縣水災。	疑作「火災」	942		10993 水	11677 水
287	287	大理卿	大理寺卿	942		10993 正	11677 誤
288	288	庚申，永定河、潮白河先後並溢。	諭令日期	942		10995 誤	11678 誤
289	289	丁丑，黎匪平。	諭令日期	943		10996 誤	11678 誤
290	290	甲辰，沁河決。	諭令日期	943		10998 誤，漫口	11678 誤

291	291	丙午……鄭州河決，南入於淮	丁酉	943		10998 有諭令內容	11679 誤
292	292	丁丑，李鴻藻往河南會察河工。	戊寅	943		11001 誤	11680 誤
293	293	己亥，穆圖善卒。	予世職日期	943		11003 予世職內容被框刪	11680 誤
294	294	壬寅，以善慶爲福州將軍，襄辦海軍事，並管神機營。	己亥	943		11003 正	11680 誤
295	295	丁酉，雨雪。	行禮日期	944		11007 誤	11681 誤
296	296	壬寅，石屏、建水地震。	諭令日期	944		11008 誤	11682 誤
297	297	庚申，開廣東昌化石綠銅礦。	准奏日期	944		11009 誤	11682 誤
298	298	乙亥，劉錦棠乞疾。慰留，再給假四月。	丙子	944		11010 誤	11682 誤
299	299	庚寅，永定河決口合龍。	諭令日期	945		11016 誤	11683 誤
300	300	甲午，展接廣東電線自九江至大庾嶺。	戊戌奏報擬接	945		11017 誤	11683 誤
301	301	辛亥……賑惠州等屬水災。	乙酉	945		11017 誤	11684 誤
302	302	六月癸巳，雨。	行禮日期	945		11019 誤	11684 誤
303	303	壬寅	敘事失次	945		無	11684 誤
304	304	甲子，永定河復決。	諭令日期	945		11021 誤	11684 誤
305	305	安徽懷寧	清國史德宗本紀稿爲「陝西咸寧」，實錄同，清史館稿爲「安徽咸寧」	945		11022 安徽咸寧	11685 誤
306	306	丁酉，截留江北漕米備蘇、皖賑。	庚子	945		11022 誤	11685 誤
307	307	去年	光緒十二年	945		11023 誤，「十三年」被改爲「去年」	11685 誤
308	308	甲戌，永定河決口合龍。	一處在七月辛酉，另一處在九月辛未	945		11024 誤	11685 誤

309	309	甲午……賑丹徒旱災、南昌等縣水災。	癸巳	946		11025 誤	11686 誤
310	310	壬戌，滇越邊界聯接中法電線成。	諭令日期	946		11027 誤	11686 誤
311	311	戊辰，免靜海積水淀地租。	丁丑	946		11027 誤	11686 誤
312	312	癸巳，太和門災。	諭令日期	946		11029 誤	11686 誤
313	313	乙未，免陝西前歲民欠錢糧。	復書，當刪	946		11029 誤	11687 誤
314	314	丁酉……命太僕少卿林維垣	戊戌，「垣」疑爲「源」	946		11029 正，源，《校註》未核稿本，而前 305 條核	11687 誤
315	315	丙午，鄭州決口合龍。	諭令日期	946		11030 誤	11687 誤
316	316	庚申，靖遠、皋蘭地震。	諭令日期	947		11032 誤	11688 誤
317	317	辛酉，以張之萬爲東閣大學士	是日爲大學士，二月己卯定「體仁閣」，非「東閣」	947		11032 誤	11688 誤
318	318	壬辰，加上皇太后徽號，頒詔覃恩有差。	癸巳	947		11038 誤	11690 誤
319	319	丁未，彭玉麟辭巡閱職。溫諭慰留。	壬子	947		11039 誤	11690 誤
320	320	濮州河決。	諭令日期	947		11039 誤	11690 誤
321	321	己未，再加上皇太后徽號。	庚申，此爲前期遣官告祭日期	947		11040 正	11690 誤
322	322	戊辰	敍事失次	947		11041 誤	11691 誤
323	323	辰	戌	947		11043 本誤，已改正	11691 誤
324	324	丙子，岑毓英卒。	議恤日期	948		11046 有諭令內容	11692 誤
325	325	丁未，章丘河決。	諭令日期	948		11047 諭令被框刪	11692 誤
326	326	庚午，齊河決。	諭令日期	948		11048 有諭令內容	11692 誤
327	327	辛未，沁河決。	諭令日期	948		11049 誤	11692 誤

328	328	庚子，賑伊犁、綏定等處地震災。	諭令日期，未言賑濟	948		11051 誤	11693 誤
329	329	壬辰，長垣堤決，黃水浸入滑縣。	是月無壬辰，壬戌諭令	948		11052 誤	11693 誤
330	330	曲陽	陽曲	949		11053 正	11694 正
331	331	戊寅……賑杭、嘉、湖屬水災。	己卯	949		11053 誤	11694 誤
332	332	壬辰……社番亂，副將劉朝帶等陣沒	九月甲辰朔	949		11055 有諭令內容	11694 誤
333	333	己亥，山東大寨河工合龍。	戊子，此為開復處分日期	949		11055 誤	11695 誤
334	334	丁亥，山東西紙坊漫口合龍。	諭令日期	949		11061 誤	11696 誤
335	335	睢	淮	949		11061 誤	11696 誤
336	336	丁酉……免仁和等縣，杭、嚴衛所糧課。	己亥	949		11062 正	11696 誤
337	337	辛酉，免直隸十三年以前竈課。	乙丑	949		11065 誤	11697 誤
338	338	壬辰，臺灣內山番社酋有敏等伏誅。	諭令日期	950		11068 誤	11697 誤
339	339	乙卯，上奉皇太后謁東陵	~啓鑾	950		11070 正	11698 誤
340	340	乙丑，曾紀澤卒	議恤日期	950		11071 有諭令內容	11698 誤
341	341	乙未……撒拉雍珠與巴宗喇嘛結野番作亂，官軍剿平之。	諭令日期	950		11073 誤	11698 誤
342	342	夏四月庚寅，彭玉麟卒。	四月無庚寅，壬寅議恤	950		11073 有諭令內容	11698 誤
343	343	庚戌，諭整頓土藥稅釐。	甲寅	950		11074 誤	11698 誤
344	344	丁卯，賜吳魯等……進士及第出身有差。	甲子	950		11074 誤	11699 誤
345	345	辛未……以長庚為伊犁將軍。	乙亥	951		11076 正	11699 誤
346	346	睢	淮	951		11077 本正，改誤	11699 誤

347	347	己亥朔，徙齊東各州縣瀕河村民……。	批示日期	951		11077 誤	11699 誤
348	348	壬子，永定河決口。	諭令日期	951		11079 有諭令內容	11700 誤
349	349	癸丑，……章天錫謀逆，官軍討斬之。	諭令日期	951		11079 誤	11700 誤
350	350	甲子，萬壽節，御乾清宮受賀。	丙寅萬壽節，此為受賀日期	951		11080 誤，語句不同	11700 誤
351	351	乙亥，鎮康土族亂，剿平之。	諭令日期	951		11081 誤	11700 誤
352	352	詔責李鴻章堵合永定河決口。	丙子	951		11081 誤	11700 誤
353	353	己卯，發帑五萬兩，……，米十萬石，賑順天各屬災。	辛巳	951		11081 誤	11700 誤
354	354	癸巳……賑湖北、廣西、陝西、雲南水災。	乙亥湖北、丙戌陝西、己丑雲南	952		11082 乙酉廣西，其餘正	11701 誤
355	355	壬午……永定河決口合龍。	諭令日期	952		11086 誤	11702 誤
356	356	甲申，賑甘肅雹災。	乙酉	952		11086 誤	11702 誤
357	357	壬辰，石埠會匪亂，剿定之。	未亂	952		11087 正，聚眾倡亂	11702 誤
358	358	庚戌，曾國荃卒，贈太傅。	議恤日期	952		11088 有諭令內容	11702 誤
359	359	七日	十一日	952		11090 誤	11703 誤
360	360	癸巳，四川雷波夷匪就撫。	諭令日期	953		11092 誤	11703 誤
361	361	己巳，御史高燮曾請舉行日講。詔以有名無實，不納。	乙巳	953		11092 誤	11704 誤
362	362	辛亥……以陶模為新疆巡撫。	丁巳	953		11093 誤	11704 誤
363	363	雲南匪亂，陷富民、祿勸縣城，討平之。	諭令日期	953		11093 誤	11704 誤
364	364	丁酉，立醇賢親王廟。	丙申	953		11094 誤，後添	11704 誤
365	365	丙午，復建祠。	丙辰	953		11094 誤，後添	11704 誤

366	366	戊申，詔會匪自首與密報匪首因而緝獲者原免之。	戊戌	953		11095 誤	11705 誤
367	367	乙酉，張曜卒。	議恤日期	954		11097 有諭令內容	11706 誤
368	368	己亥……寶鋆卒。	議恤日期	954		11098 有諭令內容	11706 誤
369	369	戊子……免隰、榆次等處逋賦及旗租	冬十月丁酉	954		11100 正	11706 誤
370	370	戊午，熱河朝陽匪亂，提督葉志超、聶士成剿平之。	諭令日期	954		11101 本正，刪誤，語句不同	11707 誤
371	371	己卯，海運倉火。	諭令日期	954		11104 誤	11707 誤
372	372	甲申，以……匪亂，撥庫帑三萬賑撫之。	乙酉	955		11105 誤	11707 誤
373	373	辛卯，撥庫帑……賑敖罕、奈曼兩旗蒙古。	二月～	955		11107 誤	11708 誤
374	374	癸丑，英兵入坎巨提，回部頭目逃避色勒庫爾，賑撫之。	諭令日期	955		11108 「命」被框刪	11708 誤
375	375	庚申，閻敬銘卒。	議恤日期	955		11108 贈官被框刪	11708 誤
376	376	內番山社	內山番社	955		11109 誤，後添	11708 誤
377	377	甲子，陽江匪亂，首逆譚運青伏誅。	諭令日期	955		11110 誤	11708 誤
378	378	辛未，賜劉福姚等……進士及第出身有差。	戊午朔	956		11110 誤	11708 誤
379	379	是月，上林、賓州匪首莫自閑等伏誅。	是月諭令	956		11110 誤	11708 誤
380	380	閏六月己未，永定河決。	六月庚戌	956		11111 誤	11709 誤
381	381	庚辰，恩承卒。	贈官日期	956		11112 贈官被框刪	11709 誤
382	382	壬寅，河南蝗。	批示日期	956		11113 誤	11709 誤
383	383	甲寅，命福錕爲體仁閣大學士	甲申，九月定「體仁閣」名	956		11114 甲申，「體仁閣」點刪又恢復	11709 誤

384	384	己亥，……陳拱伏誅。	諭令日期	956		11115 誤	11710 誤
385	385	庚申，……鄧海山伏誅。	諭令日期	957		11115 誤	11710 誤
386	386	己巳……免直隸通州等處糧租雜課。	庚午	957		11116 誤	11710 誤
387	387	辛卯，賑臺灣等處潦災。	壬辰	957		11116 誤	11710 誤
388	388	乙卯朔，詔王大臣承辦皇太后六旬慶典，會同……，詳議以聞。	丙辰	957		11117 誤	11710 誤
389	389	乙巳，懿旨，辦理慶典，一切撙節，……免進獻。	己巳	957		11118 誤	11711 誤
390	390	癸酉，留京餉五萬賑陝西北山等處災民。	甲戌	958		11122 誤	11712 誤
391	391	五月乙酉，北新倉火。	諭令日期	958		11122 誤	11713 誤
392	392	丁卯，……劉燕飛等伏誅。	諭令日期	958		11123 誤，後添	11713 誤
393	393	乙亥……永定河決，南北汎並溢。	諭令日期	958		11124 誤	11714 誤
394	394	辛亥……除華僑海禁，……，其經商出洋亦聽之。	癸丑	958		11125 誤	11714 誤
395	395	癸未……再撥江南北漕米十萬石改折，復留江蘇漕米八萬石充賑順直，分半給之。	癸巳	959		11127 正	11714 誤
396	396	己卯朔……自中外大臣、文武大員、蒙古王公等以次恩錫。	己卯	959		11131 誤，語句不同	11716 誤
397	397	己亥，庫車地震。	諭令日期	959		11133 誤	11716 誤
398	398	戊寅朔……諭疆吏毋濫保屬官。	壬午	959		11136 正，語句不同	11717 誤
399	399	戊申，詔州南雄匪亂，剿平之。	諭令日期	960		11137 誤	11718 誤
400	400	己酉，漵浦匪首諶北海伏誅。	諭令日期	960		11137 誤	11718 誤

401	401	丁亥，以畿輔多盜，諭嚴捕務。	五月~	960		11138 正	11718 誤
402	402	丁酉……上慮兵力不足，因諭……，以期必勝。	實錄在戊戌，此沿國史	960		11140 丁酉	11718 丁酉
403	403	壬戌，停海軍報效。	當在稍後數日	960		11142 誤	11719 誤
404	404	二旬萬壽	二十四歲	960		11142 誤	11719 誤
405	405	丙辰，命……唐景崧、……劉永福助邵友濂籌防。	庚辰	961		11144 誤	11720 誤
406	406	戊子……允吳大澂請，統湘軍赴朝鮮督戰。	癸巳	961		11146 誤在庚寅	11721 誤
407	407	己亥……敬信、汪鳴鑾均在總理……衙門行走。	壬寅	961		11146 誤	11721 誤
408	408	己酉，劉錦棠卒。	諭令日期	961		11147 有諭令內容	11721 誤
409	409	戊午，上皇太后徽號，頒詔覃恩有差。	己未，庚申	961		11148 誤	11721 誤
410	410	戊辰，……左寶貴及日人戰於平壤，敗績，死之。	諭令日期	961		11149 誤	11722 誤
411	411	乙亥……罷葉志超總統。	丙子	961		11150 誤	11722 誤
412	412	庚辰，命……王文錦等辦理團練。	戊寅	962		11150 誤	11723 誤
413	413	壬午，……鄧世昌及日人戰於大東溝，死之。	壬戌	962		11151 誤	11723 誤
414	414	庚子，日兵渡鴨綠江。	戊戌	962		11152 誤	11723 誤
415	415	丁酉，各國使臣呈遞國書，……，上見之於文華殿。	戊午	962		11155 誤	11725 誤
416	416	壬戌，日人陷岫巖州	甲子	962		11156 誤	11725 誤
417	417	丁卯，日人襲旅順船塢……龔照璵遁煙臺	日期未有定論	962		11157 丁卯	11726 丁卯
418	418	以旅順失守，責李鴻章……，褫職留任。	庚午	963		11158 誤在戊午	11726 誤

419	419	壬申⋯⋯褫葉志超職。	丙寅	963		11158 正	11726 誤
420	420	癸酉朔，褫龔照璵職，尋逮問。	當在稍後數日	963		11159 誤	11726 誤
421	421	己卯，以金州陷，褫⋯⋯連順職，程之偉並褫職	交部嚴議日期	963		1159 誤	11726 誤
422	422	丙戌，日本陷復州。	壬午	963		11160 誤	11727 誤
423	423	陸路提督	福建~	963		11160 正	11727 誤
424	424	己丑，宋慶及日人戰於海城，敗績，退保田莊臺。	丁酉	963		11160 誤	11727 誤
425	425	庚寅⋯⋯命榮祿在總理⋯⋯衙門行走。	辛卯	963		11161 誤	11727 誤
426	426	提督	國史德宗本紀稿爲「記名提督」，實錄爲「記名總兵」。	963		11161 誤	11727 誤
427	427	十二月癸卯	~朔	963		11161 誤	11727 誤
428	428	甲辰⋯⋯褫提督黃仕林職，逮問。	庚戌	963		11162 誤	11728 誤
429	429	甲子，命宋慶、吳大澂襄辦劉坤一軍務。	癸亥	964		11164 誤	11728 誤
430	430	己卯，日本陷榮成。	丁卯	964		11164 誤	11728 誤
431	1	二十一年乙未	二十一年至三十四年皆以甲子名歲，與本紀體例不合	965		11166 誤	11733 誤
432	2	乙亥，日兵寇威海。	諭令日期	965		11166 誤，語句不同	11733 誤
433	3	己卯，吳大澂始出關視師。	甲戌	965		11166 誤	11733 誤
434	4	辛巳，威海陷，守將戴宗騫死之。	己卯	965		11166 誤，語句不同	11733 誤
435	5	庚寅，劉公島陷，水師熸	此爲清軍降日日期	965		11166 誤	11733 誤
436	6	丁汝昌及總兵劉步蟾死之。	日期未有定論	965		11166	11733
437	7	保淮通運	保清、淮通運	965		11166 誤	11733 誤

438	8	己亥，日本陷文登、寧海，逼煙臺。	諭令日期	966		11167 誤	11734 誤
439	9	宋慶等及日人戰於太平山，敗績，走。	壬寅	966		11167 誤	11734 誤
440	10	亮甲山……趙雲奇戰死	非戰死於此役	966		11168 誤	11734 誤
441	11	乙酉，日兵薄遼陽，長順、唐仁廉擊卻之。	是月無乙酉，擊退不知所據	966		11168 誤	11734 誤
442	12	甲寅，復戰，敗績。	甲寅交戰，翌日敗績	966		11168 誤	11734 誤
443	13	丙辰，日兵陷田莊臺。	諭令日期	966		11169 誤	11734 誤
444	14	吳大澂奔錦州，宋慶退雙臺。	丁巳	966		11169 誤，語句不同	11734 誤
445	15	戊午……免上元、江寧等……賦課。	己未	966		11169 誤	11735 誤
446	16	乙丑，撥庫帑十萬加賑薊州等處災民。	丙寅	967		11170 誤	11735 誤
447	17	團民	民團	967		11170 誤	11735 誤
448	18	己巳……日人狙擊李鴻章，彈傷其頰。	庚午	967		11170 誤	11735 誤
449	19	庚午，日人犯澎湖。	己巳	967		11170 誤，日兵	11735 誤
450	20	癸酉，濟陽高家紙坊河決。	諭令日期	967		11170 誤，漫口	11735 誤
451	21	乙亥，日兵陷澎湖。	諭令日期	967		11170 誤	11735 誤
452	22	己亥……和約成……暫行駐兵威海。	明發上諭日期	967		11172 誤	11735 誤
453	23	己酉，天津海溢	丙午	967		11173 誤	11736 誤
454	24	陷循化廳	此時未陷	967		11174「攻」被改爲「陷」	11736 誤
455	25	乙卯，諭曰……	戊午	968		無	11736 誤
456	26	希	實錄爲「布」	968		11177 希	11737 誤
457	27	壬辰，日本歸我遼南地。	十月至十一月	968		11178 誤	11737 誤
458	28	浙	湘	968		11181 誤	11738 誤

459	29	惠予潮嘉道	予惠潮嘉道	968		11183 正，語句不同	11740 無予字
460	30	乙酉……以麟書爲武英殿大學士	是日爲大學士，丙申定「文淵閣」名	969		11186 誤，「文淵閣」改「武英殿」	11741 誤
461	31	甲辰，沁河決。	諭令日期	969		11187 誤	11741 誤
462	32	乙巳，滎澤河決。	諭令日期，未決	969		11187 誤	11741 誤
463	33	己酉……壽張、齊東河決。	諭令日期	969		11187 誤	11742 誤
464	34	辛酉……色勒庫爾地震。	諭令日期	969		11188 誤	11742 誤
465	35	壬戌，以回衆猖獗，褫總兵湯彥和職，楊昌濬、雷正綰並褫職留任。	甲寅褫湯彥和職，楊昌濬、雷正綰在癸亥	969		11188 誤，尋……	11742 誤
466	36	庚子……留山東新漕備……賑。	壬寅	969		11192 正	11743 誤
467	37	丙寅，……揭揚、潮陽、普寧等縣地震。	諭令日期，揚-陽	970		11194 誤，字正	11744 誤
468	38	辛巳，李鴻章與日使互換歸遼條約。	諭令日期	970		11195 奏字被框刪	11744 誤
469	39	丙申……賑鶴慶等州縣水旱災。	諭令日期	970		11195 誤	11744 誤
470	40	乙酉朔，山東趙家口合龍。	北趙家，丁酉	970		11197 誤，北趙家口	11744 誤
471	41	戊寅，壽張決口合龍。	諭令日期	970		11200 誤	11745 誤
472	42	察哈爾	察哈爾營	971		11206 誤	11749 誤
473	43	壬申……劉銘傳卒。	議恤日期	971		11206 贈官被框刪	11749 誤
474	44	辛酉，回匪窺珠勒都斯。	諭令日期	971		11208 諭令被框刪	11749 誤
475	45	壬申，五臺山菩薩頂災。	諭令日期	971		11209 諭令被框刪	11750 誤
476	46	戊子，授昆岡體仁閣大學士	五月戊戌定名	971		11210 誤	11750 誤
477	47	丁酉……免恩安被災額賦。	丙申	971		11210 誤	11750 誤

478	48	辛丑，鄭州文廟災。	被焚在二月，庚子諭令	971		11210 誤	11750 誤
479	49	癸卯，醇賢親王福晉葉赫那拉氏薨	壬寅	971		11211 誤	11750 誤
480	50	乙巳，上成服。	甲辰	972		11211 誤	11751 誤
481	51	壬子，免安徽歷年逋賦。	辛亥	972		11211 誤	11751 誤
482	52	甲子，緩鄂倫春牲丁進貂貢。	癸亥	972		11212 誤	11751 誤
483	53	丁卯，河決利津。	諭令日期	972		11212 誤	11751 誤
484	54	致	政	972		11214 正	11751 正
485	55	丙戌，松潘番亂，官軍剿平之。	諭令日期	972		11214 誤	11752 誤
486	56	辛卯，永定河溢。	諭令日期	972		11214 誤	11752 誤
487	57	己巳，川軍剿瞻對，迭克要隘，進逼中瞻。	諭令日期	972		11217 諭令被框刪	11753 誤
488	58	壬辰，禁各省濫用非刑。	實錄及東華錄在辛卯，此沿國史	973		11218 壬辰	11753 壬辰
489	59	丙申，福錕卒。	諭令日期	973		1121 諭令被框刪	11753 誤
490	60	己亥，東陵蟲災。	諭令日期	973		11219 有諭令內容	11753 誤
491	61	輪船總公司	實錄及東華錄為「鐵路總公司」	973		11219 招商總公司	11753 誤，「招商」後加「輪船」二字
492	62	甲戌，永定河決口合龍。	開復處分日期	973		11223 誤	11755 誤
493	63	戊寅，定朝鮮設領事，……以總領事一人駐其都城。	丁丑	973		11223 誤	11755 誤
494	64	左	副	973		11224 誤	11755 誤
495	65	己丑，以徐桐為體仁閣大學士	十一月丙申定名	973		11225 誤	11755 誤
496	66	丙子，免遼陽……糧賦，綏德等州縣逋糧。	乙酉	974		11227 誤	11756 誤

497	67	辛亥，留湖北漕米充工賑。	當在稍後	974		11228 誤	11757 誤
498	68	庚午，河決歷城、章丘。	諭令日期	974		11229 誤	11757 誤
499	69	甲辰，懿旨發內帑十萬賑四川，五萬賑湖北，並以庫帑十萬加賑四川……。	戊申	974		11230 誤	11757 誤
500	70	丙申	五月~	974		11231 有五月	11758 誤
501	71	甲辰，張之萬卒	癸卯	974		11232 有諭令內容	11758 誤
502	72	丁未，上詣本生妣……福晉園寢，周年釋服。	乙未	975		11232 誤	11758 誤
503	73	庚寅，李鴻藻卒。	予謚日期	975		11233 諭令被框刪	11759 誤
504	74	甲寅，平遙普洞村山陷入地中。	諭令日期	975		11235 誤	11759 誤
505	75	己巳，靖西地震。	諭令日期	975		11236 誤	11759 誤
506	76	拉	哈	975		11237 正	11759 誤
507	77	柏固	固特	975		11238 正	11760 誤
508	78	丙午，利津決口合龍。	諭令日期	975		11238 誤	11760 誤
509	79	眞	督	975		11238 正	11760 誤
510	80	戊午	冬十月~	976		11238 有冬十月	11760 誤
511	81	戊寅，德以兵輪入膠澳。	諭令日期	976		11239 誤	11760 誤
512	82	甲寅……昭烏達盟旗匪平。	諭令日期	976		11240 誤	11761 誤
513	83	甲子，利津河決。	諭令日期	976		11240 誤，溢	11761 誤
514	84	乙巳，留江北漕米一萬石賑徐州災。	己巳	976		11245 誤	11763 誤
515	85	戊子，俄使巴布羅福覲見。	戊戌	976		11247 正	11763 誤
516	86	丙辰，麟書卒。	贈官日期	977		11248 贈官被框刪	11764 誤

517	87	甲戌,上侍皇太后幸外火器營教場,……,凡三日。	癸酉	977		11249 誤	11764 誤
518	88	畢勝	同音異譯	977		11249 畢盛	11764 畢勝
519	89	壬午,安徽鳳、潁、泗災。	諭令日期	977		11250 誤	11764 誤
520	90	壬辰……孫貝勒溥偉襲。	癸巳	977		11251 誤	11765 誤
521	91	己亥,授榮祿爲文淵閣大學士,剛毅爲兵部尙書協辦大學士。	甲辰,五月丙辰授「文淵閣」名	977		11251 誤在癸卯	11765 誤
522	92	丙午……賜夏同龢等……進士及第出身有差。	丁未	977		11253 誤	11766 誤
523	93	己酉……裁督辦軍務處。	辛酉	978		11254 誤	11766 誤
524	94	戊辰……諭曰:……	己巳	978		11256 正	11767 誤
525	95	己丑……命康有爲督辦官報。	庚寅	978		11261 正	11769 誤
526	96	壬辰……鬱林、梧州土匪、會匪相結爲亂,陷……,官軍剿平之。	諭令日期	979		11261 誤	11769 誤
527	97	漢	翰	979		11262 正	11770 誤
528	98	礮	彈	979		11262 誤	11770 誤
529	99	以三品京堂充駐朝鮮大臣	以三品京堂候補,充出使日本國大臣	979		11266 前誤後正	11771 誤
530	100	甲寅……賑奉天被賊各廳縣災。	乙卯	979		11266 誤	11772 誤
531	101	丁巳,河決山東上中游,濟陽等六縣同時並溢。	諭令日期	979		11267 誤	11772 誤
532	102	十五	初五	979		11267 誤	11772 誤
533	103	壬戌,賑南陽水災。	癸亥	979		11267 誤	11772 誤
534	104	丁丑……嚴米糧出口禁。	戊寅	980		11274 誤	11775 誤
535	105	甲午……徐致靖禁錮。	乙未	981		11278 誤	11777 誤

536	106	丁酉……留山東新漕米石備賑。	戊戌	981		11279 誤	11778 誤
537	107	事攻討	徒事攻討	981		11281 正	11778 誤
538	108	丙午……授榮祿爲欽差大臣。	丁未	981		11281 正	11779 誤
539	109	己酉……設上海、漢口水利局。	庚戌，商務局	981		11282 誤	11779 誤
540	110	癸丑……甘肅、新疆地震。	諭令日期	981		11282 誤	11779 誤
541	111	丁巳，廣西匪平。	諭令日期	981		11282 誤	11779 誤
542	112	己未……代州地震。	八月戊子至庚寅	982		11283 誤	11780 誤
543	113	丙申，賑韓城等縣災。	實錄在丁酉	982		11287 丙申	11781 誤
544	114	辛丑……濟陽決口合龍。	諭令日期	982		11287 誤	11781 誤
545	115	丁未，賑羅平水災雹災。	己酉	982		11288 誤	11781 誤
546	116	丁巳……撥庫帑二十萬於江蘇備賑。	癸亥	982		11289 本正，誤刪	11781 誤
547	117	土魯番	同音異譯	982		11291	11782
548	118	戊寅，罷直隸練軍。	光緒末年才消失，此誤	982		11291 以直隸練軍抽丁擾民命罷之	11782 誤
549	119	丙戌，湖北巡撫曾鉌坐事免。	乙酉	983		11291 誤，語句不同	11782 誤
550	120	……罷胡燏棻津蘆路督辦，以許景澄代之。	語意欠明，尚有津榆等	983		11292 誤	11782 誤
551	121	壬寅，改湖北漢口同知爲夏口撫民同知。	癸卯	983		11293 誤	11783 誤
552	122	戊戌……命呂海寰告德國外部，止其進兵。	己亥	983		11298 誤	11784 誤
553	123	甲辰，德兵至蘭山。	諭令日期	983		11299 諭令被框刪	11784 誤
554	124	丁未，陷日照城。	諭令日期	983		11299 誤，語句不同	11784 誤
555	125	壬子，命吳廷棻	五月~，棻–芬	984		11304 正	11787 誤

556	126	甲寅，……藥庫火。	諭令日期	984		11304 誤	11787 誤
557	127	乙卯，命太僕少卿裕庚充出使法國大臣。	丙辰	984		11304 誤	11787 誤
558	128	正定	正定鎮	984		11305「鎮」字被圈刪	11787 誤
559	129	乙卯，訂朝鮮通商條約。	諭令日期	984		11308 誤	11788 誤
560	130	丁亥，甘肅海城回亂，官軍剿平之。	諭令日期	984		11309 誤	11788 誤
561	131	甲辰，錦州、廣寧匪亂，剿平之。	諭令日期	984		11309 誤	11788 誤
562	132	癸丑，命……徐壽朋充出使韓國大臣。	丁巳	985		11313 誤	11789 誤
563	133	己酉……命侍講寶豐直弘德殿。	辛亥	985		11318 正	11791 誤
564	134	停本年秋決。	辛亥	985		11318 正	11791 誤
565	135	戊子，詔大索康有爲、梁啓超，毀所著書，閱其報章者並罪之。	戊午	986		11318 正	11791 誤
566	136	丙子，河決濱州。	諭令日期	986		11319 誤	11792 誤
567	137	壬子，濱州決口合龍。	諭令日期	986		11322 誤	11793 誤
568	138	丁巳……撥部帑十萬賑山東、貴州……。	實錄無山東	986		11322 誤	11793 誤
569	139	先鋒	先鋒隊	986		11323 正	11793 誤
570	140	全軍翼長	或刪或補	986		11323 誤，武衛全軍翼長	11793 誤
571	141	辛卯，昆	壬辰，嵩	986		11324 誤	11794 誤
572	142	癸卯，拳匪毀琉璃河、長辛店車站局廠	辛丑朔，後有諭令內容	987		11326 前誤後正	11794 前誤後正
573	143	拳匪殺日本使館書記杉山彬……。	甘軍所殺	987		11327 誤	11795 誤
574	144	庚申……命李端遇、王懿榮爲京師團練大臣。	辛酉	987		11327 誤	11795 誤
575	145	庚申	復書，當刪	987		11328 誤，後添	11796 誤

576	146	辛酉……外軍攻大沽口，提督羅榮光不能禦，走天津，死之，大沽遂陷。裕祿以捷聞，詔發內帑十萬犒師。	領銀者爲宋慶。兩事連書，似成因果，誤。	987		11328 誤	11796 誤
577	147	潤	瀾	987		11329 正	11796 誤
578	148	甲子，拳匪戕德使克林德於崇文門內。	癸亥，虎神營或武衛軍所爲	987		11329 時間誤，被擊於崇文門內，正	11797 誤
579	149	乙酉……外兵襲天津，聶士成……死之。	諭令日期	988		11332 誤	11798 誤
580	150	辛卯……額勒和布卒。	諭令日期	988		11333 諭令被框刪	11799 誤
581	151	丙申，上三旬萬壽，……，群臣朝賀皆自神武門入。	萬壽節前受賀日期	988		11333 誤	11799 誤
582	152	賑福建水災。	丁酉	988		11334 誤	11799 誤
583	153	壬寅，殺……許景澄、太常寺卿袁昶。	癸卯殺，壬寅諭令	988		11334 誤	11799 誤
584	154	己酉，外兵據北倉。	庚戌	988		11335 誤	11799 誤
585	155	庚戌，陷楊村，直隸總督裕祿自殺。	日期死因有不同記載	988		11335	11799
586	156	癸丑，李秉衡戰於蔡村，敗績。	壬子至次日	989		11335 誤	11800 誤
587	157	外兵進佔河西塢。	甲寅，塢–務	989		11335 誤	11800 誤
588	158	丁丑，次雞鳴驛，下詔罪己，兼誡……。	乙丑	989		11337 誤	11800 誤
589	159	乙亥……命劉坤一、張之洞會議和局。	丙子	989		11338 正	11801 誤
590	160	以載漪爲軍機大臣。	丙子	989		11338 正	11801 誤
591	161	丁亥，西安等府旱。	諭令日期	989		11340 有諭令內容	11802 誤
592	162	辛丑……罷載漪、載瀾、剛毅、趙舒翹、英年職，並下府部議。	是日載瀾、剛毅、趙舒翹、英年未罷職	990		11342 本正，刪添致誤	11802 誤

593	163	甲申，以裕鋼爲駐藏辦事大臣。	甲戌	990		11347 誤	11804 誤
594	164	乙卯，李鴻章奏誅附匪逞亂道員譚文煥。	己卯	990		11347 誤	11804 誤
595	165	辛亥，發內帑四十萬賑陝西饑民，趣江、鄂轉漕購糧以濟。	壬子	991		11351 誤	11805 誤
596	166	癸丑，授王文韶爲體仁閣大學士	是日爲大學士，十一月甲申定名	991		11352 誤	11806 誤
597	167	壬申，免長安額賦十之五。	甲戌	991		11354 誤	11806 誤
598	168	乙亥，……王老九等作亂，官軍剿擒之。	諭令日期	991		11354 誤	11806 誤
599	169	癸巳，安徽開籌餉捐例。	甲午	991		11355 誤	11807 誤
600	170	丙寅，增祺坐擅與俄人立……約，予嚴議，尋褫職。	丙申	991		11355 正	11807 誤
601	171	二十七年辛丑，行在西安。	與本紀體例不合	992		11360	11808
602	172	庚午，賜載勛自盡。	二十六年十二月壬戌	992		11360 誤	11809 誤
603	173	辛未，毓賢處斬。	辛未處斬，庚午上諭重申，無誤	992		11360	11809
604	174	二月己亥，撥部帑百萬於山西備賑。	庚子	992		11362 誤	11809 誤
605	175	辛丑……瞿鴻機在軍機大臣上學習行走。	甲辰	992		11366 誤	11810 誤
606	176	澧	澧	992		11367 誤	11811 正
607	177	五月乙丑	~朔	993		11368 誤	11811 誤
608	178	蔭昌	國史、實錄爲「廕昌」	993		11369 誤	11811 誤
609	179	庚子，萬壽節，停朝賀筵宴。	諭令日期	993		11369 誤	11812 誤
610	180	壬子……賑棲霞火災。	乙卯	993		11370 正	11812 誤
611	181	乙丑……世鐸罷直軍機。	丙寅	993		11370 誤	11812 誤

612	182	己巳，河決章丘、惠民。	諭令日期	993		11371 誤	11812 誤
613	183	己未，升允奏……夏良材誤供應，請撤職。	供差失誤非實	994		11375 誤	11814 誤
614	184	己酉，李鴻章卒，贈太傅，晉一等侯爵。	己丑	994		11375 正	11814 誤
615	185	甲午……惠民決口合龍。	諭令日期	994		11376 誤	11815 誤
616	186	戊子……章丘決口合龍。	諭令日期	994		11379 誤	11815 誤
617	187	辛卯，詔以珍妃上年殉節宮中，追晉貴妃	非殉節	994		11379 詔以，故不誤	11815
618	188	丁酉，賑躋路所過三十里內貧民。	諭令日期	995		11381 誤	11816 誤
619	189	甲寅……授孫家鼐體仁閣人學士。	丙辰定名	995		11382 誤	11817 誤
620	190	癸酉，……宋慶卒，晉封三等男爵。	卒於己丑	995		11389 誤	11820 誤
621	191	甲午，廣西遊匪戕法兵官，剿辦之。	諭令日期	995		11391 有諭令內容	11821 誤
622	192	乙丑，祀先農，親耕耤田。	癸亥	995		11393 誤	11821 誤
623	193	癸卯，皇后躬桑。	不知所據	995		11396	11822
624	194	壬戌，授袁世凱直隸總督兼北洋大臣。	癸亥	996		11398 正，語句不同	11823 誤
625	195	免雙城逋賦。	癸亥	996		11398 正，語句不同	11823 誤
626	196	丙寅，廣西匪陷廣南之皈朝，……擊走之，復其城。	諭令日期	996		11398 誤	11823 誤
627	197	己丑朔，免鶴慶、賓川被災雜賦。	乙未	996		11399 正	11823 誤
628	198	維	惟	996		11400 誤	11824 誤
629	199	癸丑，賑四川南充、簡等屬災。	甲寅	996		11401 誤在丙辰	11824 誤
630	200	八月甲申，移雲南迤西道駐騰越，兼監督關務。	不知所據，「八月」當刪	996		11403 誤	11824 誤

631	201	戊戌	當補「八月」	997		11403 誤	11824 誤
632	202	癸卯，河決利津、壽張等處。	諭令日期	997		11403 誤，語句不同	11825 誤
633	203	庚戌，河復決惠民。	諭令日期	997		11404 誤，語句不同	11825 誤
634	204	癸巳，……劉坤一卒，追封一等男，贈太傅。	癸亥諭令	997		11404 誤，語句不同	11825 誤
635	205	命張之洞署兩江總督兼南洋大臣。	癸亥	997		11404 誤	11825 誤
636	206	免天津……額賦。	甲子	997		11404 誤	11825 誤
637	207	丁酉	丁卯	997		11405 誤	11825 誤
638	208	甲辰	甲戌	997		11405 誤	11825 誤
639	209	壬子	壬午	997		11406 誤	11825 誤
640	210	己丑，……劉長儒坐不保護教士處斬。	諭令日期，長－良	997		11407 誤	11826 誤
641	211	是月……雲南劍川、鶴慶州，新疆疏勒等廳縣俱地震。	七月丁丑、甲申、八月辛卯地震，十月辛卯、己亥諭令	998		11408 誤	11826 誤
642	212	壬戌，調魏光燾爲兩江總督兼南洋大臣。	癸亥	998		11409 誤	11826 誤
643	213	丙寅	戊寅	998		11409 正	11826 誤
644	214	丁亥	二月~	998		11414 誤	11828 誤
645	215	二月壬子	諭令日期，「二月」當刪	998		11414 誤，無「二月」	11828 誤
646	216	癸亥……上奉皇太后謁西陵。	~啓鑾	999		11415 正	11829 誤
647	217	己巳，榮祿卒	是日卒，正	999		11416 正	11829 正
648	218	癸亥，幸南苑。	癸酉	999		11417 誤	11829 誤
649	219	己酉，雲南匪陷臨安府城。	諭令日期，匪－黨人，史筆	999		11418 誤	11830 誤
650	220	辛亥，命崇禮爲東閣大學士	五月戊午定名	999		11418 誤	11830 誤
651	221	乙亥，雲南猓夷平。	諭令日期	999		11421 誤	11830 誤
652	222	庚寅，滇軍復臨安府城，……周雲祥伏誅。	諭令日期，史筆	1000		11422 誤	11831 誤

653	223	丙申……劉光才爲廣西提督。	丁酉	1000		11423 正	11831 誤
654	224	己亥，御試經濟特科人員於保和殿。	庚戌	1000		11423 誤	11831 誤
655	225	丁丑，河決利津。	諭令日期	1000		11424 誤	11832 誤
656	226	四品京堂	~候補	1000		11427 誤	11832 誤
657	227	庚寅	庚午	1000		11429 誤爲「庚申」	11833 誤
658	228	壬申，以敬信爲體仁閣大學士	丙子定名	1000		11429 誤	11833 誤
659	229	丙午，諭曰：……令自丙午科始……	丙午-十一月丙午，令-著	1001		11438 正，語句不同	11835 誤，「十一月」被誤刪
660	230	丙辰，廣西匪首覃志發等伏誅。	諭令日期，國史爲覃光發，實錄爲覃老發	1001		11439 誤，語句不同	11836 誤
661	231	己巳，置翰林學士撰文，並增員缺，更定品級。	辛未	1001		11440 誤，語句不同	11836 誤
662	232	己亥，雲南總兵高德元坐玩寇殃民處斬。	諭令日期，雲南總兵-雲南普洱鎮總兵	1002		11443 誤，「普洱鎮」有	11837 誤
663	233	丙寅，利津決口合龍。	乙丑	1002		11444 誤在癸酉	11837 誤
664	234	乙酉，熱河行宮災。	諭令日期	1002		11447 誤	11839 誤
665	235	戊戌，廣西叛勇陷柳城，斬統領祖繩武於軍前。	諭令日期，語句不同	1002		11448 誤，語句不同	11839 誤
666	236	癸酉，永定河決。	諭令日期	1003		11451 誤在癸亥	11841 誤
667	237	丙子，河決利津薄莊。	乙亥	1003		無	11841 誤
668	238	戊寅……罷福建水師提督，歸併於陸路提督，移駐廈門。	當在稍後	1003		11451 誤	11841 誤
669	239	甲申，永定河北下汛復決。	諭令日期	1003		11452 誤	11841 誤
670	240	戊子，發內帑十萬賑四川水旱災。	水災不知所據	1003		11452 旱災	11841 誤

671	241	丙申，命李興銳署兩江總督兼南洋大臣。	戊戌	1003		11543 誤	11841 誤
672	242	嘎尼納	同音異譯	1003		11454 嘎釐納	11842
673	243	九月丙子朔，見英使薩道義於乾清宮。	八月乙亥	1003		11454 正	11842 誤
674	244	己亥，李興銳卒	諭令日期	1003		11455 誤	11842 誤
675	245	命周馥署兩江總督兼南洋大臣。	實錄在戊戌，東華錄在庚子	1003		11455 誤	11842 誤
676	246	英兵旋退。	八月庚申	1003		無	11842 誤
677	247	敕唐紹儀爲議約全權大臣。	壬寅	1003		無	11842 誤
678	248	丙午，呂海寰續訂中葡商約成。	己酉	1004		11456 誤，語句不同	11843 誤
679	249	以裕德爲體仁閣大學士	丁未任，己酉定名	1004		11456 誤，點刪又恢復	11843 誤
680	250	庚戌……永定河決口合龍。	丁未	1004		11456 誤	11843 誤
681	251	貝子、貝勒	貝勒、貝子	1004		11457 正	11843 誤
682	252	乙亥朔……四川打箭爐地震。	諭令日期	1004		11458 誤，被點刪換位置	11844 誤
683	253	壬午，廣西匪首陸亞發伏誅。	諭令日期	1004		11460 誤	11844 誤
684	254	丁丑……達賴喇嘛請於庫倫建廟諷經，不許。命仍還藏……。	乙酉	1005		11465 正	11845 誤
685	255	丙寅，景陵隆恩殿災。	諭令日期	1005		11466 誤	11846 誤
686	256	前歲	二十八年分	1005		11467 正，語句不同	11846 誤
687	257	乙亥……俄兵入長春，據之。	丙子	1005		無	11846 誤
688	258	丙子，巴塘番人焚毀法國教堂，……鳳全剿捕，遇伏死。飭……馬維騏剿之。	二月辛未焚教堂，三月甲戌朔陣亡，辛卯諭令	1005		11468 誤，語句不同	11846 誤
689	259	斬、絞決候	實錄爲「斬、絞監候」	1005		11468 誤	11847 誤

690	260	乙未，犍爲匪徒作亂，官軍剿平之。	諭令日期	1006		11469 在辛丑，語句不同	11847 誤
691	261	丙申，命周馥往江北籌畫吏治、海防、河工、捕務。	實錄在乙未，此沿東華錄	1006		11469　丁酉，語句不同	11847 誤
692	262	己酉，命程德全署黑龍江將軍。	壬子	1006		11470 正	11848 誤
693	263	庚子……兼政務處大臣	辛丑	1006		11471 誤	11849 誤
694	264	甲寅……命載澤、……、端方往東西洋各國考察政治。	丙辰	1006		11473 正	11849 誤
695	265	己未，以世續爲體仁閣大學士	丙寅定名	1006		11473 誤，點刪又恢復	11849 誤
696	266	庚午，黔匪陷都勻之四寨，官軍克復之。	諭令日期	1006		11474 誤	11849 誤
697	267	丙子	秋七月~	1006		11474 有	11850 誤
698	268	乙酉，續派紹英爲出洋考察政治大臣。	六月丁卯	1006		無	11850 誤
699	269	丙申……常德、湘潭開商埠。	己卯	1007		11475 正	11850 誤
700	270	乙丑，改命李經方爲商約大臣。	實錄在壬戌，此沿東華錄	1007		無	11851 誤
701	271	事上，詔嚴捕重懲。	丙寅，丁卯，史筆	1007		11478 前誤後正，語句不同	11851 誤
702	272	己巳，巴塘亂平，匪首剌麻阿澤、隆本郎吉等伏誅。	諭令日期，剌麻–喇嘛	1007		11479 誤	11851 誤
703	273	庚寅，北新倉火。	諭令日期	1007		11480 誤	11852 誤
704	274	丙辰，蘆漢鐵路成。	通車典禮日期	1008		無	11852 誤
705	275	乙丑，以陸徵祥充出使荷國大臣，兼理海牙和平會事。	己未	1008		11481 正	11853 誤
706	276	庚午朔，陝、洛會匪平。	諭令日期	1008		11482 誤	11853 誤
707	277	辛未，裕德卒。	諭令日期	1008		11482 有諭令內容	11853 誤

708	278	丙子，罷駐韓使臣，改置總領事。	三十二年正月庚寅	1008		無	11853 誤
709	279	辛亥，授那桐體仁閣大學士	甲寅定名	1008		11484 誤，點刪又恢復	11854 誤
710	280	癸亥	癸丑	1008		11484 誤	11854 誤
711	281	丁亥，漳浦匪首張嬰伏誅。	諭令日期	1009		11490 誤	11854 誤
712	282	戊辰	戊申	1009		11491 誤	11855 誤
713	283	丁酉，美國舊金山地震，頒帑十萬賑華民。	另有四萬	1009		11495 誤	11856 誤
714	284	夏四月戊戌朔，命陸徵祥往瑞士議紅十字會公約。	三月戊子	1009		11495 誤	11856 誤
715	285	丁卯，德國減直隸駐兵，歸我郎坊、……、山海關地。	諭令日期，郎－廊	1009		11499 誤	11857 誤
716	286	庚辰，沅陵匪首覃加位伏誅。	諭令日期	1010		11500 誤	11857 誤
717	287	戊戌……沁河決口合龍。	諭令日期	1010		11500 誤	11858 誤
718	288	財政部	度支部	1010		11506 正	11860 無，下文誤：「財政部」應爲「財政處」
719	289	戊子，……王永求、陳顯龍倡亂，官軍擒斬之。	諭令日期，史筆	1011		11510 誤，語句不同	11861 誤
720	290	辛卯，立官報局於京師。	癸巳	1011		11510 誤	11862 誤
721	291	壬寅，免廣西銻礦出井稅。	當在稍後	1011		11511 誤	11862 誤
722	292	癸丑，詔各省議幣制。	不知所據	1011		11512	11862
723	293	丁卯	乙卯	1011		11512 誤	11862 誤
724	294	甲子，有泰以貽誤藏事褫職，謫戍軍臺。	三十二年十一月壬戌，三十三年二月丁卯	1012		11516 誤，語句不同	11863 誤
725	295	丙申	丙辰	1012		11520 正	11864 誤

726	296	丁巳，昆岡卒。	諭令日期	1012		11520 有諭令內容	11864 誤
727	297	甲子……綏來地震。	癸亥諭令，當早於是日	1012		11521 誤	11865 誤
728	298	乙丑，御史趙啓霖坐污衊親貴褫職。	《國聞備乘》有詳情	1012		11521	11865
729	299	海軍部	海軍處	1012		11522 誤	11865 誤
730	300	癸巳，巴塘等屬喇嘛脅河西蠻作亂，官軍討平之。	諭令日期	1013		11523 誤	11866 誤
731	301	丙申，西陵禁山火。	諭令日期	1013		11524 誤	11866 誤
732	302	戊午……徐錫麟刺殺巡撫恩銘，錫麟捕得伏誅。	諭令日期，史筆	1013		11526 誤，語句不同	11867 誤
733	303	辛酉，命李家駒充出使日本大臣。	壬戌	1013		11526 誤，語句不同	11867 誤
734	304	壬申……授張之洞體仁閣大學士	丁丑定名	1013		11526 誤	11867 誤
735	305	鹿傳霖協辦大學士	癸酉	1013		11526 誤	11867 誤
736	306	乙酉……永定河決。	己卯、庚辰	1013		11528 誤	11867 誤
737	307	秋七月，詔中外臣工議化除滿、漢。	辛卯，未繫干支	1013		11528 誤在庚寅朔	11868 誤
738	308	壬寅……免趙州、祿豐被災額賦。	庚子、九月戊戌	1013		11529 前正後誤	11868 誤
739	309	甲辰……敬信卒。	卒於己亥，丁未議恤	1014		11530 丁亥有諭令內容	11869 誤
740	310	己酉，定限年編練陸軍三十六鎮。	庚戌	1014		11530 誤	11869 誤
741	311	己未，河決孟縣。	諭令日期	1014		11531 誤	11869 誤
742	312	壬戌，置京師高等審判廳。	當早於是日	1014		11532 誤	11869 誤
743	313	己巳，置總檢察廳。	當早於是日	1014		11532 誤	11869 誤
744	314	庚申	壬申	1014		11532 誤	11869 誤
745	315	乙亥，命伍廷芳充出使美國大臣	實錄為「美、日、秘、古國大臣」、東華錄為「美、墨、秘、古國大臣」	1014		11533	11870

746	316	甲辰	甲申	1014		11534 誤	11870 誤
747	317	辛卯……莊王載功、睿王魁斌……否即嚴懲。	壬辰，莊親王，睿親王	1015		11535 正	11870 誤
748	318	己亥，命各省立諮議局，公舉議員，並籌設州、縣議事會。	辛丑	1015		11536 正	11871 誤
749	319	乙丑……永定河合龍。	諭令日期	1015		11540 誤	11872 誤
750	320	聖壽	聖壽節	1015		11540 正	11873 誤
751	321	庚寅，廣西匪踞南關礮臺，責張鳴岐督剿，尋復之。	諭令日期，史筆	1015		11542 有諭令內容	11873 誤
752	322	壬子……以……條議幣制，……，諭各督撫體察籌議以聞。	癸丑	1015		11543 誤	11873 誤
753	323	發帑五十萬濟廣西軍。	乙卯	1015		11543 誤	11874 誤
754	324	甲寅	甲辰	1016		11548 正	11875 誤
755	325	顧新斯基	同音異譯	1016		11548 顧親斯基	11876 顧親斯基
756	326	甲戌，京師勸工陳列所災。	諭令日期	1016		11552 誤	11876 誤
757	327	癸酉，諭以……	國史、實錄在丙子，此沿東華錄	1016		11552 丙子	11877
758	328	丁巳，裁安徽安廬滁和道。	三月甲寅	1017		11555 誤	11878 誤
759	329	己未，越匪陷河口，命劉春霖……幫辦雲南邊防，前敵諸軍歸節制。	諭令日期，史筆	1017		11556 有諭令內容，語句不同	11878 誤
760	330	庚辰，雲南官軍敗匪於田房，復四隘，旋克……發帑犒軍。	諭令日期，史筆	1017		11557 有諭令內容，語句不同	11878 誤
761	331	乙酉朔，滇匪平。	諭令日期，史筆	1017		11557 誤	11879 誤
762	332	癸卯，襄河決，颶風為災。	諭令日期	1017		11559 誤	11879 誤
763	333	癸丑，廣東大雨，……三江並溢，沖決圍堤。	諭令日期	1017		11560 有諭令內容	11879 誤

764	334	乙卯	己卯	1018		11562 誤	11880 誤
765	335	後	內	1018		11563 正	11880 誤
766	336	愛琿	璦琿，同音異譯	1018		11563 愛琿	11881
767	337	辛未，命姜桂題總統武衛左軍。	癸酉	1018		11567 誤	11882 誤
768	338	庚辰，馬玉昆卒	癸酉，後有贈官	1018		11568 有諭令內容	11883 誤
769	339	癸未朔，予先儒顧炎武、王夫之、黃宗羲從祀文廟。	甲申	1019		11569 誤	11883 誤
770	340	乙酉，美軍艦遊歷至廈門，遣貝勒毓朗、梁敦彥往勞問。	十月訪，預派屆時前往	1019		11569 誤，以~	11883 誤
771	341	奏	奏明	1019		11572 誤	11884 誤

附表 12：《清史稿校註》所指出《宣統皇帝本紀》問題一覽表

《校註》序號	問　題	說　明	《校註》頁碼	奭良覆輯本頁碼及情況	瑞洵原稿本頁碼及情況
1	庚辰……安慶兵變，剿定之。	諭令日期	1021	11892 誤，語句不同	11939 誤
2	乙酉……賑湖南澧州等屬水災。	丙戌	1022	無	11940 誤
3	辛卯……詔遵大行太皇太后懿旨，仍定於……宣統八年頒佈憲法，召集議員。	壬辰	1022	11892 誤，語句不同	11940 誤
4	鑄宣統錢。	己丑	1022	無	11941 誤
5	壬寅……定軍機處領班章京爲從三品官，幫領班章京爲從四品官。	甲辰	1022	無	11942 誤
6	福建龍溪、南靖等縣水災，發帑銀四萬兩賑之。	癸卯	1022	無	11942 誤
7	乙巳……諭內外臣工尙節儉，戒浮華。	丙午	1022	無	11943 誤
8	皇太后父公桂祥食雙俸	不知所據	1022	11893	11943 後添
9	壬子朔，加上穆宗毅皇帝、……、孝哲毅皇后尊謚。	戊寅	1022	無	11943 誤
10	甲寅……免直隷河問等八州縣被災地畝糧租。	乙卯	1023	無	11945 誤

11	庚申……王文韶卒	卒於十一月甲辰，後有贈官	1023	11893 誤	11945 誤
12	民政部上調查戶口章程表式。	辛酉	1023	無	11945 誤
13	爲	署	1023	11893 誤	11945 誤
14	那桐免步軍統領，以毓朗代之。	甲子	1023	11893 誤，語句不同	11945 誤
15	己巳，度支部上清理財政章程。	壬子朔	1023	無	11946 誤
16	東省	東三省	1023	無	11946 誤
17	癸酉……憲政編查館奏，京旗初選、……應歸順天府辦理。	甲戌	1023	11893 誤，語句不同	11946 誤
18	靖口	靖江	1024	無	11948 誤
19	戊戌……美利堅國開萬國禁煙會議於江蘇上海，端方蒞會	壬辰	1024	無	11949 誤
20	乙亥，陳璧被劾罷	己亥	1024	無	11949 誤
21	以李經羲爲雲貴總督。	庚子	1024	無	11951 誤
22	和蘭	同音異譯	1024	11895 荷蘭	11954
23	庚申，免浙江仁和等場竈課錢糧。	辛酉	1024	無	11954 誤
24	甲申……免浙江仁和等……荒廢田地山塘丁漕銀米。	乙酉	1025	無	11955 誤
25	戊子……免廣東新礦井口稅。	己丑	1025	無	11956 誤
26	予……陳昌鏞優恤。	庚寅	1025	無	11956 誤
27	辛卯……置直省財政監理官。	甲午	1025	無	11957 誤
28	甲寅，復……李鶴年原官。	乙卯	1025	無	11958 誤
29	奉	鳳	1026	無	11960 誤
30	旺	汪	1026	無	11962 誤
31	壬寅，裁奉天左右參贊，承宣、諮議兩廳。	癸卯	1026	無	11963 誤
32	生	堂	1026	無	11963 誤
33	癸丑，陳啓泰卒	辛亥	1026	無	11964 誤
34	丁巳，聯豫、溫宗堯奏陳西藏籌辦練兵興學事宜。	戊午	1027	11897 誤，語句不同	11965 誤
35	己未……楊士驤卒	戊午	1027	11898 誤	11965 誤
36	怡	儀，避諱	1027	11898	11966

37	庚寅……追予……岳昌於常州府建祠。	諭令日期	1027	11899　丁亥，語句不同	11968 誤
38	賑奉天安東水災。	甲午	1027	無	11968 誤
39	署外務部右丞張廕棠爲出使美墨秘古四國大臣，署外務部右參議吳宗濂……。	張爲署外務部左丞，吳爲署外務部右丞	1028	11899 誤，僅使美	11969 誤
40	甲辰	復書當刪	1028	無此問題	11969 誤
41	宣奉	《宣統政紀》（以下簡稱「政紀」）爲「宣章」	1028	無	11970 誤
42	甲申	庚申	1028	11900 誤，語句不同	11971 誤
43	庚午，增設南洋各島領事。	政紀及《近代中國史事日志》在辛未，《校註》稱此沿奭良覆輯本，查瑞洵原稿爲：「庚午，德屬南洋各島設領事」，奭良覆輯本爲：「庚午，置德屬南洋領事官」，因奭良稿未用，《校註》此說不確。	1028	11900 同，語句不同	11972 同，《校註》誤
44	壬申……洪江會匪姚芝山伏誅。	癸酉諭令，史筆	1028	11900 誤，語句不同	11972 誤
45	辛巳，開黑龍江墨爾根嫩江甘河煤礦。	政紀及《近代中國史事日志》在壬午，此沿奭良覆輯本	1029	11900 同，語句不同	11972 同，《校註》誤
46	丙戌，藏番不靖，趙爾豐剿定之。	諭令日期	1029	無	11973 誤
47	戊子，京張鐵路工成。	諭令日期	1029	11900 誤	11973 誤
48	己丑，開湖南平江金礦，新化銻礦，常寧鉛礦。	諭令日期	1029	11901 誤	11973 誤
49	己亥，大學士張之洞卒	丁酉	1029	11901 誤	11974 誤
50	以廷傑爲法部尚書，葛寶華爲禮部尚書。	庚子	1029	11901 誤，後半句無	11974 誤
51	是月，載洵、薩鎮冰出洋考查海軍。	九月己酉自上海啓程赴歐	1030	11902 誤，語句不同	11977 誤
52	丁巳，賞……成全等侍衛，及進敘有差。	丁巳	1030	無	11978 誤

53	壬戌，德人遊歷雲南，爲怒夷所害，捕誅之。	政紀諭令在癸亥，此沿奭良覆輯本，德人被殺當更早	1030	11902 誤，《校註》正	11978 誤
54	丙寅……授鹿傳霖體仁閣大學士	庚午定名	1030	11902 正	11979 誤
55	賞……項驤等舉人。	政紀爲戊辰，項驤等十二人進士，馮閱模等二百二十九人舉人，此沿奭良覆輯本	1030	11902 同，《校註》正	11979 同
56	南河	河南	1030	無	11979 誤
57	丁丑朔，四川西昌、會理交界二板房夷匪爲亂，官軍剿平之。	諭令日期	1030	11903 誤	11980 誤
58	成都將軍馬亮卒。	諭令日期	1030	11903 丙戌	11980 誤
59	庚辰，葬孝欽顯皇后於普陀峪定東陵，免……額賦，並賞平毀麥田籽種銀。	甲申，普–菩	1031	無	11980 誤
60	圖	圍	1031	無	11983 誤
61	甲午……孫家鼐卒	癸巳，後有贈官	1031	11903 誤	11984 誤
62	乙巳，順天紳士請爲……聯元立祠，許之。	政紀爲惲毓鼎等請，此異	1031	無	11985
63	孫	遜	1031	無	11985 誤
64	丙寅，授陸潤庠體仁閣大學士	戊辰定名	1032	11904 正	11987 誤
65	乙亥，學部上女學服色章程。	諭令日期	1032	11904 癸酉	11987 誤
66	八十九	政紀爲「八十七」	1032	11904	11989
67	先	升	1032	11904 有此句無此字	11989 誤
68	丙戌，定太醫院院使爲四品。	丁亥	1032	無	11989 誤
69	與	暨	1032	無	11991 誤
70	己酉，廣州新軍作亂，練軍討平之。	諭令日期，史筆	1033	11905 誤，語句不同	11991 誤
71	乙卯，……王占魁等伏誅。	史筆	1033	11905 叛黨	11992
72	丁巳，達賴喇嘛患川兵至，出奔。	戊申	1033	11905 誤，語句不同	11992 誤
73	試	暫	1033	11905 有此句無此字	11993 誤
74	癸亥……戴鴻慈卒	卒於戊午，後有贈官	1033	11906 誤	11993 誤

75	英國舉行萬國刑律改良會，法部奏遣檢察廳長	美國舉行，檢察廳檢查長	1033	11906 誤，語句不同	11994 誤
76	壬午，免陝西榆林等四州縣舊欠，榆林府倉糧米草束。	癸未	1033	無	11995 誤
77	三月	丁亥	1034	11907 誤在乙酉	11996 誤
78	拉里	悉拉里	1034	無	11996 誤
79	丙申，葛寶華卒	壬辰	1034	11907 誤	11996 誤
80	戊申	己亥	1034	無	11996 誤
81	癸丑	癸卯	1034	11907 誤在癸酉	11997 誤
82	世	士	1034	11907 正	11997 誤
83	己酉，雲南威寧邪匪襲昭城，官軍剿滅之，匪首李么么伏誅。	諭令日期	1034	11907 誤，語句不同	11997 誤
84	庚申，雨。	《政治官報》爲丙辰派員祈雨，戊午雨	1034	無	11997
85	諭沿江各省督撫平糶。	辛酉	1034	無	11997 誤
86	調程德全爲江蘇巡撫。	辛酉	1034	11908 誤，語句不同	11998 誤
87	甲子，……汪兆銘、黃復生、羅世勳謀以藥彈轟擊攝政王，事覺，捕下法部獄。	二月丁酉事洩，三月辛亥被捕，甲子判刑，世勳-召勳	1035	11908 誤，語句不同	11998 誤
88	戊寅，賞……吳匡時等七人工科進士、法政科舉人有差。	己卯	1035	無	11999 誤
89	律	刑律	1035	11908 誤，語句不同	12000 誤，語句不同
90	三十六族	三十九族地方，又山南亦設委員一人	1035	11908 誤，語句不同	12000 誤
91	癸巳，梁敦彥以疾免	因病續假，並未開缺	1035	11909 誤，語句不同	12002 誤
92	文	丈	1036	無	12003 正，形似
93	己巳，賑湖北災。	批示日期	1036	無	12004 誤
94	己丑，命……載洵充參預政務大臣。	庚寅	1036	11909 誤，語句不同	12004 誤
95	丙申，詔：……	丁酉	1036	11910 誤，語句不同	12005 誤

96	是月……海陽亦因徵收錢糧激變	壬寅	1036	11910 誤，語句不同	12006 誤
97	甲寅……命烏珍兼署步軍統領。	乙卯	1037	11910 誤，語句不同	12007 誤
98	設各省交涉使。	《政治官報》在乙卯，此沿政紀	1037	11911，語句不同	12007
99	……田熙年以擅殺釀變伏誅。	政紀在乙卯電寄，此沿爽良覆輯本	1037	11911，語句不同，《校註》誤	12008
100	辛酉……改各省按察使爲提法使。	壬戌	1037	11911 誤，語句不同	12008 誤
101	甲子，大學士鹿傳霖卒	癸亥	1037	11911 誤	12008 誤
102	甲申，以……劉玉麟充出使英國大臣。	乙酉	1037	11911 誤，語句不同	12010 誤
103	己丑，聯芳免	戊子	1037	無	12012 誤
104	甲子	甲午	1038	11911 誤	12012 誤
105	丙午，授徐世昌爲體仁閣大學士	丙申，戊戌定體仁閣名	1038	11912 誤，語句不同	12013 誤
106	集	秦	1038	無	12014 誤
107	乙巳……以奎芳爲烏里雅蘇臺將軍。	丙午	1038	無	12014 誤
108	右	左	1038	無	12015 誤
109	雲南	廣西	1039	無	12016 誤
110	十月	冬~	1039	11912 正	12016 誤
111	丁丑，廣西岑溪匪亂，官軍剿定之，匪首陳榮安伏誅。	批示日期	1039	11912 誤，語句不同	12016 誤
112	以程允和爲長江水師提督，命甘肅提督張勳接統江南浦口各營。	己卯	1039	11913 誤，語句不同	12017 誤
113	免甘肅靈州水災銀米。	己卯	1039	無	12017 誤
114	廣	江	1039	無	12018 誤
115	蔭	政紀爲「廕」	1039	11913 正	12018 誤
116	丙午，雲南大姚縣民亂，入城劫獄殺人，官軍剿定之，匪首陳文培、鄧良臣俱伏誅。	諭令日期，文-可	1040	無	12019 誤
117	續	瀆	1040	無	12020 誤

118	乙酉，裁併江蘇州縣，設審判廳。江寧以江寧併入上元，……，新湯併入容山，……。	甲申，新湯併入容山－新陽併入昆山	1040	無	12022 誤
119	戊子，四川匪踞黔江縣爲亂，官軍擊卻之，復其城。	諭令日期，史筆	1040	11914 誤，語句不同	12024 誤
120	癸巳，……溫朝鍾竄入湖北咸豐縣境，擒斬之。	諭令日期，史筆	1041	11914 誤，語句不同	12024 誤
121	資政院議決新刑律總則、分則，詔頒佈之。	分則未議決即頒佈	1041	無	12026 誤
122	六十四府廳州縣	六十二廳州縣	1041	無	12026 誤
123	庚子朔，以山海關外防疫，……，諭陳夔龍、錫良安置各省工作人。	辛丑	1041	無	12028 誤
124	己酉，免江蘇長洲等四十廳州縣田地銀糧。	庚戌，《政治官報》爲「四十一廳州縣」，政紀爲「二十八廳州縣」	1041	無	12028 誤
125	乙巳，命周樹模會勘中俄邊界。	己巳	1042	無	12030 誤
126	庚午朔……民政部上編訂戶籍法。	辛未	1042	11916 誤，語句不同	12030 誤
127	丁丑，免浙江仁和等三十州縣，杭、嚴二衛	《地理志》記乾隆二十五年嚴州裁衛併入杭州；政紀作「杭嚴衛」	1042	無	12031 誤
128	戊寅……英人占片馬。	諭令日期	1042	11916 誤	12031 誤
129	己丑……以誠勳爲廣州將軍，……，劉若曾爲修訂法律大臣。	辛卯	1042	11916 誤	12032 誤
130	護軍	政紀爲「驍騎營兵丁」	1042	11917 護軍	12033「驍騎營兵」改爲「護軍」
131	庚子……陸軍部奏，……焦漍賄賣祕密地圖，誅之。	辛丑	1043	11917 誤，語句不同	12033 誤
132	庚戌，革命黨人以藥彈擊殺署廣州將軍孚琦。	諭令日期	1043	11917 誤，語句不同	12034 誤
133	壬子……趙爾豐奏平三岩野番，改孔撒、麻書兩土司，設流官。	癸丑	1043	11917 誤在壬寅	12034 誤
134	使	史	1043	無	12035 正
135	丁丑，裁山東撫、鎮標營官。	諭令日期	1043	11918 誤在丙子	12037 誤

136	辛未，吉林火災，發帑銀四萬兩賑之。	辛巳	1044	無	12040 誤
137	大理寺少卿	署大理院少卿	1045	11920 有此事未提此人	12043 誤
138	辛酉……恤墨西哥被害華僑銀。	辛丑	1045	11920 誤在庚子	12043 誤
139	壬子	敘事失次	1045	11920 誤	12044 誤
140	戊午……丁寶銓以疾免，以陳寶琛爲山西巡撫。	戊午翌日	1045	無	12045 誤
141	閱	閣	1045	11921 正	12046 正
142	甲子，陸軍部奏，簡各省督練公所軍事參議官。	甲子當刪	1046	11921 誤	12046 誤
143	六月丁卯	~朔	1046	11921 誤	12047 誤
144	保定陸軍軍械局火藥庫、陸軍第二鎮演武廳火藥庫俱火。	諭令日期	1046	11921 誤，語句不同	12047 誤
145	浪莊寺	同音異譯	1046	11921 浪藏寺	12048 浪藏寺
146	臨卡	臨卡石	1046	11922 誤	12048 誤
147	伊克昭盟扎薩克固山貝子三濟密都布旗	政紀作「準噶爾旗」	1046	無	12048
148	乙酉……西寧丹噶爾廳及西寧縣匪黨糾眾爲亂，……。	丙戌，丹噶爾廳及西寧縣匪黨糾眾爲亂，……。	1046	11922 誤，語句不同	12048 誤
149	革命黨人以藥彈道擊廣東水師提督李準，傷而免。	未免職事，史筆	1046	無	12051
150	前吉林將軍銘安卒。	諭令日期	1047	無	12051 誤
151	七月	秋~	1047	11923 正	12052 誤
152	甲戌……命端方赴四川按查路事。	乙亥	1047	11923 誤，語句不同	12053 誤
153	己卯……永定河決。	諭令日期	1048	11923 誤，語句不同	12053 誤
154	壬午，四川亂作，趙爾豐執諮議局議長蒲殿俊……九人。尋同志會聚眾圍總督署，擊之始散。	諭令日期	1048	11923 誤，語句不同	12054 誤
155	東西州縣	東西路各州縣	1048	無	12055 誤
156	四川民亂	史筆	1048	11924 語句不同	12056

157	甲午，波密野番投誠。	諭令日期	1048	無	12056 誤
158	甲寅，革命黨謀亂於武昌，事覺，捕三十二人，誅劉汝夔等三人。瑞澂以聞，詔嘉其……，命就擒獲諸人嚴鞫，並緝逃亡。	諭令日期，史筆	1049	11925 正，瑞澂電陳……	12057 誤
159	乙卯，武昌新軍變附於革命黨，……薩鎮冰率兵艦、程允和率水師並援之。	諭令日期，史筆	1049	11925 誤，語句不同	12058 誤
160	張彪以兵匪構變，棄營潛逃，奪湖北提督，仍責剿匪。	史筆	1049	無	12059
161	武昌軍民擁……黎元洪稱都督，置軍政府。	甲寅	1049	11925 正，語句不同	12059 誤
162	兵	隊	1049	無	12060 誤
163	丙寅，陝西新軍變，……，西安將軍文瑞、副都統承燕、克蒙額俱死之。	乙丑朔舉事，翌日文瑞等死之	1050	11925 誤，語句不同	12061 誤
164	義墨秘魯三國大臣	美、墨、秘、古大臣	1050	無	12062 誤
165	庚午……水陸夾擊漢口，復之。	丙子	1050	無	12064 誤
166	癸酉……山西新軍變，巡撫陸鍾琦死之。	壬申	1050	11926 誤	12065 誤
167	雲南新軍變，……布政使世增及統制官鍾麟同、兵備處候補道工振幾、輜重營管帶范鍾岳俱死之。	世增在乙亥，其餘在甲戌	1051	11927 誤，語句不同	12065 誤
168	甲戌，江西新軍變，巡撫馮汝騤走九江，仰藥死。	丙寅舉事，甲戌光復南昌，自盡在稍後	1051	11927 誤，語句不同	12066 誤
169	犯	史筆	1051	11927 圍	12066
170	戊寅……貴州獨立，舉都督，巡撫沈瑜慶遁。	庚辰	1051	11927 誤，語句不同	12068 誤
171	會	紹曾	1052	無	12069 誤
172	辛巳，廣西巡撫沈秉堃自稱都督。	己卯第一次，此為第二次	1052	無	12070 誤
173	癸未……福建新軍變，將軍樸壽、總督松壽死之。	甲申	1052	11928 誤，語句不同	12071 誤
174	乙酉，山東巡撫孫寶琦宣告獨立。	丁亥	1052	無	12071 誤，語句不同
175	赤	政紀為「紅」	1052	無	12071
176	丙戌……命呂海寰充中國紅十字會會長，兼慈善救濟會事。	丁亥	1052	無	12072 誤

177	東三省諮議局及新軍要求獨立，總督趙爾巽不從，……仍令解勸之。	丁亥	1052	11928 誤，語句不同	12072 誤
178	戊子……趙爾巽以川事引咎請罷，詔不許。	東北成立保安會事，非川事，疑誤	1052	11928 丙戌，語句不同	12072 誤
179	吳祿貞以兵至石家莊，爲其下所殺。	辛巳	1052	11928 丙戌，語句不同	12072 誤
180	詔陳夔龍按查。	庚寅	1053	11928 誤，語句不同	12072 誤
181	永定河合龍。	諭令日期	1053	無	12072 誤
182	袁世凱來京。	丁亥	1053	11928 誤	12072 誤
183	爲	署	1053	無	12073 誤
184	更命世續復爲文淵閣大學士。	原充文華殿大學士、文淵閣領閣事	1053	無	12075 誤
185	壬寅，……端方率兵入川，次資州，爲其下所殺。其弟端錦從，並遇害。	辛丑	1053	11929 誤在己卯，語句不同	12076 誤
186	變軍犯金陵，副將王有宏戰死。	諭令日期，史筆	1054	無	12076 誤
187	甲辰……詔原之，襃獎山東官商不附和者。	癸卯	1054	無	12076 誤
188	發帑犒張勳軍。	癸卯	1054	無	12076 誤
189	賞梁鼎芬三品京堂，會李準規復廣東。	甲辰	1054	無	12076 誤
190	庚戌……諭段祺瑞剿當陽、天門諸路土匪。	諭令日期，史筆	1054	無	12078 誤
191	辛亥……以馮國璋爲察哈爾都統。	壬子	1054	無	12078 誤
192	歷	避諱	1054	11929	12078
193	壬子……以良弼爲軍諮府軍諮使。	癸丑	1054	無	12079 誤
194	丁巳，革命軍至荊州，……恆齡死之。	甲寅	1055	無	12079 誤
195	四川團練	籌辦四川團練	1055	無	12080 誤
196	劫……趙爾豐執之，不屈，死。	史筆	1055	11929 語句不同	12080

197	甲戌，……開選舉臨時大總統選舉會於上海，舉臨時大總統，立政府於南京，定號曰中華民國。	癸酉，史筆	1055	無	12081 誤
198	辛巳……罷鹽政院。	壬午	1055	無	12082 誤
199	灤州兵變，撫定之。	庚辰	1055	無	12082 誤
200	……楊纘緒軍變，將軍志銳死之。	壬午舉事，癸未死之	1055	11930 誤在辛巳	12082 誤
201	己未，再予……陸鍾琦二等輕車都尉世職，追贈同時遇害其子……陸光熙三品京堂，優恤賜諡，並旌恤鍾琦妻唐氏。	乙未	1056	無	12083 誤
202	丁酉，張人駿罷，命張勳護兩江總督。	戊戌	1056	無	12083 誤
203	胡建樞罷，命張廣建署山東巡撫	戊戌	1056	無	12083 誤
204	吳鼎元會辦山東防務。	戊戌	1056	無	12083 誤
205	總裁	議長	1056	無	12083 誤
206	辛丑……革命黨以藥彈擊良弼，傷股，越二日死。	史筆	1056	11930 語句不同	12084
207	壬子……贈恤……世增。	庚戌	1056	無	12086 誤
208	確實	確當	1057	無	12087 誤
209	議	謝	1057	無	12088 誤
210	當為	宜有	1057	無	12088 誤
211	安	寬	1057	11930 誤	12089 誤
212	受	長受	1057	無	12089 誤
213	起	啓	1057	無	12089 誤
214	必	勢必	1057	無	12089 誤
215	以	為	1058	無	12090 誤
216	論曰：……	臺灣版《清史》改論	1058	11930 語句不同	12093

參考文獻

1. 朱師轍：《清史述聞》，生活・讀書・新知三聯書店，1957 年版。

2. 許師慎輯：《有關清史稿編印經過及各方意見彙編》，「中華民國史料研究中心」，1977 年版。

3. 李之勤：《標點本〈清史稿〉出版說明小議》，《史學史研究》1979 年第 4 期。

4. 李新乾：《關於〈清史稿〉的版本》，《史學史研究》1980 年第 5 期。

5. 梁寒冰：《歷史學理論輯要》，中華書局，1982 年版。

6. 秦寶琦：《關於清史稿的纂修與評論簡述》，《清史研究通訊》1982 年第 1 期。

7. 方國瑜：《評〈清史稿〉》，《史學史研究》1982 年第 2 期。

8. 克羅齊：《歷史學的理論與實際》，商務印書館，1984 年版。

9. 《清實錄》，中華書局，1985 年影印。

10. 柯林武德：《歷史的觀念》，中國社會科學出版社，1986 年版。

11. 鄭磊：《臺灣出版〈清史稿〉校注本》，《中國出版》1986 年第 5 期。

12. 波普爾：《歷史主義的貧困》，社會科學文獻出版社，1987 年版。

13. 趙軼峰：《〈清史稿〉勘誤》，《東北師大學報（哲學社會科學版）》1987 年第 2 期。

14. 魯濱遜：《新史學》，商務印書館，1989 年版。

15. 雅思貝斯：《歷史學的起源與目標》，華夏出版社，1989 年版。

16. 《有關清史稿編印經過及各方意見彙編（第三編）》，臺灣「國史館」，1990 年版。

17. 王夢林：《趙爾巽與〈清史稿〉》，《綏化學院學報》1992 年第 3 期。

18. 喻大華：《論〈清史稿〉——兼就若干問題的辯正》，《遼寧師範大學學報

（社會科學版）》1992 年第 3 期。

19. 《清國史》，中華書局，1993 年影印。

20. 楊翼驤：《論中國古代史學理論的思想體系》，《南開學報》（哲學社會科學版），1995 年第 5 期。

21. 《清史稿校註》，臺灣商務印書館，1999 年版。

22. 佟佳江：《〈清史稿‧本紀〉刊正舉要》，《北方文物》2000 年第 2 期。

23. 瞿林東：《二十世紀的中國史學》，《歷史教學》2000 年 03、05 期。

24. 牛潤珍：《20 世紀中國史學史著作述評》，《中國史研究動態》2001 年第 8 期。

25. 王先謙《東華錄》，《續修四庫全書》三六九‧史部‧編年類，上海古籍出版社，2002 年影印。

26. 戴逸：《〈清史稿〉的纂修及其缺陷》，《清史研究》2002 年第 1 期。

27. 秦國經、高換婷：《清朝修史與〈清史稿〉編纂研究》，《清史研究》2002 年第 3 期。

28. 何兆武、陳啓能：《當代西方史學理論》，上海社會科學院出版社，2003 年版。

29. 鄒愛蓮、韓永福、盧經：《〈清史稿〉纂修始末研究》，清史纂修工程學術調研報告，2003 年。

30. 張玉興：《評〈清史稿校註〉》，《清史研究》2003 年第 1 期。

31. 劉海峰：《〈清史稿〉撰述人及其關係考》，《史學月刊》2003 年第 1 期。

32. 劉海峰：《從〈清史稿〉的編撰過程看其史學價值》，《天中學刊》2003 年第 1 期。

33. 鄒愛蓮：《〈清史稿〉體例的討論與確立》，《清史研究》2003 年第 3 期。

34. 鈔曉鴻：《臺灣故宮「史館檔」與〈清史稿‧災異志〉》，《清史研究》2003 年第 3 期。

35. 韓永福：《〈清史稿〉的編修過程》，《歷史檔案》2004 年第 1 期。

36. 劉海峰、李慧：《論〈清史稿〉的進步史觀》，《天中學刊》2004 年第 1 期。

37. 李國新：《〈史記〉與〈清史稿〉人物敘述異同——以〈高祖本紀〉和〈太祖本紀〉爲個案》，《大慶高等專科學校學報》2005 年第 1 期。

38. 溫顯貴：《〈清史稿〉版本綜述》，《韶關學院學報》2005 年第 2 期。

39. 白壽彝：《中國史學史》，上海人民出版社，2006 年版。

40. 伏傳偉：《新朝與舊主的抉擇——清史館設置緣起與趙爾巽的就任》，《學術研究》2006 年 05 期。

41. 伏傳偉：《進入民國──清史館的機構和人事》（中山大學 2006 年博士論文）。

42. 臺北故宮：《清史館未刊紀志表傳稿本專輯》，沉香亭企業社，2007 年版，2008 年版。

43. 張笑川：《張爾田與〈清史稿〉纂修》，《清史研究》2007 年第 1 期。

44. 馮明珠：《烽火歲月中遺留下來的史稿──清史稿未刊稿叢編·序》，《清史研究》2007 年第 1 期。

45. 趙少峰：《金梁與〈清史稿〉》，《江西廣播電視大學學報》2007 年第 4 期。

46. 闞紅柳：《整修〈清史〉與國史館「定本清史」評析》，《江淮論壇》2008 年第 1 期。

47. 王志國：《〈清史稿〉的編修情況及其史學價值》（山東大學 2008 年碩士論文）。

48. 何瑜、程廣媛：《〈清史稿·大學士年表〉問題研究》，《清史研究》2009 年第 1 期。

49. 王昌宜：《夏孫桐對〈清史稿〉撰述經過的研究》，《江南大學學報（人文社會科學版）》第 8 卷第 1 期，2009 年 2 月。

50. 胡恒：《〈清史稿·地理志〉纂修考》，《文史》2011 年第 1 輯。

跋

謹以本書
獻給
逝去的歲月
我爲之奮鬥的事業——清史纂修工程
母校這個精神家園——中國人民大學
和始終支持著我的人們。
從我選定主攻方向並著手考博
已經過去了四年；
從我參加清史纂修工作
已經過去了九年；
從我進入母校文史哲實驗班學習
已經過去了十六年。
衷心感謝師友！
衷心感謝同事！
衷心感謝家人！
特別感謝花木蘭文化出版社的同仁們！
希望有機會
能把相關問題
研究的更深入
更透徹。
是爲跋。

二〇一二年七月三日於萬泉寺圃